2022

GRAZIELA
HARFF

DISCURSO DE ÓDIO NO DIREITO COMPARADO

Um Enfoque sobre o Tratamento Jurídico nos Estados Unidos, Alemanha e Brasil

2022 © Editora Foco

Autora: Graziela Harff
Diretor Acadêmico: Leonardo Pereira
Editor: Roberta Densa
Assistente Editorial: Paula Morishita
Revisora Sênior: Georgia Renata Dias
Revisora: Simone Dias
Capa Criação: Leonardo Hermano
Diagramação: Ladislau Lima e Aparecida Lima
Impressão miolo e capa: FORMA CERTA

Dados Internacionais de Catalogação na Publicação (CIP) de acordo com ISBD

H278d	Harff, Graziela
	Discurso de ódio no direito comparado: um enfoque sobre o tratamento jurídico nos Estados Unidos, Alemanha e Brasil / Graziela Harff. - Indaiatuba, SP : Editora Foco, 2022.
	200 p. : 17cm x 24cm.
	Inclui bibliografia e índice.
	ISBN: 978-65-5515-543-3
	1. Direito. 2. Discurso de ódio. I. Título.
2022-1563	CDD 340 CDU 34

Elaborado por Vagner Rodolfo da Silva - CRB-8/9410

Índices para Catálogo Sistemático:

1. Direito 340

2. Direito 34

DIREITOS AUTORAIS: É proibida a reprodução parcial ou total desta publicação, por qualquer forma ou meio, sem a prévia autorização da Editora FOCO, com exceção do teor das questões de concursos públicos que, por serem atos oficiais, não são protegidas como Direitos Autorais, na forma do Artigo 8º, IV, da Lei 9.610/1998. Referida vedação se estende às características gráficas da obra e sua editoração. A punição para a violação dos Direitos Autorais é crime previsto no Artigo 184 do Código Penal e as sanções civis às violações dos Direitos Autorais estão previstas nos Artigos 101 a 110 da Lei 9.610/1998. Os comentários das questões são de responsabilidade dos autores.

NOTAS DA EDITORA:

Atualizações e erratas: A presente obra é vendida como está, atualizada até a data do seu fechamento, informação que consta na página II do livro. Havendo a publicação de legislação de suma relevância, a editora, de forma discricionária, se empenhará em disponibilizar atualização futura.

Erratas: A Editora se compromete a disponibilizar no site www.editorafoco.com.br, na seção Atualizações, eventuais erratas por razões de erros técnicos ou de conteúdo. Solicitamos, outrossim, que o leitor faça a gentileza de colaborar com a perfeição da obra, comunicando eventual erro encontrado por meio de mensagem para contato@editorafoco.com.br. O acesso será disponibilizado durante a vigência da edição da obra.

Impresso no Brasil (06.2022) – Data de Fechamento (06.2022)

2022

Todos os direitos reservados à
Editora Foco Jurídico Ltda.
Avenida Itororó, 348 – Sala 05 – Cidade Nova
CEP 13334-050 – Indaiatuba – SP

E-mail: contato@editorafoco.com.br
www.editorafoco.com.br

À minha família

AGRADECIMENTOS

Com muita alegria, publico este trabalho, o qual foi apresentado perante a banca de avaliadores em 10 de agosto de 2021, composta pelos Professores Doutores Karina Nunes Fritz, Fabiano Menke e Eugênio Facchini Neto, tendo sido aprovado com nota máxima, louvor e indicação de publicação.

Um trabalho de mestrado é sempre fruto de um longo trajeto e de muitas pessoas que passaram pelas nossas vidas e deixaram alguma contribuição, de forma que é impossível nominar todos. Contudo, deixo aqui registradas algumas pessoas que foram essenciais a este trabalho. Agradeço ao meu orientador, Prof. Dr. Marcelo Schenk Duque, por toda orientação e supervisão do trabalho. Aos meus colegas de mestrado que sempre me apoiaram e motivaram durante todo o tempo. Aos Professores da Universidade Federal do Rio Grande do Sul, por todo o conhecimento adquirido. Ao Centro de Estudos Europeus e Alemães (CDEA), que acredita na pesquisa dos estudantes brasileiros e fomenta anualmente o mestrado em Direito Europeu e Alemão.

Aos meus pais e minha irmã, que sempre estiveram comigo e que sempre me deram forças nos momentos mais difíceis. Ao meu marido, por todo apoio, incentivo e compreensão durante todo este tempo. Seu auxílio foi fundamental na minha caminhada.

A Deus, motivo e fim de todas as coisas.

PREFÁCIO

Não é de hoje que o homem se ocupa com o problema da liberdade de expressão. Direito humano e fundamental para o pleno desenvolvimento da personalidade, a liberdade de expressão foi conquistada a duras penas na história, desde suas primeiras consagrações na Declaração dos Direitos do Homem e do Cidadão (1789) e no *Bill of Rights* (1791), até sua positivação expressa nas cartas magnas de diversos países. Além de direito jusfundamental, a liberdade de expressão é elemento estrutural do Estado Democrático de Direito e, portanto, pilar de nossa ordem jurídico-constitucional.

Como observou com propriedade Johannes Masing, juiz aposentado do Tribunal Constitucional alemão e Professor de Direito Constitucional da Universidade de Freiburg, em recente artigo sobre o tema intitulado *Meinungsfreiheit und Schutz der verfassungsrechtlichen Ordnung*, publicado na revista JZ 12/2012, a liberdade de expressão é perigosa. As opiniões, diz ele, influenciam as convicções dos outros, promovem alterações nas ideias, reúnem e afastam pessoas, miram consequências e, sobretudo, tornam-se ações.

E a liberdade torna-se ameaçadora quando opiniões visam abalar a ordem jurídico-constitucional. Ideias antidemocráticas, totalitárias, neonazistas, radicais, extremistas, racistas, fundamentalistas e discriminatórias de raça, religião, gênero e orientação sexual são difundidas atualmente sob o escudo da liberdade de expressão, à qual recorre-se ainda para legitimar a propagação de *fake news* e dos mais variados discursos de ódio que visam minar, em última análise, os fundamentos do mundo e da cultura ocidental.

O problema da desinformação e do discurso de ódio ganhou uma dimensão inimaginável na era digital, com o desenvolvimento da internet e das novas tecnologias de informação, que permitem a propagação instantânea e em massa de dados e informações. Se outrora o problema era a falta ou dificuldade de acesso à informação, o grande desafio do nosso tempo parece ser lidar com o excesso de informação e, pior, com a desinformação e os discursos de ódio.

A crença de que a desinformação deixa-se combater no livre mercado de ideias através do contradiscurso mostrou-se insustentável face ao uso deturpado das inovações tecnológicas. Com efeito, a realidade tem mostrado que o (mau) uso das parafernálias tecnológicas não fomentam o bom combate, nem propiciam a paridade de armas necessária ao embate de ideias idealizado por Stuart Mill para o *free marketplace of ideas*.

Maria Ressa, jornalista filipina vencedora do Prêmio Nobel da Paz em 2021, em entrevista ao jornal Valor Econômico em 15/03/2022, fez severas críticas à forma como os algoritmos e as redes sociais vêm sendo manipulados para impulsionar a difusão de *fake news* e *hate speech*. Segundo ela, as redes sociais deixaram de ser instrumentos de liberdade de expressão e se transformaram em mecanismos de propagação de desinformação e de ideias antidemocráticas e hostis a grupos minoritários, difundidas em assustadora velocidade com o auxílio de contas-robôs e disparos em massa que alcançam milhões de usuários. E, com a condescendência das plataformas digitais de comunicação, que faturam cifras astronômicas com a economia da desinformação, as redes sociais se tornaram perigosa ameaça às democracias ao redor do mundo.

Graziela Harff aborda todas essas complexas questões em torno da liberdade de expressão no livro ora trazido a público: *Discurso de ódio no direito comparado*. A obra é fruto de Dissertação de Mestrado, aprovada com nota máxima e recomendação de publicação na Faculdade de Direito da Universidade Federal do Rio Grande do Sul (UFRGS) em banca da qual tive a alegria de participar juntamente com os Professores Doutores Eugênio Facchini Neto (PUCRS), Fabiano Menke (UFRGS) e Marcelo Schenk Duque, orientador do trabalho.

A obra investiga como o discurso de ódio é tratado no Brasil, Estados Unidos e Alemanha. Essas duas ordens jurídicas apresentam os dois grandes modelos jurídicos de tratamento da liberdade de expressão e seus limites, os quais distinguem-se totalmente, pois, enquanto o direito norte-americano confere prevalência quase absoluta à liberdade de expressão, o direito alemão parte do princípio de que, conquanto gozando de prioridade, a liberdade de expressão não é ilimitada.

Isso fica evidente logo no primeiro capítulo, no qual Graziela Harff, calcada na dogmática dos direitos fundamentais, analisa a liberdade de expressão enquanto direito da personalidade e discorre sobre seus limites, dentre os quais o discurso de ódio, apontando seus danos às vítimas, à sociedade e, em última análise, à ordem jurídico-constitucional.

Em seguida, no segundo capítulo, a autora examina, em pormenor, o tratamento do discurso de ódio no direito norte-americano, em sede doutrinária e jurisprudencial, apresentando ao leitor um verticalizado estudo de diversos julgados da *Supreme Court*, dentre os quais o perturbante caso *R.A.V. versus City of St. Paul*, no qual a Corte entendeu como tutelada pela liberdade de expressão a queima de cruz no jardim de uma família negra.

O terceiro capítulo é dedicado à abordagem do tema no direito alemão. Aqui, Graziela Harff dedica-se à minuciosa análise de julgados paradigmáticos do *Bundesverfassungsgericht*, o renomado Tribunal Constitucional alemão, franqueando ao leitor acesso aos detalhes de célebres casos como Lüth, Blinkfüer, Mephisto e *Ausschwitzlüge*, conhecido como "mentira do holocausto". A jovem jurista traz ainda decisões envolvendo liberdade de expressão e democracia, como o caso do banimento dos partidos socialista e comunista, e da exibição de símbolos nazistas, além de outros nos quais discute-se a liberdade de expressão de agentes públicos, a liberdade de expressão em campanhas políticas e nas redes sociais.

No quarto capítulo, Graziela Harff mostra como o discurso de ódio vem sendo tratado no direito brasileiro, debruçando-se sobre casos emblemáticos de antissemitismo (caso Ellwanger), discurso de ódio religioso, homofóbico e contra minorias étnicas, a exemplo do caso quilombola, envolvendo o então Deputado Federal Jair Bolsonaro, no qual o Supremo Tribunal Federal concluiu que a fala discriminatória estava protegida sob o manto da liberdade de expressão e da imunidade parlamentar, concluindo a autora, em arremate, que o direito brasileiro, conquanto priorizando a liberdade de expressão, debate-se entre o modelo norte-americano e o modelo alemão.

Trata-se, portanto, de um trabalho de fôlego realizado por uma jovem pesquisadora, que desponta como talentosa jurista e profunda conhecedora desse que é – a rigor, continua a ser – um dos temas mais espinhosos da jurisdição constitucional, crucial para a tutela da dignidade humana e para a defesa da democracia. Parabenizo a autora, Graziela Harff, e a Editora Foco por trazerem a público uma obra que já nasce referência para todos aqueles que se interessam pelo tema do discurso de ódio e liberdade de expressão.

Rio de Janeiro, 12 de junho de 2022.

Karina Nunes Fritz

Professora. Doutora pela Humboldt Universidade de Berlim (Alemanha).

SUMÁRIO

AGRADECIMENTOS... V

PREFÁCIO... VII

1. INTRODUÇÃO 1

2. LIBERDADE DE EXPRESSÃO E DISCURSO DE ÓDIO 5

    2.1   A liberdade de expressão como direito da personalidade 6

    2.2   Limites aplicáveis à liberdade de expressão 20

    2.3   Conceito de discurso de ódio... 26

    2.4   Os danos advindos do discurso de ódio para as vítimas e a sociedade........... 30

    2.5   Direito à igualdade e não discriminação 35

    2.6   O discurso de ódio no contexto da eficácia horizontal dos Direitos Fundamentais... 39

3. O TRATAMENTO DO DISCURSO DE ÓDIO NO DIREITO NORTE-AMERICANO 49

    3.1   A primeira emenda da Constituição norte-americana e a liberdade de expressão 49

    3.2   Discurso de ódio e democracia 68

    3.3   Limites estabelecidos na jurisprudência norte-americana à liberdade de expressão 75

            3.3.1   Palavras belicosas (*Fighting words*) 75

            3.3.2   Ação ilegal e iminente (*imminent lawless action*) ou teste de Brandenburg (*Brandenburg test*) 78

            3.3.3   Difamação (*defamation*)... 80

            3.3.4   Inflição intencional de sofrimento emocional e o caso Snyder v. Phelps... 84

4. O TRATAMENTO DO DISCURSO DE ÓDIO NO DIREITO ALEMÃO................. 87

    4.1   Liberdade de expressão na lei fundamental 87

    4.2   Democracia e liberdade de expressão na jurisprudência do Tribunal Constitucional Federal 96

4.2.1	*Lüth*	98
4.2.2	*Blinkfüer*	103
4.2.3	*Schmid-Spiegel*	105
4.2.4	Banimento dos partidos Socialista e comunista: a democracia militante	107
4.2.5	A exibição de símbolos nazistas	116
4.3	Dignidade da pessoa humana e liberdade de expressão na jurisprudência do Tribunal Constitucional Federal	117
4.3.1	*Mephisto*	120
4.3.2	*Soraya*	126
4.3.3	A mentira do holocausto (*Auschwitzlüge*)	127
4.4	Liberdade de expressão e agentes públicos	132
4.4.1	*Strauß*	133
4.4.2	Ofensa a magistrados	134
4.4.3	Soldados são assassinos (*Soldaten sind Mörder*)	136
4.5	Liberdade de expressão e campanha política – o caso do NPD	140
4.6	Liberdade de expressão e redes sociais	142
5. O TRATAMENTO DO DISCURSO DE ÓDIO NO DIREITO BRASILEIRO		149
5.1	Liberdade de expressão no ordenamento jurídico brasileiro	149
5.1.1	Antissemitismo	158
5.1.2	Discurso de ódio religioso	161
5.1.3	Homofobia	163
5.1.4	Quilombolas	167
5.2	Perspectivas sobre o discurso de ódio no Brasil	168
6. CONSIDERAÇÕES FINAIS		175
7. REFERÊNCIAS		179

1
INTRODUÇÃO

O discurso de ódio atualmente se transmuta em um dos grandes temas da jurisdição constitucional, em função de compreender direitos fundamentais tão caros à democracia. Pode-se afirmar que o direito que mais se controverte atualmente é a liberdade de expressão. O trabalho encontra sua atualidade exatamente nesta constatação, no sentido de compreensão do cenário jusfundamental da liberdade de expressão e de estabelecimentos de caminhos para o combate aos discursos odiosos.

A liberdade de expressão, classicamente, é vista como um direito negativo, oponível contra o Estado, de forma que este ficaria impedido de estabelecer limitações no campo do exercício desse direito, classicamente tido como um direito de primeira geração. Contudo, muitas situações recaindo no exercício do direito se mostraram como abusivas e assim foram reconhecidas pelas jurisdições nacionais e internacionais, de forma que alguns países passaram a se destacar no combate ao discurso de ódio, enquanto outros persistiram firme na defesa do seu viés negativo, de matriz liberal.

É verdade que não se pode mais falar mais em direitos imunes à intervenção ou restrição, mesmo nos Estados Unidos, que consagra a liberdade de expressão na Primeira Emenda do *Bill of Rights* de sua Constituição. Contudo, sua característica mais marcante se coloca na consolidação de uma doutrina secular e que encontra aplicação no âmbito da Suprema Corte. A importância dos Estados Unidos para que seja tido como parâmetro comparativo no âmbito da liberdade de expressão e, mais particularmente, do discurso de ódio, recai igualmente na sua tradição democrática, com uma carta política que traz em seu bojo a previsão de direitos fundamentais, mesmo que não com a mesma robustez e quantidade de outras democracias ocidentais.

Na Alemanha, encontra-se uma doutrina já bem estabelecida quando se fala em liberdade de expressão e de discurso de ódio. Trata-se de um país com uma longa tradição democrática e que possui uma doutrina constitucional que é referência na dogmática dos direitos fundamentais, especialmente para o Brasil. Em relação à sua Constituição, nota-se que que os direitos fundamentais ocupam uma topologia anunciadora da sua relevância para a interpretação do ordenamento jurídico. Isso se pode ver pela inserção da dignidade da pessoa humana no primeiro artigo da Lei Fundamental, a qual também enuncia a sua inviolabilidade e vinculação dos poderes quando a sua observância. Conforme se verá ao longo do trabalho, essas características terão especial valor no tratamento na liberdade de expressão. Impende ainda mencionar que o Tribunal Constitucional Federal já teve a oportunidade de proceder ao julgamento de inúmeros casos sobre a temática da liberdade de expressão e do discurso de ódio, o que contribuiu para que se formassem parâmetros normativos para seu tratamento. A escolha da Alemanha como parâmetro de estudo também pode ser justificada pelo desenvolvimento da eficácia dos direitos fundamentais nas relações privadas, o que justamente teve sua gênese no caso Lüth, sobre liberdade de expressão. Isso porque tal liberdade tem sua incidência nas relações que se estabelecem entre privados, o que exigiu do Tribunal uma análise sobre o modo de incidência de tal direito na relação jurídica em espécie. Por estes motivos, a Alemanha se revela como modelo adequado para o presente estudo comparativo.

No direito brasileiro, a temática dos discursos odiosos se encontra em plena expansão, com muitas controvérsias ainda circundando o tema. Isso porque falar de liberdade de expressão e seus limites exige a conjugação, por exemplo, de proteções ao discurso parlamentar, o que recai nas imunidades. Ainda, o discurso religioso tem sido alvo de julgamentos no âmbito do STF sem ainda uniformidade, em especial quando entra em cena o proselitismo religioso.

Assim, sua problemática incide justamente na análise dos valores predominantes em cada sistema nacional, seja em relação à liberdade de expressão, seja em relação aos direitos de personalidade. Este trabalho procurou abordar os pontos centrais do tratamento do discurso de ódio nos ordenamentos jurídicos estudados, com bibliografia, sempre que possível, realizada por doutrinadores do país referido ou que tenham consolidado contato acadêmico com o país trabalhado. Destacam-se, assim, autores como Winfried Brugger, Donald Kommers, Edward Eberle, Alexander Tsesis e Ingo Wolfgang Sarlet.

Sua divisão comporta quatro capítulos: o primeiro, de natureza introdutória e exploratória sobre a liberdade de expressão e os direitos da personalidade, versa ainda sobre os conflitos subjacentes à temática, que têm sua incidência nas relações horizontais, é dizer, nas estabelecidas entre privados. No segundo capítulo, é feito um estudo sobre o direito norte-americano, apresentando as principais limitações para a liberdade de expressão. Neste ponto, é necessário que se faça uma observação – no sistema norte-americano existe um sistema de categorização, que afasta a liberdade de expressão no caso concreto quando algumas das categorias criadas pela Suprema Corte estejam presentes. A técnica de julgamento não consiste na ponderação dos interesses, pois existe uma preocupação com a segurança jurídica e a imprevisibilidade que essa técnica é capaz de gerar. Por isso, optou-se por elencar as categorias não incluídas no âmbito de proteção dos direitos de expressão da Primeira Emenda. No capítulo três é feita a análise do modelo alemão de tratamento de discurso de ódio, com um estudo de casos separados em virtude de seu resultado final, como a proteção da dignidade da pessoa humana e dos direitos em geral de personalidade e daqueles com um viés mais liberal, ressaltando valores democráticos na liberdade de expressão. Noções como a democracia militante também são analisadas, tendo especial importância na proibição dos partidos comunista e socialista, na década de 50.

Por fim, o quarto capítulo traça um panorama do discurso de ódio no Brasil, em que o assunto não possui uniformidade de entendimento. Isso faz com que haja a necessidade de análise em torno da adoção ou não da doutrina da posição preferencial da liberdade de expressão, o que tem consequência direta na conceituação de discurso de ódio. Para tanto, serão analisados casos recentes da jurisprudência sobre liberdade de expressão, mormente os julgados pelo Supremo Tribunal Federal, além dos diplomas legislativos pertinentes à matéria. O tema exige maior aprofundamento por parte da doutrina, para o que muito pode contribuir o direito comparado. Acima de tudo, a partir do entendimento da posição preferencial da liberdade de expressão, é preciso criar um cenário de segurança jurídica em casos envolvendo a temática dos discursos odiosos, com parâmetros mais previsíveis e que possam ser tidos como norteadores da matéria.

2
LIBERDADE DE EXPRESSÃO E DISCURSO DE ÓDIO

A liberdade de expressão é certamente um dos direitos fundamentais que se encontra em evidência nos dias atuais, dado que pode ser considerado um daqueles que mais denota a sua ligação com a personalidade e autonomia do indivíduo e cujo exercício se dá de maneira muito acentuada, é dizer, frequente. Isso faz com que conflitos com outros bens de estatura constitucional surjam e o direito seja chamado a estabelecer os limites aplicáveis, bem como o seu âmbito de aplicação. Pode ser conceituado como uma exteriorização da liberdade de pensamento, do que se extrai que, caso permaneça como atividade intrínseca do ser humano, não possui relevância, pois ausente em sua base uma interferência intersubjetiva, o que, por sua vez, se explica por permanecer incoercível e subtraída de terceiros. Pertence, pois, a liberdade de pensamento ao domínio da autodeterminação do indivíduo e se vincula a suas concepções de natureza existencial, tendo como alicerce uma formação livre, autônoma e íntima.[1] Nessa linha, a liberdade de expressão tem como fase prévia a liberdade de pensamento, tratando-se de exteriorização de convicções, ideias, crenças e opiniões do indivíduo. Se é verdade que não se nega a importância para a realização dos demais direitos fundamentais, também se notam posições que tendem a ir mais além, no sentido de considerá-lo como a base e condição para a realização de todos os demais direitos fundamentais, na expressão do Justice Cardozo[2], membro da Suprema Corte dos Estados Unidos.

Essa afirmação se atrela ao pensamento americano no tocante ao tema, que tende a ter na liberdade de expressão um direito quase absoluto, conforme se verá mais adiante. No Brasil, a liberdade de expressão vem sendo cada vez mais explorada pelos tribunais, em face do grande número de casos que são levados a julgamento, em um ambiente que propicia a análise e aplicação dos direitos fundamentais nos conflitos, especialmente de natureza privada, colocando, por

---

1. OSSOLA, Ana Laura. Libertad de expresión: declaraciones, derechos y garantias- deberes y derechos individuales. In: MIRANDA, Jorge; RODRIGUES JUNIOR, Otavio Luiz; FRUET, Gustavo Bonato (Org.). *Direitos de personalidade*. São Paulo: Atlas, 2012. p. 199.
2. Em sua famosa expressão, o mencionado Justice, já na década de 1940, consignou que a liberdade de expressão poderia ser tida como "the matrix, the indispensable condition of nearly every other form of freedom". *Palko v. Connecticut*, 202 U.S. 319, 327 (1937).

sua vez, em relevo a importância dos princípios constitucionais para a resolução dos conflitos.[3]

Nesse sentido, referido direito tem encontrado limites em outros princípios que emanam da Constituição Federal (CF) e encontram sua concretização na legislação ordinária, a exemplo do Código Civil (CC), ao prever os direitos da personalidade. Analisar a liberdade de expressão é, pois, proceder a uma análise que leva em conta não apenas um caráter estático e rígido, em uma atividade hermética, mas também de outros direitos que têm funcionado como fatores limitadores da liberdade de expressão. Analisar tais barreiras deve ser uma tarefa da doutrina jurídica, a fim de trazer à luz pontos de apoio e de justificação para tanto. Mais do que isso, torna-se premente a conjunção com a perspectiva da democracia, pois a liberdade de expressão atua na constituição de uma ordem democrática livre.[4]

Nessa quadra da história, mostra-se insuficiente afirmar que um direito não deve ser considerado como absoluto. Discursos mais extremistas podem vir a causar danos irreparáveis às vítimas, membros de grupos historicamente vulneráveis, tornando inadiável o aprofundamento do tema e de suas nuances constitucionais. Nesse sentido, os direitos de expressão acabam por colidir com direitos de personalidade das vítimas de ataques odiosos, o que revela a complexidade e amplitude do tema.

2.1 A LIBERDADE DE EXPRESSÃO COMO DIREITO DA PERSONALIDADE

A categoria dos direitos da personalidade é de grande importância para o estudo da liberdade de expressão e do discurso de ódio, haja vista que tanto esta liberdade quanto os direitos que a ela se contrapõem, quando, na prática quotidiana, verificam-se discursos ofensivos e humilhantes, podem ser derivados do direito da personalidade. Sendo assim, serão analisados os direitos da personalidade em geral, com as suas derivações, como o direito à honra e à integridade psíquica, bem como o livre desenvolvimento da personalidade, desenvolvido na Alemanha e inscrito no art. 2º da Lei Fundamental (*Grundgesetz* – doravante GG) daquele país. Este exame será feito sempre com um foco no direito alemão e brasileiro, a fim de que se tenha uma perspectiva comparada do assunto e de seu tratamento em cada ordenamento jurídico.

---

3. Estas análises pelos tribunais, ressalte-se, têm sido feitas, em especial pelo STF, com recurso à doutrina e jurisprudência estrangeira, o que se denota pela influência do direito norte-americano e alemão, em especial. Essa constatação leva à análise da liberdade de expressão com breves referências à doutrina estrangeira, a fim de que seja desenhado um panorama mais completo e aprofundado acerca da matéria, o que contribui igualmente para um cotejamento do desenvolvimento em solo brasileiro de institutos advindos do direito comparado.

4. Conforme esboçado na famosa decisão Lüth (BVerfGE 198, 207). No mesmo sentido: KARPEN, Ulrich. Freedom of expression and national security: the experience of Germany. In: COLIVER, Sandra; HOFFMANN, Paul; FITZPATRICK, Joan; BOWEN, Stephen (ed.). *Secrecy and Liberty*: national security, freedom of expression and access to information. Hague: Martinus Nijhoff Publishers. p. 290.

Conforme exposto, a liberdade de expressão tem forte conexão com a personalidade do indivíduo.[5-6]Assim, ao exercer a liberdade de expressão, há, concomitantemente, uma exteriorização dos traços de sua personalidade. A conceituação dos direitos de personalidade é, de certa forma, fluída, dado que diversas são as tentativas de estabelecer marcos conceituais. No entanto, podem ser mencionadas algumas abordagens. Dentre a reunião de conceitos que Jorge Miranda traz, podemos fazer uma síntese no sentido de que são aqueles direitos que são inerentes ao homem, pelo fato de nascer e viver e que emanam de sua personalidade, em relação aos quais pode se exigir respeito.[7] No direito brasileiro, Rubens Limongi França conceitua os direitos da personalidade como "as faculdades jurídicas cujo objeto são os diversos aspectos da própria pessoa do sujeito, bem assim seus prolongamentos e projeções".[8]

Conforme afirma Josef Kohler, o direito de personalidade adquire relevância por meio de uma faceta ativa ou dinâmica, para que a vontade se revele e mostre sua significância para o mundo. Isso se dá pelo fato de que a cultura pode apenas avançar se as pessoas são livres para se expressar e estiverem em posição de colocar suas capacidades a comando da sua vontade.[9] Desta passagem podem ser destacadas a necessidade de a personalidade poder se manifestar e revelar sua significância. O indivíduo demostra e mesmo aperfeiçoa sua personalidade pela expressão, seja ela de que tipo for. Considerando o escopo do trabalho, no sentido de apresentar uma perspectiva comparada, será feito um breve escorço histórico no Brasil e na Alemanha, de forma mais aprofundada.

Na Alemanha, os direitos de personalidade (*Persönlichkeitrechte*) têm uma origem doutrinária, desenvolvida na segunda metade do século dezenove e apenas gradualmente incorporado pela legislação. Atualmente, tais direitos têm sido cada vez mais objeto de proteção nos Estados europeus.[10] Conforme é observado

---

5. Interessante salientar que personalidade, que advém do latim *personalitas* se contrapõe à ideia de generalidade, o que deixa entrever a ideia de particularidade e singularidade. RAMOS, Erasmo Marcos. Estudo comparado do direito de personalidade no Brasil e na Alemanha. *Doutrinas essenciais de Direito Civil*, São Paulo, v. 3, maio 2002. p. 215-244.
6. Importante ressaltar que personalidade não se confunde com direito de personalidade, pois aquele é a "aptidão para ser sujeito de direitos e de obrigações na ordem jurídica". NERY, Rosa Maria Barreto de Andrade. Distinção entre personalidade e direito geral de personalidade: uma disciplina própria. *Doutrinas essenciais de Direito Constitucional*, v. 8, São Paulo, ago. 2015. p. 473.
7. MIRANDA, Jorge. *Manual de Direito Constitucional*: direitos fundamentais. 3. ed. Coimbra: Coimbra, 2000. p. 58-59. t. IV.
8. FRANÇA, Rubens Limongi. Direitos da personalidade: coordenadas fundamentais. *Doutrinas essenciais de direito civil*, São Paulo, jan. 1983. p. 653-667.
9. KOHLER, Josef. *Philosophy of law*. Trad. A. Albrecht. New York, 1969. p. 80. No original: "the right of personality expresses itself in particular in the activities of the personality both in and outside the law. Personality must be permitted to be active, tha is to say, to bring its will to bear and reveal its significance to the world; for culture can thrive only if persons are able to express themselves, and are in a position to place all their inherent capacities at the command of their will".
10. BRÜGGEMEIER, Gert; CIACCHI, Aurelia Colombi; O'CALLAGHAN, Patrick. A commom core of personality protection. In: BRÜGGEMEIER, Gert; CIACCHI, Aurelia Colombi; O'CALLAGHAN, Patrick (Ed.). *Personality Rights in European Tort Law*. New York: Cambridge, 2010. p. 577.

pela doutrina, o termo *"Person"* foi herdado da cultura jurídica romana, enquanto a *"Persönlichkeit"* tem sua origem não no direito, mas na filosofia kantiana[11], o que retardou sua introdução nos círculos de direito privado, os quais confiavam em cânones positivistas. É bem conhecida a negação de Friedrich von Savigny da categoria de direitos próprios à pessoa (*Rechte an der eigenen Person*) como uma categoria de direitos subjetivos, sendo que havia ainda uma tendência a haver uma confusão no campo conceitual com a noção de capacidade jurídica, como houve com Puchta.[12] Após as dificuldades iniciais, logrou-se êxito em construir uma relação sólida entre os domínios filosófico e jurídico, para os quais colaboraram Gareis, Gierke e Josef Kohler, os quais focaram a categoria sob aspectos mais práticos, como a marca comercial, a concorrência desleal, a proteção dos direitos autorais e o controle da imagem, já que o direito romano não havia desenvolvido tais estudos.[13]

Karl Gareis foi o responsável por ter assentado as fundações da teoria mais moderna dos direitos da personalidade, mas rejeitou os *Persönlichkeitsrechte* para evitar ligações com o termo *Recht der Persönlichkeit*, a qual advinha da filosofia, optando, então por direitos individuais (*Individualrechte*). Na opinião deste autor, a proteção dos interesses individuais e a limitação das esferas de volição tinham como objetivo facilitar o desenvolvimento humano e o progresso da sociedade. Esse livre desenvolvimento estava presente já no liberalismo alemão, por meio de Wilhelm von Humboldt e foi usado por Gareis para evitar uma ilimitada liberdade de concorrência. Estes ensaios foram, com efeito, pioneiros na sistematização e coerência da matéria, tendo sido objeto de aprimoramento por Otto von Gierke, que estabeleceu o termo direitos da personalidade (*Persönlichkeitsrechte*). Embora a importância da matéria tenha sido formada doutrinariamente, nas searas legislativa e judiciária houve sua recusa de aplicação até a década de 1950, o que não impediu que o Código Civil (*Bürgerliches Gesetzbuch* – doravante BGB, de 1896)[14], reconhecesse o direito

---

11. Segundo explica Clélia Aparecida Martins, a personalidade em Kant é fundada na liberdade e responsabilidade, apenas existindo referida personalidade se houver autonomia. MARTINS, Clélia Aparecida. Sobre a personalidade na filosofia prática de Kant. *Revista Portuguesa de Filosofia*, t. 58, fasc. 1, jan.-mar. 2002. p. 104-105.

12. Na Alemanha, a capacidade jurídica foi apresentada à doutrina por Thibaut, na obra *System des Pandektenrecht,* mas, logo em seguida, o termo foi confundido com personalidade jurídica. Para Puchta, esta se configura como "a "possibilidade subjetiva de uma vontade jurídica, de um poder jurídico, a capacidade para direitos (*Fähigkeit zu Rechten*), a característica em virtude da qual o Homem é sujeito de relações jurídicas" PUCHTA, Georg Friedrich. Pandekten. 9. ed. Leipzig: J. A. Barth, 1863. p. 37 apud GONÇALVES, Diogo Costa. Personalidade *vs.* Capacidade Jurídica – um regresso ao monismo conceptual? *Revista da Ordem dos Advogados*, v. 75, n. 1, 2015. p. 121-122.

13. RESTA, Giorgio. Personnalité, Persönlichkeit, Personality. *European Journal of Comparative Law and Governance*, 2015. p. 217-233.

14. O BGB fora promulgado pelo *Reichstag* em 1896 e tinha o propósito de unificar o direito civil no império alemão. Sua entrada em vigor se deu no dia 1º de janeiro de 1900. RAMOS, Erasmo Marcos. A Influência do Bürgerliches Gesetzbuch Alemão na Parte Geral no Novo Código Civil Português. *Revista da Faculdade de Direito da UFRGS*, v. 15, 1998. p. 75.

ao nome (*Namensrecht*), elencado no § 12 do BGB.[15] Sua função estava em tutelar o nome de família de pessoas singulares e sua identidade pessoal, além de preservar o gentilício. Pela sua importância, diz-se que se tornou a "sede normativa da tutela da personalidade no espaço germânico", junto com o § 823, que prevê a responsabilidade civil por danos à vida, integridade física e liberdade, já que se encontrava prevista *ab initio*.[16]

Feitas estas considerações, impende dizer que a liberdade na Alemanha se opõe ao determinismo, ao contrário do que ocorre nos Estados Unidos, em que se opõe à tirania. Assim, para os alemães, a liberdade permite a realização de seu potencial como cidadão ao dar total expressão a suas capacidades particulares.[17] Esse é um ponto revelador quando se analisa o livre desenvolvimento da personalidade e a liberdade de expressão. Mais do que se exigir uma abstenção estatal no exercício da liberdade de expressão, é importante garantir a proteção dos direitos, bem como a sua promoção, criando condições para que as expressões sejam difundidas e aceitas na sociedade, sem impedimentos estatais ou de entes privados. Conforme expressado por Kohler e registrado alhures, a personalidade é desenvolvida através do social, mas não na imagem de um indivíduo isolado.[18] Ainda, a autoapresentação e a utilização das qualidades pessoais começaram a ser consideradas como a pedra angular no sistema de proteção da personalidade.[19]

Migrando para uma visão brasileira dos direitos da personalidade, os estudos sobre a matéria têm sido desenvolvidos de maneira a estabelecer uma doutrina assaz evoluída. Nesse passo, a dignidade da pessoa humana pode ser considerada como o cerne da discussão sobre os direitos de personalidade, através da qual são sustentados e encontram justificação constitucional. Outra posição sustenta que, fundada na dignidade da pessoa humana, existe uma espécie de cláusula geral que protege e promove os direitos da personalidade, o que se dá por ser a pessoa natural a "primeira e última destinatária da ordem jurídica." Estes assentamentos permitem constatar o vínculo indissolúvel entre dignidade e personalidade, o que se reforça pelo fato de que as referências feitas à personalidade, em geral, também dizem respeito à dignidade.[20] No direito francês, há uma separação feita entre direitos da personalidade e dignidade. Enquanto aqueles primeiros têm como chave a singularidade de cada

---

15. RESTA, Giorgio. Personnalité, Persönlichkeit, Personality. *European Journal of Comparative Law and Governance*, 2015. p. 234-236.
16. GONÇALVES, Diogo Costa. Revisitando a origem histórico-dogmática dos direitos de personalidade. *Revista de Direito Civil Contemporâneo*, v. 15, ano 5, abr.-jun. 2018. p. 403.
17. WHITMAN, James Q. The two western cultures of privacy: dignity versus liberty. *Yale Law Journal*, v. 113, 2004. p. 1181.
18. RESTA, Giorgio. Personnalité, Persönlichkeit, Personality. *European Journal of Comparative Law and Governance*, 2015. p. 234-236.
19. RESTA, Giorgio. Personnalité, Persönlichkeit, Personality. *European Journal of Comparative Law and Governance*, 2015. p. 238.
20. CANTALI, Fernanda Borghetti. *Direitos da personalidade*: disponibilidade relativa, autonomia privada e dignidade humana. Porto Alegre: Livraria do advogado, 2009. p. 88.

pessoa, conferindo-lhe individualidade, a dignidade da pessoa humana, como sinal de pertencimento ao gênero humano, é partilhada por cada ser humano. Assim, ao fundar os direitos da personalidade na proteção da dignidade, corre-se o risco de desnaturar algum dos conceitos enquanto se procura, na verdade, conciliá-los. Alguns motivos repousam na questão da disponibilidade, segundo o direito francês. Enquanto a dignidade significa um valor indisponível, irrenunciável, os direitos da personalidade permitem ao indivíduo uma avaliação da sua posição jurídica para fins de disponibilidade. Outra controvérsia diz respeito ao fato de afirmar que, na ocorrência de uma violação à personalidade, haverá uma afronta à dignidade, o que parece fragilizá-la.[21] A despeito dessa preocupação, parece mais coerente com a sistemática dos direitos fundamentais o atrelamento dos direitos da personalidade à dignidade da pessoa humana, dado que nossa Constituição Federal põe este valor como centro da ordem jurídica. Ao colocar a dignidade da pessoa como princípio vetor, os direitos da personalidade aparecem como esteio da previsão constitucional, pois relacionados à pessoa.[22]

Sobre a questão de identidade entre direitos fundamentais e direitos de personalidade, a melhor abordagem parece ser a de que os direitos de personalidade são direitos fundamentais, mas não o contrário, bastando para tanto, ver o caso do direito à propriedade, a liberdade de imprensa e os direitos políticos, apenas para citar alguns, que não podem ser conceituados como direitos da personalidade, embora sejam direitos fundamentais.[23-24] Nessa esteira, impende registrar que os direitos

---

21. LEPAGE, Agathe. Droits de la personnalité. *Répertoire de droit civil*, Dalloz, setembre 2009.

22. Conforme Ingo Wolfgang Sarlet, "Para além das conexões já referidas – situa-se o reconhecimento e proteção da identidade pessoal (no sentido de autonomia e integridade psíquica e intelectual), concretizando-se – entre outras dimensões – no respeito pela privacidade, intimidade, honra, imagem, assim como o direito ao nome, toda as dimensões umbilicalmente vinculadas à dignidade da pessoa, tudo a revelar a já indiciada conexão da dignidade, não apenas com um direito ao livre desenvolvimento da personalidade, mas também com os direitos especiais de personalidade." SARLET, Ingo. *Dignidade (da pessoa) humana e direitos fundamentais na Constituição Federal de 1988.* 10. ed. Porto Alegre: Livraria do Advogado, 2019. p. 130.

23. SARLET, Ingo Wolfgang. Direitos fundamentais em espécie. In: SARLET, Ingo Wolfgang; MARINONI, Luiz Guilherme; MITIDIERO, Daniel. *Curso de direito constitucional.* 7. ed. São Paulo: Saraiva, 2018. p. 439.

24. Conforme Otavio Luiz Rodrigues Junior, existe um risco na fundamentalização de todos os direitos de personalidade, na medida em que tal situação poderia causar o risco de seu enfraquecimento, além de colocar em um mesmo plano direitos sem a mesma importância e similaridade. Ademais, se é certo que alguns direitos da personalidade encontram sede constitucional, deve-se ter muita cautela com tal paralelismo, pois tanto o direito civil como o direito constitucional possuem princípios próprios e autonomia metodológica. Essa conclusão acaba por ver na doutrina da eficácia indireta dos direitos fundamentais a teoria mais adequada para a resolução de problemas de integração, interpretação e incidência dos direitos fundamentais entre particulares. RODRIGUES JÚNIOR, Otávio Luiz. Direitos fundamentais e direitos da personalidade. In: TOFFOLI, José Antonio Dias (Org.). *30 Anos da Constituição Brasileira.* Rio de Janeiro: Forense, 2018. p. 700. No mesmo sentido, Mauricio Mazur, com forte apoio na doutrina portuguesa, entende que a aproximação entre os direitos de personalidade e os direitos fundamentais não pode apagar o distanciamento que os distingue, em relação ao sentido, projeção e perspectiva. Enquanto os direitos de personalidade se aplicam nas relações privadas, os direitos fundamentais têm aplicação nas relações de direito público ou quando haja particulares com poderes de fato. Por sua vez, quanto à identificação entre direitos da personalidade e direitos fundamentais, existem dois critérios que podem ser empregados

fundamentais possuem uma relação mais profundamente ligada ao direito público, de sorte que os direitos de personalidade têm seus efeitos incidindo de forma mais direta nas relações privadas.[25]

Quanto à sua sede, é certo que nem todos os direitos de personalidade se encontram na Constituição Federal, havendo outros que encontram *locus* na legislação ordinária, nomeadamente, o Código Civil. Os destinatários dos direitos de personalidade são, em primeiro lugar, os poderes públicos constituídos. A vinculação dos particulares a esses direitos ainda aparece de forma não unânime no Brasil, conforme se verá quando for abordada a temática da eficácia horizontal dos direitos fundamentais, adotando-se, neste trabalho, uma vinculatividade apenas mediata, o que se liga à necessidade de diplomas legislativos que regulem a esfera jurídico-privada dos indivíduos, trazendo mais segurança jurídica quanto às suas obrigações quando o assunto é trazido à lume.[26]

As características dos direitos de personalidade devem ser analisadas com *granus salis,* haja vista que, em um primeiro momento, podem levar o intérprete a um *mélange* conceitual. Assim, são estabelecidas as características de universalidade, caráter absoluto, extrapatrimonialidade e indisponibilidade. A universalidade se conecta à titularidade, ou seja, todas as pessoas naturais e as pessoas jurídicas, em relação a alguns direitos, como é o caso da honra, nos termos da súmula 227 do Superior Tribunal de Justiça (STJ). A segunda característica, o caráter absoluto, faz referência à observância por todos, ou seja, *erga omnes,* o que significa incluir poderes públicos e os particulares, podendo ser fonte de grave insegurança jurídica, caso tomada na sua literalidade, na linha do defendido sobre a teoria mediata. O caráter extrapatrimonial significa que os bens em apreço não têm um valor economicamente definido, o que não impede que haja uma mensuração financeira caso estes direitos sejam violados.[27] Outros contratos são igualmente compatíveis com os direitos fundamentais, como os contratos de concessão ou licença para uso da imagem.[28] A indisponibilidade dos direitos de personalidade não tem como função impedir que os seus titulares possam dispor em alguma medida dos direitos, por

---

para tal identificação: a (i) fundamentalidade material, que consiste na análise de cada direito, e a (ii) via universal, que concebe todos os direitos da personalidade como direitos fundamentais pela sua irradiação da dignidade da pessoa humana. Esta última via é a adotada neste trabalho. Para maior aprofundamento, ver: MAZUR, Maurício. A dicotomia entre os direitos de personalidade e os direitos fundamentais. *Relatório à Universidade de Lisboa.* Lisboa, 2010. p. 35-45.

25. MIRANDA, Jorge. *Manual de Direito Constitucional:* direitos fundamentais. 3. ed. Coimbra: Coimbra, 2000. p. 62. t. IV

26. SARLET, Ingo Wolfgang. Direitos fundamentais em espécie. In: SARLET, Ingo Wolfgang; MARINONI, Luiz Guilherme; MITIDIERO, Daniel. *Curso de direito constitucional.* 7. ed. São Paulo: Saraiva, 2018. p. 439-448.

27. SARLET, Ingo Wolfgang. Direitos fundamentais em espécie. In: SARLET, Ingo Wolfgang; MARINONI, Luiz Guilherme; MITIDIERO, Daniel. *Curso de direito constitucional.* 7. ed. São Paulo: Saraiva, 2018. p. 447-448.

28. BITTAR, Carlos Alberto. *Os direitos da personalidade.* 8. ed. São Paulo: Saraiva, 2015. p. 85.

isso se advogar a tese da renúncia apenas em relação ao seu exercício, mas não no que toca à sua titularidade.[29]

Tal é o caso dos acordos de confidencialidade, que têm como objeto a proteção da informação. Esta prática é comum no domínio das relações comerciais e da pesquisa científica. No âmbito da Comissão Europeia, esta conheceu o caso em que uma associação de ajuda jurídica aos detentos acordou o direito de aceder ao estabelecimento penitenciário em troca de seu compromisso de não revelar informações para a imprensa, renunciando à liberdade de expressão neste ponto. Contudo, houve a quebra contratual, o que motivou o fim do acordo concluído. A decisão da Comissão se voltou para a voluntariedade do acordo, de modo que seria legítima a resolução contratual. Embora tenha sido concluído entre uma pessoa jurídica, a doutrina entende que o mesmo efeito seria transposto para uma pessoa física.[30]

Dentre os direitos de personalidade, encontram-se o direito à honra, ao corpo, à integridade física, à imagem, à privacidade, à intimidade, à integridade psíquica, ao segredo, dentre outros. Para o presente trabalho, importa perscrutar, neste momento, o direito à honra (direito moral), à integridade psíquica (direito psíquico) e a liberdade de expressão, uma vez que são estes aqueles mais lembrados quando se fala em discursos de ódio, que visam a discriminar, difamar ou insultar determinado indivíduo. O direito à honra faz parte do reduto da dignidade do indivíduo e acompanha a pessoa desde o nascer até mesmo depois da morte e engloba o direito ao bom nome e à reputação. Sua origem remonta a uma época em que pertencia a apenas alguns membros da sociedade para que fossem destacados perante os demais que não eram tão honrados ou que mesmo não a possuíam.[31]

Sua defesa se funda na defesa da reputação (honra objetiva), o que envolve o nome e fama de que goza o indivíduo na sociedade. Por sua vez, a honra subjetiva alcança a própria dignidade, ou seja, trata-se de um sentimento da própria pessoa quanto a sua estima. A honra se liga à sociedade, é dizer, tem como pressuposto um círculo social em que vive. Caso violado este direito, haverá diminuição social com consequências de natureza pessoal, tais como humilhação, constrangimento, vergonha. Não à toa, Jean Racine, poeta francês, declarou, em seu poema Iphigénie, que a "honra fala, e isso basta". Este verso apenas ratifica a importância do bom nome e reputação no meio social em que inserido o indivíduo.[32]

O aspecto patrimonial pode ser materializado na perda de crédito, tanto da pessoa como da empresa. Tendo em conta que o indivíduo se insere em diversos

---

29. DUQUE, Marcelo Schenk. *Curso de direitos fundamentais*: teoria e prática. São Paulo: Ed. RT, 2014. p. 107.

30. ARROYO, Julie. *La renonciation aux droits fondamentaux*: étude de droit français. Paris: Editions Pedone, 2016. p. 222.

31. SARLET, Ingo Wolfgang. Direitos fundamentais em espécie. In: SARLET, Ingo Wolfgang; MARINONI, Luiz Guilherme; MITIDIERO, Daniel. *Curso de direito constitucional*. 7. ed. São Paulo: Saraiva, 2018. p. 482.

32. No original: *L'honneur parle, il suffit*. RACINE, Jean. Dramatic Works of Jean Racine. London: John Souter, 1834. p. 15.

meios, várias também são as honras: honra civil, comercial, científica, profissional, acadêmica etc., estando todas elas protegidas pelo direito em análise. No plano constitucional, está previsto no art. 5º, X, caso de um direito de personalidade que também é um direito fundamental expressamente previsto na CF. Na esfera penal, a honra é objeto de proteção através dos crimes de calúnia, difamação e injúria. As medidas incluem a cessação das práticas ofensivas, bem como o ressarcimento dos danos, que podem ser de ordem patrimonial ou moral, conforme os artigos 12 e 186 do CC.[33] Apenas a título comparativo, na Alemanha, o direito à honra constitui um limite ao exercício da liberdade de expressão, conforme previsto no artigo 5º da GG.

O direito à integridade psíquica integra os chamados direitos psíquicos da personalidade, que têm como escopo a proteção da mente e do psiquismo, também chamado seu aspecto interior, entre o que se destaca a sua sensibilidade. Juntamente com o direito ao corpo (integridade física) completa a proteção da personalidade da pessoa. Nesse passo, protege a higidez psíquica, tendo como fundamento a dignidade da pessoa. Sua grande manifestação se dá pelo dever de não violar a estrutura psíquica de terceiros, que ocorre por meios diretos ou indiretos, o que se manifesta aqui como um direito de defesa. As disposições concernentes se encontram na CF no art. 5º, quando veda a tortura e o tratamento degradante (inciso III), prevê a indenização por dano moral (inciso X) e a defesa da integridade moral do preso.[34] A Convenção Americana sobre Direitos Humanos dispõe especificamente sobre a integridade psíquica, prevendo, em seu art. 5º (1), que toda pessoa tem o direito de que se respeite sua integridade física, psíquica e moral. Ainda, assume, em uma visão jurídico-constitucional, status de direito autônomo, tendo inclusive uma proteção particular, contudo, deve ser atrelado e moldado a partir da vinculação com os demais direitos fundamentais.[35]

Dentre os direitos da personalidade também se encontra a liberdade de expressão, ou seja, mais do que um direito fundamental é um direito de personalidade. Essa inclusão se dá em uma tendência cada vez mais verificada nos sistemas constitucionais, os quais passaram a prever um direito geral de personalidade, fazendo com que os direitos fundamentais se tornassem, cada vez mais, direitos da personalidade.[36] A inclusão da liberdade de expressão como direito de personalidade ganha mais relevo quando se sabe que esta categoria guarda em seu núcleo autonomia e liberdade, podendo se afirmar ainda que o livre desenvolvimento da personalidade só é possível com a garantia da livre expressão. Neste ponto, destaca-se uma con-

---

33. BITTAR, Carlos Alberto. *Os direitos da personalidade*. 8. ed. São Paulo: Saraiva, 2015. p. 201-206.
34. BITTAR, Carlos Alberto. *Os direitos da personalidade*. 8. ed. São Paulo: Saraiva, 2015. p. 182-185.
35. SARLET, Ingo Wolfgang. Direitos fundamentais em espécie. In: SARLET, Ingo Wolfgang; MARINONI, Luiz Guilherme; MITIDIERO, Daniel. *Curso de direito constitucional*. 7. ed. São Paulo: Saraiva, 2018. p. 429-430.
36. CANOTILHO. José Joaquim Gomes. *Direito constitucional e teoria da constituição*. 7. ed. Coimbra: Almedina, 2001. p. 396.

ceituação de direito geral de personalidade que se relaciona ao afirmado, pois é "a um tempo, direito à pessoa-ser e à pessoa-devir, ou melhor, à pessoa ser em devir, entidade não estática, mas dinâmica e com jus à sua liberdade de desabrochar."[37] Assim, a liberdade de expressão permite justamente este desabrochar de que fala a doutrina ou também o chamado devir,[38] que se relaciona ao caráter não estático da personalidade, remetendo à sua transformação e desenvolvimento.

A liberdade de expressão tem grande conectividade com o livre desenvolvimento da personalidade, conforme estudado, em grande parte, pela doutrina alemã. Na GG, o art. 2º (1) prevê que "todos têm o direito ao livre desenvolvimento da sua personalidade, desde que não violem os direitos de outros e não atentem contra a ordem constitucional ou a lei moral." Conforme destaca a doutrina alemã, o livre desenvolvimento da personalidade possui dois âmbitos de proteção: *o direito geral de personalidade e a liberdade de ação geral. O direito geral de personalidade* foi interpretado juntamente com o art. 1º (1) da GG, que trata da inviolabilidade da dignidade da pessoa humana[39] e protege a "identidade inconfundível da pessoa humana", tendo sua origem na jurisprudência alemã sobre direitos fundamentais. O segundo âmbito de proteção é a liberdade geral de ação, na medida em que oferece proteção à personalidade em todos os domínios da vida. Por este motivo, o Tribunal Constitucional Federal (TCF) o denomina de "direito de liberdade sem nome."[40]

Embora o direito geral de personalidade seja conectado à dignidade da pessoa humana, este deve ser considerado um direito fundamental que está sujeito a restrições, assim como os demais, não contendo qualquer caráter absoluto. Essa imbricação com a dignidade da pessoa humana vem a fornecer destaque para a personalidade, o que, neste ponto, também serve para distingui-la da liberdade geral de ação, ou seja, existe um efeito de reforço ao se agregar em seu conteúdo da dignidade da pessoa humana. Esse reforço também se dá em virtude de que a constituição da personalidade, sem interferências, faz parte de uma vida com dignidade.[41] O direito geral de personalidade[42] contém uma grande carga de *autonomia e liberdade*, de modo que

---

37. CARVALHO, Orlando de. Teoria geral do Direito Civil. 3. ed. Coimbra: Coimbra Editora, 2012. p. 90 apud SERENS, M. Nogueira. The trademark right in the earliest german doctrine. *Boletim da Faculdade de Direito da Universidade de Coimbra*, v. 94, 2018. p. 178.

38. O vocábulo devir provém do latim *devenire*, que significa chegar, mas, através da influência filosófica, passou a ter também o significado de transformar. DEVENIRE. In: Collins Latin DICTIONARY. New York: HarperCollins Editions, 2006; DEVIR. In: JAPIASSÚ, Hilton; MARCONDES, Danilo. *DICIONÁRIO básico de filosofia*. 3. ed. Rio de Janeiro: Zahar, 2001. Observa-se que também na língua francesa o verbo *devenir* possui o significado de transformação, passagem de um estado a outro.

39. Segundo o artigo, "a dignidade da pessoa humana é intangível. Respeitá-la e protegê-la é obrigação de todo o poder público".

40. MORLOK, Martin. MICHAEL, Lothar. *Direitos fundamentais*. Trad. António Francisco de Sousa e António Franco. São Paulo: Saraiva, 2016. p. 344.

41. MORLOK, Martin. MICHAEL, Lothar. *Direitos fundamentais*. Trad. António Francisco de Sousa e António Franco. São Paulo: Saraiva, 2016. p. 345.

42. No Brasil, alguns doutrinadores defendem não haver um direito geral de personalidade, dado que o ordenamento jurídico brasileiro possui direitos da personalidade em espécie. Na Alemanha, a criação e tal

quando se consagra este direito, está-se reconhecendo um direito ao reconhecimento de expressão de sua identidade. Esta expressão se revela em diversos âmbitos, entre os quais se incluem a liberdade religiosa, liberdade de opinião, profissional etc. A proteção, assim, se dá não sobre a conduta precisamente, mas sobre a formação da identidade que tais exercícios de direitos proporcionam.[43]

Este direito também pode ser visto sob o prisma do direito à *autodeterminação*, o que garante a formação da sua identidade sem interferências, sejam elas provenientes do Estado ou de terceiros, dentro de um dever do Estado de proteger os particulares contra ameaças dos demais sujeitos privados. Sob um diferente viés, o direito geral de personalidade pode ser visto considerado um direito à *autopreservação*, que envolve o direito de se retirar e de se proteger, é dizer, de evitar a exposição de traços que constituem sua personalidade. Dentro desta noção foi criada a teoria das esferas, a qual distingue uma esfera íntima e uma privada e uma social. A primeira é fechada ao público, o que não ocorre com a esfera privada, que permite ingerências, observada a proporcionalidade.[44] A terceira esfera, social, se liga a traços da personalidade que poderiam ser expressas e manifestadas sem maiores danos à personalidade. Nesse sentido, a utilidade e função da teoria reside na proteção crescente que se dá em cada esfera, servindo também como parâmetro para averiguação da intensidade da lesão sofrida. Por outro lado, não se desconhece que esta teoria sofre com diversas imperfeições e críticas, a começar pelo grau de indeterminabilidade dos limites de cada esfera e da subjetividade inerente na classificação, a depender do julgamento dado para situações idênticas. Essa imprecisão pode ser vista no caso de uma conversa de um médico e um paciente. Embora mereça máxima proteção, tem lugar em uma esfera social, e não íntima. Assim, o caminho mais seguro para a sua interpretação parece ser considerá-la como um ponto de partida.[45]

Dentre desta visão multifacetada em que se desdobra o direito geral de personalidade, tem-se ainda o direito à *autoapresentação*, que envolve direitos como honra e identidade. Como consequência, é dado ao indivíduo se defender contra apresentações públicas que venham a lhe infligir desprestígio, por exemplo, através de afirmações falsas, que desfigurem sua personalidade, sendo, assim, indesejadas. Disso decorre o direito à autodeterminação informacional, que assume relevância

---

direito se deu pela constatação da existência de lacunas legislativas, pelo que foi necessário recorrer à GG para sua formulação na via judicial. RODRIGUES JÚNIOR, Otávio Luiz. Direitos fundamentais e direitos da personalidade. In: TOFFOLI, José Antonio Dias (Org.). *30 Anos da Constituição Brasileira*. Rio de Janeiro: Forense, 2018. p. 683-685.

43. MORLOK, Martin. MICHAEL, Lothar. *Direitos fundamentais*. Trad. António Francisco de Sousa e António Franco. São Paulo: Saraiva, 2016. p. 347.

44. PIEROTH, Bodo; SCHLINK, Bernhard. *Direitos fundamentais*. Trad. António Francisco de Sousa e António Franco. São Paulo: Saraiva, 2012. p. 178-179.

45. MORLOK, Martin. MICHAEL, Lothar. *Direitos fundamentais*. Trad. António Francisco de Sousa e António Franco. São Paulo: Saraiva, 2016. p. 345-346; PIEROTH, Bodo; SCHLINK, Bernhard. *Direitos fundamentais*. Trad. António Francisco de Sousa e António Franco. São Paulo: Saraiva, 2012. p. 178-179.

no contexto da proteção de dados.[46] Esta noção foi construída por ocasião do julgamento da Lei do censo,[47] na Alemanha, sendo que a lei que autorizava a coleta de dados o fazia com previsão de seu compartilhamento com outros órgãos, além da possibilidade de comparação entre as informações. Estas normas foram julgadas inconstitucionais pelo TCF, o que acarretou uma grande construção em torno da proteção de dados e do seu controle pelo titular.[48]

A liberdade de ação geral é um direito supletivo, o qual encontra aplicabilidade quando não houver âmbito de proteção dos demais direitos fundamentais, o que inclui o direito geral de personalidade, podendo ser considerado seu elemento ativo.[49] Pela sua importância, a doutrina alemã atribui-lhe a característica de direito fundamental mãe (*Muttergrundrecht*), de onde outros direitos fundamentais poderiam ser extraídos.[50] Existem três consequências quando se insere na ordem jurídico-constitucional a liberdade geral de ação: (i) toda e qualquer ingerência estatal necessita de um fundamento legal; (ii) deve haver uma fundamentação que se mostre legítima e que atenda ao postulado da proporcionalidade e (iii) o Estado deve garantir proteção para que este direito possa encontrar concretude na vida do direito, ao lado da abertura do leque para a interposição de recurso constitucional para o TCF, segundo a art. 93, (1) da GG.[51]

Os dois direitos derivados do livre desenvolvimento da personalidade são distintos, com âmbitos de proteção que não podem ser confundidos. Enquanto o direito geral de personalidade se liga à formação da identidade humana, a liberdade geral de ação traça um delineamento do que se pode ou não fazer.[52] Esta era, inclusive, a redação durante os trabalhos que antecederam a GG, conforme a comissão do Conselho Parlamentar (*Parlamentarischer Rat*, considerada uma Assembleia Nacional Constituinte),[53] seguindo o projeto de *Herrenchiemsee*, que assim dispunha: Todos têm a liberdade de fazer e deixar de fazer o que bem entenderem, [desde que] não firam o direito de outrem e não infrinjam a ordem constitucional ou a lei moral." Em outras palavras, se o direito geral de personalidade protege o "substrato da in-

---

46. PIEROTH, Bodo; SCHLINK, Bernhard. *Direitos fundamentais*. Trad. António Francisco de Sousa e António Franco. São Paulo: Saraiva, 2012. p. 180.

47. BVerfGE 65, 1.

48. MENDES, Laura Schertel. O direito fundamental à proteção de dados pessoais, *Revista de Direito do Consumidor*, São Paulo, v. 79, jul.-set. 2011. p. 45-81.

49. HESSE, Konrad. *Grundzüge des Verfassungsrechts der Bundesrepublik Deutschland*. Neudruck der 20. Aufl. Heidelberg: Müller Verl., 1999. Rn. 428.

50. DUQUE, Marcelo Schenk. *Eficácia horizontal dos direitos fundamentais e jurisdição constitucional*. 2. ed. São Paulo: Editora dos Editores, 2019. p. 101 e ss.

51. MORLOK, Martin. MICHAEL, Lothar. *Direitos fundamentais*. Trad. António Francisco de Sousa e António Franco. São Paulo: Saraiva, 2016. p. 355-356.

52. MORLOK, Martin. MICHAEL, Lothar. *Direitos fundamentais*. Trad. António Francisco de Sousa e António Franco. São Paulo: Saraiva, 2016. p. 344.

53. SCHWABE, Jürgen. *Cinquenta anos de jurisprudência do Tribunal Constitucional Federal Alemão*. Berlim: Konrad-Adenauer-Stiftung, 2005. p. 229.

2 • LIBERDADE DE EXPRESSÃO E DISCURSO DE ÓDIO **17**

dividualidade", a liberdade geral de ação tem como bem protegido o *comportamento do indivíduo*.[54]

Hodiernamente, duas concepções repousam sobre o livre desenvolvimento da personalidade: uma concepção ampla e outra restrita. Em uma visão *abrangente*, o direito alcança todas aquelas condutas que se mostrem importantes e significantes para a construção da personalidade. Por seu turno, em uma concepção restrita, protegeria apenas condutas que se enquadrassem como *essência da personalidade*, é dizer, que formasse o conteúdo (ou núcleo) essencial da personalidade (*Persönlichkeitskerntheorie*). Konrad Hesse defende uma visão restrita, sob o fundamento de que o conteúdo do livre desenvolvimento da personalidade deve ser visto dentro dos limites constitucionais, sem vinculações a desenvolvimentos de ordem moral e espiritual.[55]

A concepção mais ampla foi adotada na jurisprudência alemã, no caso da restrição de cavalgadas – *Reiten im Walde*,[56] ressaltando o Tribunal que as condutas podem ter ligação maior ou menor com a essência da personalidade,[57] com um importante voto vencido do Juiz Dieter Grimm,[58] que parece ter adotado uma terceira via entre a proteção do núcleo essencial da personalidade e a liberdade geral de ação.[59] Desse

---

54. MOTA PINTO, Paulo Cardoso Correia da. A proteção da vida privada e a Constituição. *Boletim da Faculdade de Direito da Universidade de Coimbra*, v. 76, 2000. p. 160.

55. HESSE, Konrad. *Grundzüge des Verfassungsrechts der Bundesrepublik Deutschland*. Neudruck der 20. Auflage. Heidelberg: C.F. Müller, 1999. Rn. 427.

56. O caso tratava de uma restrição à circulação de cavaleiros nas florestas, que fora determinada pelo *Land* de *Nordrhein-Westfalen*. O TCF decidiu que havia uma proteção ampla da liberdade de ação geral, sem consideração da ação para o desenvolvimento da personalidade. Em voto vencido, o Juiz Dieter Grimm ressaltou que a GG não protege qualquer ação, mas aquelas que sem mostrarem significantes para a formação da personalidade. MAC CRORIE, Benedita. *Os limites da renúncia a direitos fundamentais nas relações entre particulares*. Coimbra: Almedina, 2017. p. 100.

57. BVerfGE 80, 137.

58. Segundo Dieter Grimm, "Por isso, essa banalização dos direitos fundamentais, não prevista pela *Grundgesetz*, e a extrapolação do recurso constitucional a ela associada deveriam ser revistas. Isto parece ser tão mais fácil quando se pensa que o Art. 2 I GG já vem sendo enriquecido com uma série de garantias concretas de liberdade e permanece aberto para necessárias garantias adicionais de liberdade. Por outro lado, não se precisa temer as perdas de liberdade tal qual o faz o [Primeiro] Senado [do TCF], pois a liberdade geral de ação existe apenas dentro da ordem constitucional e não poderá ampliar o espaço livre do indivíduo para além da medida legal em âmbitos de ação que não são de peso para o desenvolvimento da personalidade. Para o reclamante que afirma uma violação do Art. 2 (I) GG surge, portanto, somente um ônus de fundamentação, no sentido de demonstrar que foi cerceado, não em um comportamento qualquer, mas em um comportamento justamente relevante para a personalidade. SCHWABE, Jürgen. *Cinquenta anos de jurisprudência do Tribunal Constitucional Federal Alemão*. Berlim: Konrad-Adenauer-Stiftung, 2005. p. 232.

59. O que se depreende do seguinte excerto: "No entanto, as possibilidades de interpretação não se restringem a essas alternativas. Com a rejeição justificada da chamada teoria do núcleo da personalidade, que em sua época foi defendida sobretudo por Peters (publicação em homenagem a Laun, 1953. p. 669) e que aproximava bastante a área de proteção do Art. 2 I GG ao do Art. 1 I GG, a decisão ainda não foi tomada a favor da liberdade geral de ação. Abre-se entre o núcleo intangível da personalidade, de um lado, e a liberdade geral de ação, de outro, uma zona de ações livres que não contam com a proteção de direitos fundamentais específicos, mas que são igualmente de considerável importância para o desenvolvimento da personalidade". SCHWABE, Jürgen. *Cinquenta anos de jurisprudência do Tribunal Constitucional Federal Alemão*. Berlim: Konrad-Adenauer-Stiftung, 2005. p. 230. Demonstrando esta terceira via: MAC CRORIE,

modo, o Tribunal passou a combinar uma visão ampla da liberdade de ação geral e o conteúdo essencial dos direitos fundamentais, porquanto concede maior proteção ao seu núcleo.[60] Nesse passo, importa dizer, como a doutrina destaca, que a Constituição não se baseia em um valor liberdade seletivo, mas em um valor neutro e igualitário, pois os comportamentos mais variados e que possam parecer irrelevantes importam para os direitos fundamentais e representam uma liberdade que se revela quotidianamente (*liberté de tous les jours*).[61] Seguindo na liberdade de ação, tem-se que se constitui em um direito *prima facie*, o que implica incluir em seu âmbito de proteção todas aquelas ações que não possuam restrições, dado que norma permissiva (*Erlaubnisnorm*). Por um outro ângulo, cada titular do direito tem, de forma *prima facie* igualmente, um direito subjetivo a que o Estado não interfira em sua esfera de atuação privada.[62] A título de comparação com o direito brasileiro, a liberdade de ação pode ser remetida ao princípio da legalidade, previsto no art. 5º, II, CF.[63]

Dentro desse caldo jurídico-constitucional que se formou, o livre desenvolvimento da personalidade passou a ser importante instrumento *na defesa da autonomia e do pluralismo de ideias, opiniões e demais traços que formam e constituem a personalidade.* Nesse ponto, pode ser incluída a liberdade de expressão, que é *um dos grandes fatores constituintes da personalidade, sendo mesmo inseparáveis,*[64] por permitir a sua exteriorização através dos mais diferentes atos comunicativos. A doutrina americana sobre liberdade de expressão vê no discurso elemento essencial da expressão, mas opera em dois níveis. O primeiro é o da autonomia como elemento de autoexpressão e o segundo se dirige em direção a uma esfera do debate público, o que permite afirmar que o discurso, possibilitado pela liberdade de expressão tem um valor individual e social,[65] os quais são resguardados no ordenamento jurídico brasileiro pela CF.

Segundo Ronald Dworkin, a justificação do *free speech*, para alguns doutrinadores se encontra na sua instrumentalidade, o que equivale a dizer que se privilegia uma visão em virtude de suas consequências: através do debate haverá mais benefícios do que danos a longo prazo. Se a discussão política for desinibida, essa arena é mais suscetível a descobrir a verdade e eliminar o erro e produzir boas políticas de governo. Em uma segunda justificação, contudo, se supõe que a liberdade de expressão possui valor não em virtude de suas consequências, mas em razão de sua

---

Benedita. *Os limites da renúncia a direitos fundamentais nas relações entre particulares.* Coimbra: Almedina, 2017. p. 100.

60. MAC CRORIE, Benedita. *Os limites da renúncia a direitos fundamentais nas relações entre particulares.* Coimbra: Almedina, 2017. p. 101.

61. KAHL, Wolfgang. *Die Schutzergänzungsfunktion.von* Art. 2 Abs. 1 Grundgesetz. Tübingen: Mohr Siebeck, 2000. p. 34-35.

62. ALEXY, Robert. *Theorie der Grundrechte.* Frankfurt am Main: Suhrkamp, 1994. p. 311.

63. DUQUE, Marcelo Schenk. *Eficácia horizontal dos direitos fundamentais e jurisdição constitucional.* São Paulo: Editora dos Editores, 2019. p. 102.

64. TSESIS, Alexander. Balancing Free speech. *Boston University Law Review,* n. 96, jan. 2016. p. 25.

65. TSESIS, Alexander. Balancing Free speech. *Boston University Law Review,* n. 96, jan. 2016. p. 15.

essencial e constitutiva característica é que o governo trata a todos como membros adultos e agentes com responsabilidade moral. Essa consiste na escolha sobre as mais diversas esferas da vida, sobre o que é verdadeiro e falso em campos de justiça ou fé. No momento em que o governo interfere na esfera privada do indivíduo ao prescrever quais discursos são proscritos, ele insulta seus cidadãos. Sabendo que Dworkin constrói sua tese com base na doutrina liberal e, portanto, concede autonomia aos seus cidadãos, de modo que estes devam ser considerados agentes morais responsáveis, existe em suas obras uma forte concepção de autonomia e de não interferência estatal nas liberdades, mesmo em relação a discursos que se abominam, como aqueles discriminatórios e que neguem fatos históricos, como o holocausto.[66]

Um dos principais focos da construção do livre discurso, contudo, é considerar que todos têm igual autonomia na arena pública. Esta é elemento-chave nos sistemas constitucionais que preveem a liberdade de expressão. Na doutrina alemã, a autonomia é tida como um dos pilares no campo das liberdades. A liberdade do indivíduo apenas se dá em uma comunidade livre, o que pressupõe que os sujeitos possam decidir por si mesmos sobre assuntos de sua vida, bem como colaborar com aqueles referentes a sua comunidade.[67] Por outro lado, para os absolutistas da liberdade de expressão, como Edwin Baker, a legitimidade do Estado dependeria do igual respeito e autonomia dos cidadãos, sendo que esse só respeita estes dois valores quando permite a livre expressão de ideias, não importando o quanto atinja outras pessoas ou prejudique os fins governamentais. Realça em sua compreensão de autonomia a noção de busca de dignidade, que ocorre apenas quando são respeitadas a igualdade e autonomia de todos.[68]

A ideia de livre desenvolvimento da personalidade, assim, *protege a autonomia do indivíduo para a exteriorização da sua personalidade*. Contudo, essa autonomia é, em democracias mais liberais, como os Estados Unidos, levada ao extremo a ponto de resguardá-la mesmo que à custa de outros direitos, em especial de igualdade e contra o valor da dignidade da pessoa humana. Outros direitos podem ser aqui elencados, em alinhamento ao que aqui se dissertou sobre o livre desenvolvimento da personalidade, que são seus desdobramentos, como o direito à honra e à imagem, notadamente. Desta forma, quando se fala em liberdade de expressão entram em conta na colisão de direitos aqueles de personalidade, os quais, além de estarem previstos na Constituição, encontram sede de modo detalhado na legislação ordinária.

---

66. DWORKIN, Ronald. Why must speech be free? In: *Freedom's law*: the moral reading of the american constitution. Cambridge: Harvard University Press, 1996. p. 200-205. No mesmo sentido, de que punições da negação do holocausto não parecem ser necessárias do ponto de vista da história. BAKER, Edwin. Hate speech. *Journal of Media Law and Ethics*, v. 1, n. 3/4, set. 2009. p. 9.
67. HESSE, Konrad. Significado de los derechos fundamentales. In: BENDA, Ernest; MAIHOFER, Werner; VOGEL, Hans-Jochen; HESSE, Konrad; HEYDE, Wolfgang (Org.). *Manual de derecho constitucional*. Madrid: Marcial Pons, 2001. p. 90.
68. BAKER, Edwin. Hate speech. *Journal of Media Law and Ethics*, v. 1, n. 3/4, set. 2009. p. 4.

Especificamente no direito brasileiro, tem se ressaltado que os direitos de personalidade têm sido construídos sob a base da dignidade da pessoa humana. Em verdade, a noção de cláusula geral que permite a proteção da personalidade como um todo pode ser aqui aplicada, assumindo a estatura de direito autônomo. Entretanto, o recurso a esta cláusula geral apenas se fará necessária quando não houver um direito especial que abrigue determinada situação em seu suporte fático, a fim de que haja uma correta aplicação em relação ao âmbito de incidência do direito. Estes fatores apenas agregam à dogmática dos direitos fundamentais, sem que esteja em causa a autonomia do direito ao livre desenvolvimento da personalidade.[69] Contudo, a livre expressão não deve servir como justificativa para a violação de outros bens de estatura jurídico-constitucional, vindo a transformar a Constituição em um pacto suicida.[70] Para evitar o cometimento de tais abusos em seu exercício, vários limites se encontram inscritos no ordenamento jurídico, o que se passa a analisar neste momento.

2.2 LIMITES APLICÁVEIS À LIBERDADE DE EXPRESSÃO

A liberdade de expressão, assim como os demais direitos fundamentais, não pode ser tida por absoluta.[71] Essa constatação leva à existência de diversos conflitos na seara dos direitos fundamentais, frequentemente havendo um debate sobre o exercício do mesmo direito. Outros conflitos podem envolver, como na matéria em que se analisa, um conflito entre a liberdade de expressão e a dignidade da pessoa humana e o direito à igualdade, o que acarreta violações no plano dos direitos da personalidade a ensejar a devida responsabilização civil e, em alguns casos, mesmo penal, como nos casos de crimes contra a honra (injúria, difamação e calúnia).[72]

No plano constitucional, algumas limitações estão previstas expressamente, sendo elas a censura, a proibição do anonimato e o direito de resposta. A censura tem sua proibição prevista mais de uma vez pelo texto constitucional, nos artigos 5º e 220, de forma a ratificar sua preocupação com a repetição de abusos que foram cometidos durante a ditadura militar, no sentido de censura de diversas obras, espetáculos e conteúdos jornalísticos.[73] Esta censura, contudo, já vinha elencada como

---

69. SARLET, Ingo Wolfgang. Direitos fundamentais em espécie. In: SARLET, Ingo Wolfgang; MARINONI, Luiz Guilherme; MITIDIERO, Daniel. *Curso de direito constitucional*. 7. ed. São Paulo: Saraiva, 2018. p. 445.

70. ESTADOS UNIDOS. Suprema Corte. *Terminiello v. Chicago*, 337 U.S. 1 (1949). Disponível em: https://supreme.justia.com/cases/federal/us/337/1/. Acesso em: 20 dez. 2020.

71. BARROSO, Luís Roberto. Colisão entre liberdade de expressão e direitos da personalidade. Critérios de ponderação. Interpretação constitucionalmente adequada ao Código Civil e da Lei de Imprensa. *Revista de Direito Privado*, v. 18, abr.-jun. 2004. p. 116.

72. Crimes previstos no Capítulo V do CP, dos artigos 138 a 145.

73. A temática da censura foi muito enfatizada durante as audiências públicas na Assembleia Nacional Constituinte. Nesse sentido: BACKES, Ana Luiza; AZEVEDO, Débora Bithiah de; ARAÚJO, José Cordeiro de. (Org.) *Audiências públicas na Assembleia Nacional Constituinte*: a sociedade na tribuna. Brasília: Câmara dos Deputados, 2009.

proscrita pelo artigo 8º da Constituição de 1967, o que não impediu que a prática fosse instituída pelo governo. Apenas para se ter uma ideia do quadro censurador, de setembro de 1972 a novembro de 1975 foram emitidas 298 ordens de censura para os meios de comunicação nacionais.[74]

A censura prevista no artigo 5º da CF está incluída no Título II (dos direitos e garantias fundamentais), Capítulo I (dos direitos e deveres individuais e coletivos) que trata dos direitos e garantias individuais. Da mesma forma, a liberdade de imprensa, prevista no Título VII (da ordem social), Capítulo V (da comunicação social), também tem como garantia a proibição de censura, seja ela na seara política, ideológica ou artística (art. 220, § 5º).

O conceito de censura é deveras multifacetado, de forma que seu conteúdo deve ser cuidadosamente delineado, a fim de que não haja a sua confusão com conceitos como abuso de direito. Esta também pode assumir diferentes formatos a depender do país que se analisa, uma vez que as democracias modernas tendem a assegurar a liberdade de expressão com as garantias que daí decorrem. Em um escrutínio do seu conceito, uma das possibilidades é considerá-la uma restrição que se dá temporalmente, é dizer, de forma prévia ou posterior a um conteúdo, impedindo a sua veiculação. Este conceito, atualmente, deve ser tomado dentro de um quadro mais amplo, considerando também as formas de censura privada.[75]

Os discursos discriminatórios que ocorrem na internet, por exemplo, podem ser retirados pelas redes sociais, a depender da análise levada a cabo pelos seus analistas, em cumprimento a determinações estatais ou a nível comunitário, como ocorre na União Europeia, que formulou um Código de Conduta, ao qual aderiram diversas empresas de tecnologia. A ideia é retirar o conteúdo ou indisponibilizar o seu acesso em um prazo de 24 horas, a fim de que sejam evitadas a sua circulação e propagação, evitando, assim, maiores violações a direitos de personalidade das vítimas.[76] Contudo, o que se tem criticado é a subjetividade na remoção de conteúdo da internet, o que pode levar a uma censura privada, uma vez que não é o Estado que procede à referida restrição a direito, mas as redes socias, ou seja, entres privados, os quais detêm grande poder de verificação e julgamento dos conteúdos difundidos.

Deste modo, a censura deve ser apreciada em sentido amplo, abrangendo não apenas aquela administrativa, mas também a privada. A problemática, contudo, não pode levar à conclusão de que qualquer restrição em direitos fundamentais possa ser classificada como censura, pois isso levaria a elevar a liberdade de expressão a um

---

74. FARIAS, Edilsom. *Liberdade de expressão e comunicação*: teoria e proteção constitucional. São Paulo: Ed. RT, 2004. p. 187.
75. FARIAS, Edilsom. *Liberdade de expressão e comunicação*: teoria e proteção constitucional. São Paulo: Ed. RT, 2004. p. 188.
76. Código de Conduta para a luta contra os discursos ilegais de incitação ao ódio em linha: Disponível em: https://ec.europa.eu/info/policies/justice-and-fundamental-rights/combatting-discrimination/racism-and-xenophobia/eu-code-conduct-countering-illegal-hate-speech-online_en. Acesso em: 18 abr. 2020.

patamar de direito absoluto. Para que o âmbito de proteção do direito seja preservado, a doutrina e jurisprudência construíram entendimento no sentido de apenas admitir restrições *prévias* em hipóteses excepcionais, o que significa que a responsabilização deverá ser aferida em momento posterior, em regra.[77] A *ultima ratio*, portanto, é a restrição prévia, havendo uma preferência da responsabilização posterior. Quando se fala em reparação posterior, não apenas cabe a menção à responsabilidade civil e à compensação pecuniária, mas também à retificação, à retratação e ao direito de resposta.[78]

Por estes motivos, a doutrina estrangeira, seguida pela nacional,[79] desenvolveu o princípio da incensurabilidade (*censorship principle*) ou não interferência (*noninterference*), que seria o princípio *negativo*, enquanto o sentido *positivo* seria promover o *livre debate*, de maneira a se formar uma discussão aberta, com a multiplicação de vozes no fórum público.[80] A ideia do livre debate é que uma ideia deve combater outra ideia, sem intervenções governamentais que operem na retirada de ideias desaprovadas pela sociedade..

A vedação à censura está fortemente conectada ao *status negativus* de Georg Jellinek, como é o caso da maioria dos direitos-liberdade. Seu sentido reside na ideia de que existe uma omissão exigível em face do destinatário daquele direito,[81] o que não exclui outros *status* ligados à liberdade de expressão, que serão discutidos ao longo do trabalho, principalmente o ativo e positivo, os quais permitem a participação do cidadão na vida política estatal, o que é viabilizado pela atividade de proteção imposta aos poderes públicos.

Da proibição de censura, desvela-se um outro ponto, que fundamenta a proibição, qual seja, a neutralidade do Estado. Com este preceito, não se torna legítima uma escolha dos poderes públicos em relação ao que pode ser veiculado ou não. A seleção dos melhores conteúdos não pode ser uma tarefa de natureza estatal, considerando o multiculturalismo[82] e a diversidade de todos os pontos de vista e ideias que devem se fazer presentes. Esta neutralidade pode ser vista, por um outro ângulo,

---

77. SARLET, Ingo Wolfgang. Direitos fundamentais em espécie. In: SARLET, Ingo Wolfgang; MARINONI, Luiz Guilherme; MITIDIERO, Daniel. *Curso de direito constitucional*. 7. ed. São Paulo: Saraiva, 2018. p. 507.

78. BARROSO, Luís Roberto. Colisão entre liberdade de expressão e direitos da personalidade: critérios de ponderação. Interpretação constitucionalmente adequada do Código Civil e da Lei de Imprensa. *Revista de Direito Privado*, São Paulo, v. 18, abr.-jun. 2004. p. 105-143.

79. FARIAS, Edilsom. *Liberdade de expressão e comunicação*: teoria e proteção constitucional. São Paulo: Ed. RT, 2004. p. 76; MEYER-PFLUG, Samantha Ribeiro. *Liberdade de expressão e discurso de ódio*. São Paulo: Ed. RT, 2009. p. 80.

80. LICHTENBERG, Judith. Foundations and Limits of Freedom of the Press. In: LICHTENBERG, Judith (ed.). *Democracy and mass media*. New York: Cambridge University Press, 1990. p. 107-108.

81. DUQUE, Marcelo Schenk. *Curso de direitos fundamentais*: teoria e prática. São Paulo: Ed. RT, 2014. p. 70.

82. Sobre constitucionalismo e sociedade multicultural, ver: DUQUE. Marcelo Schenk. A evolução do constitucionalismo na visão da sociedade multicultural. In: GIMENEZ, Charlise Paula Colet; LYRA, José Francisco Dias da Costa (Org.). *Diálogo e entendimento*: direito e multiculturalismo & políticas de cidadania e resoluções de conflito. Campinas: Millenium, 2016. v. 7. p. 131-158. SARMENTO, Daniel; IKAWA, Daniela; PIOVESAN, Flavia (Org.). *Igualdade, diferença e direitos humanos*. São Paulo: Lumen Juris, 2010.

pela disposição do artigo 1º, V, que prevê que um dos fundamentos da República brasileira é o pluralismo político. Quando a CF elenca este princípio, transparece sua vontade de não interferir na circulação de ideias na sociedade, o que também contribui para legitimar as decisões tomadas a partir de um debate pluralístico.

Ainda nessa direção, cumpre trazer à análise algumas observações sobre os interesses que recaem sobre a liberdade de expressão, as quais servem como embasamento para reprimenda da censura sob esta visão mais abrangente da matéria. Segundo Joshua Cohen, a liberdade de expressão deve atender três interesses: (1) o interesse na expressão (*expressive interests*), (2) o interesse na deliberação e o (3) interesse na informação. O primeiro interesse (*expressivo*) tem seu foco na manifestação de ideias, de atitudes e pensamentos sobre questões de cunho pessoal ou de interesse humano em geral e, assim, influencia o entendimento e conduta dos demais sobre um determinado assunto. O segundo interesse é o *deliberativo*, o que tem como linha condutora o fato de que os debates que se fazem em uma sociedade conduzem a um aprofundamento das convicções dos indivíduos. É dizer, o indivíduo atua na busca do que merece ser feito e no que lhe é mais proveitoso e quais razões suportam esse pensamento. O último interesse (*informacional*) deita raízes na noção de asseguramento de informações confiáveis que são requeridas para a perseguição de objetivos e aspirações.[83]

Desse panorama apresentado, extrai-se que os indivíduos possuem um interesse em se informar baseado na sua esfera de volição, tanto na qualidade de agentes do discurso, como na de ouvintes. Disso decorre que a busca da informação tem a finalidade de assegurar a livre troca de ideias, com fins deliberativos ou informacionais. Sobressai daí que a censura vem a impedir a consecução de tais fins dos sujeitos que convivem em sociedade. Esse déficit informacional faz com que seja violada sua autonomia para o delineamento das ações que recaem em sua esfera privada, é dizer, afetam o que os alemães denominam de livre desenvolvimento da personalidade, da qual decorre a liberdade de expressão. Isso porque, para que o indivíduo a desenvolva, é necessário que lhe sejam fornecidos os meios necessários, o que passa, necessariamente, pelo debate e livre troca de ideias, bem como pela disponibilização da informação, dado que inserido em uma moldura maior, da democracia comunicativa.[84]

---

83. COHEN, Joshua. Freedom of expression. In: COHEN, Joshua (Org.). *Philosophy, politics, democracy: selected essays*. Cambridge: Harvard University Press, 2009. p. 115 e s.

84. MACHADO, Jónatas E.M. Liberdade de expressão, interesse público e figuras públicas e equiparadas. *Boletim da Faculdade de Direito da Universidade de Coimbra*, n. 85, 2009. p. 74. Conforme Iris Marion Young, "um ponto central no ideal normativo da democracia comunicativa é que ela viabiliza a transformação de desejos e opiniões dos cidadãos de um entendimento dos problemas e assuntos inicialmente parcial, estreito ou apenas olhando para si, para um entendimento mais abrangente, que considera os interesses e necessidades dos demais indivíduos. Processos de comunicação política devem e, às vezes, realmente levam as pessoas de uma forma meramente subjetiva para uma mais objetiva em relação ao olhar sobre problemas e soluções. O pensamento dos participantes em um processo comunicativo inclusivo é alargado: ao invés de entender os assuntos apenas de um ponto de vista das suas experiências e interesses parciais

Um outro limite que a CF impõe à manifestação do pensamento é o anonimato (art. 5º, IV), mas que pode ser estendida para a liberdade de expressão. O *telos* da norma é evitar a impossibilidade da identificação da autoria para eventual responsabilização civil ou penal. Esta previsão não se confunde com o dispositivo constitucional que prevê o sigilo da fonte para a consecução da atividade jornalística.[85] Apenas a título comparativo, para o Tribunal Europeu de Direitos Humanos, constitui esta garantia um atributo do direito à informação,[86] além de possuir um interesse público, não podendo o sigilo ser quebrado mesmo em processo judicial. Conforme o Tribunal de Estrasburgo, os jornalistas são os cães de guarda (*watchdogs*) da democracia, de modo que deve ser sempre apreciado com muita prudência, em uma sociedade democrática, qualquer processo sobre ocultação de fonte por parte de jornalistas.[87]

O direito de resposta é mais uma limitação prevista pela CF, no artigo 5º, V, o qual tem em seu bojo a possibilidade de aquele que tiver algum bem jurídico violado, mormente os de personalidade, poder exercer seu direito ao contraditório. À primeira vista, a possibilidade de exercício do direito parece transparecer uma dimensão individual, já que cabe ao indivíduo o seu exercício, sem componente, *a priori*, de dimensão transindividual. Contudo, como já sublinhado, a liberdade de expressão contém forte conteúdo democrático, de forma que o direito de resposta, da mesma maneira, opera uma dimensão objetiva.[88] Caso o direito de resposta fosse relegado à mera previsão constitucional, sem efetividade na prática jurídico-constitucional, certamente a democracia como toda seria fragilizada, pois, se pensarmos que os direitos de comunicação são centrais para este regime de governo, a observação ganha contornos mais nítidos e justifica seu aspecto objetivo.

Junto ao direito de resposta se encontra forte influência da matriz liberal,[89] em aproximação ao direito americano. Conforme algumas linhas já traçadas, o sistema constitucional americano possui uma concepção de liberdade de expressão quase ímpar (também denominado de excepcionalismo norte-americano) dentre os ordenamentos jurídicos contemporâneos, de forma a conceber o direito de expressão como direito quase absoluto, em atenção ao previsto na Primeira Emenda do *Bill of Rights*. Logo, a ideia é que, para não serem instituídas limitações que poderiam

---

e que lhe são próprias, eu me dirijo a um ponto de vista que objetiva a fazer um julgamento de justiça que coloca os meus interesses entre outros." YOUNG, Iris Marion. *Inclusion and democracy*. New York: Oxford University Press, 2000. p. 112-113.

85. SARLET, Ingo Wolfgang. Direitos fundamentais em espécie. In: SARLET, Ingo Wolfgang; MARINONI, Luiz Guilherme; MITIDIERO, Daniel. *Curso de direito constitucional*. 7. ed. São Paulo: Saraiva, 2018. p. 508.

86. CORTE EUROPEIA DE DIREITOS HUMANOS. Tillack c. Belgique. Processo 20477/05. Julgado em 27 nov. 2007.

87. CORTE EUROPEIA DE DIREITOS HUMANOS. Dupuis et autres c. France. Processo 1914/02. Terceira Seção. Julgado em 07 jun. 2007.

88. SARLET, Ingo Wolfgang. Direitos fundamentais em espécie. In: SARLET, Ingo Wolfgang; MARINONI, Luiz Guilherme; MITIDIERO, Daniel. *Curso de direito constitucional*. 7. ed. São Paulo: Saraiva, 2018. p. 509.

89. MACHADO, Jónatas E. M. *Liberdade de expressão*: dimensões constitucionais da esfera pública no sistema social. Coimbra: Coimbra, 2002. p. 694.

enfraquecer o direito e a proteção atualmente estabelecida, formou-se a noção de *counterspeech*,[90] é dizer, mesmo os discursos mais discriminatórios, difamatórios ou ofensivos não podem ser banidos, senão combatidos com mais discurso, ou contradiscurso. O direito de resposta deve ser tomado em conjunto com a proibição da censura, em favor da liberdade de expressão. Para que a liberdade de expressão possa ser exercida sem interferências, o sistema jurídico cria mecanismos para que abusos sejam reparados, em momento posterior à divulgação do conteúdo contestado. Isso permite que possa haver um fluxo de informações na sociedade, em prol do interesse público adjacente.

Em muitos casos, os discursos proferidos com abuso de direito são objeto de ações judiciais, com pedidos de indenizações a título de responsabilidade civil. Contudo, uma das posições defendidas pela doutrina constitucionalista, aqui na doutrina portuguesa, diz respeito à utilização do direito de resposta como meio preferível a indenizações, o que se justifica pelo fato de a responsabilidade civil ter um especial efeito inibidor sobre o debate de assuntos de interesse geral. Assim, não apenas o direito de resposta, mas também outras formas de satisfação, como o pedido de desculpas públicas (retratação), a publicação (total ou parcial) das sentenças condenatórias em meios de comunicação social e indenizações simbólicas.[91] No Brasil, essa posição é mitigada, em virtude de o direito de resposta ser considerado como uma forma adicional de reparação dos danos causados pela ofensa, não havendo falar em alternatividade do modo de reparação, atuando especialmente como fator de proteção da honra e imagem do ofendido pelo agravo.[92] Se o direito de resposta é um meio de proteção da honra, não se desconhece que também possui um interesse público na veracidade da informação.[93]

Exigência constitucional que merece atenção é a proporcionalidade do direito de resposta, a fim de que não haja constrangimentos excessivos para o veículo de comunicação.[94] A Lei 13.188/2015 regula o direito de resposta e se aplica aos veículos de comunicação social (art. 1º). Dentre as possibilidades abertas ao ofendido, a Lei prevê que este possa requerer a divulgação, publicação ou transmissão nos mesmos horários, dia da semana e horário que se deu o agravo (art. 4º, § 2º). Em qualquer

---

90. Em forte defesa do contradiscurso como forma de combate do discurso de ódio: HOWARD, Jeffrey W. Free speech and hate speech. *Annual review of political Science*, 2019, n. 22. p. 93-109.

91. MACHADO, Jónatas E.M. Liberdade de expressão, interesse público e figuras públicas e equiparadas. *Boletim da Faculdade de Direito da Universidade de Coimbra*, n. 85, 2009. p. 95-96.

92. BRANCO, Paulo Gustavo Gonet. Teoria Geral dos Direitos Fundamentais. In: MENDES, Gilmar Ferreira. BRANCO, Paulo Gustavo Gonet. *Curso de Direito Constitucional*. São Paulo: Saraiva, 2019. p. 271.

93. MONIZ, Helena. Direito de resposta: limite à liberdade de imprensa ou proteção do consumidor. *Boletim da Faculdade de Direito da Universidade de Coimbra*, v. 72, 1996. p. 307.

94. A lei de imprensa francesa, de 1835 previa que quem exercesse o direito de resposta teria um espaço duas vezes maior que o da notícia contestada. MONIZ, Helena. Direito de resposta: limite à liberdade de imprensa ou proteção do consumidor. *Boletim da Faculdade de Direito da Universidade de Coimbra*, v. 72, 1996. p. 285.

caso, conforme o art. 4º (incisos I a III) serão sempre dados os mesmos destaques, publicidade, periodicidade e duração da matéria que ensejou o direito de resposta.

Estes apenas demostram que a proporcionalidade deve ser sempre observada, a fim de que a liberdade de imprensa não seja atingida, agindo também a lei como fator de segurança jurídica ao impor critérios normativos uniformes. No plano dos tratados internacionais, o Pacto de São José da Costa Rica prescreve, em seu artigo 14, que é garantido o direito de retificação ou resposta. No sistema internacional (ONU), houve mesmo um projeto de convenção de transmissão internacional de informações e ao direito de retificação, de 1948, tendo sido adotado em 13 de maio de 1949, pela Assembleia Geral das Nações Unidas. Contudo, em razão de apenas 11 estados-membros o terem ratificado, nunca entrou em vigor.[95]

Outro limite que pode ser citado e sobre o qual está calcado este trabalho é o discurso de ódio, tratando-se de um dos maiores desafios a serem enfrentados no cenário nacional e mundial, agravado por diversos fatores, dentre os quais o acesso facilitado à divulgação da expressão, especialmente pelas redes sociais. Mais do que isso, a temática envolve não apenas a liberdade de expressão, que é constitutiva para a democracia, mas os direitos da personalidade do indivíduo, o que demonstra a complexidade dos conflitos de direitos fundamentais que se estabelece. Neste momento, proceder-se-á ao seu conceito, a fim de que sejam aportados esclarecimentos quanto a sua significação e abrangência.

2.3 CONCEITO DE DISCURSO DE ÓDIO

Primeiramente, cumpre destacar que o conceito de discurso de ódio não é unânime na doutrina, de forma a haver conceitos que incorporam diferentes nuances a depender de uma visão mais absolutista ou relativista da liberdade de expressão. O primeiro ponto a ser observado é que o discurso de ódio é uma forma ameaçadora de comunicação, contrária aos princípios democráticos. Não se trata de apenas ser uma opinião pessoal, mas de incluir em seu bojo o impedimento de alguns segmentos da população de participar da vida política de uma sociedade e de frequentar os seus espaços públicos.[96] No intuito de clarificar o conceito de discurso de ódio, pode ser citada a Recomendação (97) 20 sobre discurso de ódio, do Conselho de Ministros da União Europeia. Segundo este documento, pode ser definido como todas as formas de expressão que espalhem, incitem, promovam ou justifiquem o ódio racial, a xenofobia, o antissemitismo ou outras formas de ódio baseadas na intolerância,

---

95. MONIZ, Helena. Direito de resposta: limite à liberdade de imprensa ou proteção do consumidor. *Boletim da Faculdade de Direito da Universidade de Coimbra*, v. 72, 1996. p. 307.

96. TSESIS, Alexander. Dignity and speech: the regulation of hate speech in a democracy. *Wake Forest Law Review*, v. 44, 2009. p. 501.

incluindo a intolerância expressa pelo nacionalismo agressivo e etnocentrismo, discriminação e hostilidade contra minorias e imigrantes.[97]

Na análise deste conceito, pode-se notar que os discursos hostis se baseiam em uma atitude de intolerância em relação a determinadas características que identificam um grupo de pessoas. Essas agressões, frequentemente, têm o escopo de não apenas espalhar o ódio, mas de incitá-lo, fazendo com que mais pessoas passem a ter o mesmo sentimento de intolerância que o agressor.[98] Nesse ponto é importante ressaltar que estas características não são estáticas, podendo variar conforme as especificidades históricas de determinado local, mas, em geral, referem-se a minorias historicamente vulneráveis e oprimidas.[99] No âmbito da União Europeia, em 2008, foi editada a decisão-quadro, a qual tem por fim a luta contra certas formas de manifestação de racismo e de xenofobia por meio do direito penal. Na sua definição de ódio, se encontra aquele fundado na raça, cor, religião, ascendência ou origem nacional ou étnica. Em seu artigo primeiro, há a previsão de que cada Estado deve adotar as medidas necessárias para que sejam puníveis a incitação pública à violência e ao ódio que vise um grupo de pessoas ou um membro de um grupo, com referência à cor, raça, religião, ascendência, origem nacional ou étnica.

Assim, pode ser visto que algumas características são mais frequentemente associadas ao discurso de ódio e à discriminação. Além disso, a mesma decisão-quadro refere a apologia, negação ou banalização dos crimes de genocídio. É dizer, os discursos que neguem o holocausto ou o banalize, segundo tal documento, devem ser punidos por meio do direito penal.[100] No Brasil, já se definiu o discurso de ódio como sendo "manifestações de ódio, desprezo ou intolerância contra determinados grupos, motivadas por preconceitos ligados à etnia, religião, gênero, deficiência física ou mental e orientação sexual, dentre outros fatores."[101]

No plano internacional dos direitos humanos, o discurso de ódio racial é previsto na Convenção Internacional sobre a eliminação de todas as formas de discriminação racial, a qual prescreve, em seu art. 1°, que a expressão de tal discriminação abrange qualquer distinção, exclusão, restrição ou preferências baseadas em raça, cor, descendência ou origem nacional ou étnica que tem por objetivo anular ou

---

97. CONSELHO DA EUROPA. *Comitê de Ministros*. Recomendação (97) 20 sobre discurso de ódio de 30.10.1997.

98. Como se verá mais adiante, o discurso de ódio no Código Penal alemão é definido expressamente pela incitação ao ódio (Seção 130 (2) do *Strafgesetzbuch*). HAUPT, Claudia E. Regulating hate speech – Damned if you do and damned if you don't: lessons learned from comparing German and U.S. approaches. *Boston University International Law Journal*, v. 23, 2005. p. 322.

99. MATSUDA, Mari. Public response to racist speech: considering the victim's story. *Michigan Law Review*, v. 87, n. 8, 1989. p. 2357.

100. UNIÃO EUROPEIA. Conselho da União Europeia. *Decisão-quadro 2008/913 sobre a luta contra certas formas de manifestações racistas e de xenofobia por meio do direito penal de 28 de novembro de 2008*. https://eur-lex. europa.eu/legal-content/PT/LSU/?uri=celex:32008F0913. Acesso em: 15 fev. de 2021.

101. SARMENTO, Daniel. *A liberdade de expressão e o problema do "hate speech"*. Disponível em: http://professor. pucgoias.edu.br/sitedocente/admin/arquivosUpload/4888/material/a-liberdade-de-expressao-e-o-problema-do-hate-speech-daniel-sarmento.pdf. Acesso em: 19 dez. 2020.

restringir o reconhecimento de direitos fundamentais.[102] Embora a convenção não tenha empregado expressamente o discurso de ódio, a Recomendação geral 35, de 2013, do Comitê para a eliminação da discriminação racial prevê que este vínculo entre a discriminação racial e tais discursos é possível. Contudo, tal expressão não pode ser muito vaga, a ponto de prejudicar grupos protegidos pela Convenção.[103]

Alguns doutrinadores entendem que para haver a caracterização do discurso de ódio, deve se verificar precisamente este último elemento – o ódio, como caracterizador comum.[104] Contudo, esta opinião não é pacífica, de modo que se debate o mito do ódio, é dizer, aquele de que deveria haver sempre a necessidade da presença do elemento odioso. Alexander Brown, em artigo dedicado à análise do conceito *hate speech*, ressalta que o termo é enganoso, já que nem sempre o chamado discurso de ódio será eivado de tal sentimento. O discurso pode expressar ou articular um amplo leque de emoções e sentimentos do agente diferentes de ódio, como ansiedade ou repugnância. Pode querer causar no público diferentes estados emocionais, mesmo sem que haja ódio, desprezo ou desprezo, como choque, entusiasmo, prazer ou mesmo um senso de camaradagem. Essa vinculação do discurso de ódio ao seu elemento adjetivador tem como desvantagem o fato de que se leis que o regulem prevejam que sejam motivados pelo ódio, estar-se-ia regulando sentimentos ou emoções das pessoas.[105] Todas estas previsões convergem para o fato de que o discurso de ódio é dirigido contra grupos[106] que compartilham uma determinada característica, a qual é vista como negativa para os agentes de tais discursos. Importa, contudo, ressaltar que o rol de fatores que podem se ligar à discriminação e desencadear discursos ofensivos, podendo ser ampliado, adicionado-se outros fatores, conforme estes sejam considerados dignos de proteção em um determinado sistema jurídico.

Mesmo que tais discursos sejam, em geral, proferidos com termos que tendem a difamar os indivíduos, é necessário ampliar o horizonte para que sejam consideradas também expressões que não incluam aquelas odiosas.[107] Isso porque deve

---

102. ORGANIZAÇÃO DAS NAÇÕES UNIDAS. *Convenção internacional sobre a eliminação de todas as formas de discriminação racial*. Disponível em: http://www.planalto.gov.br/ccivil_03/decreto/1950-1969/D65810. html. Acesso em: 20 dez. 2020.

103. ORGANIZAÇÃO DAS NAÇÕES UNIDAS. *Comitê para a eliminação da discriminação racial*. Recomendação Geral 35.

104. RAMÍREZ, José Maria Porras. El "discurso del ódio" como limite à liberdade de expressión en Europa. *Revista de Direito Público*, Porto Alegre, v. 14, n. 80, 2018. p. 203.

105. BROWN, Alexander. Whats is hate speech? Part 1: the myth of hate. *Law and Philosophy*, v. 36, 2017. p. 439 e ss.

106. BRUGGER, Winfried. The treatment of hate speech in German Constitutional Law (Part II). *German Law Journal*, n. 4, 2003. p. 23.

107. GELBER, Katherine. Hate speech: definitions & empirical evidence. *Constitutional Commentary*, v. 32, 2017. p. 620. Nos Estados Unidos, um dos autores absolutistas da liberdade de expressão, James Weinstein, defende que o discurso de ódio, para assim ser caracterizado, deve incluir palavras ofensivas (*epithets*). O autor lamenta a má aplicação das leis de discurso de ódio quando não haja palavras ofensivas e hostis contra as vítimas. WEINSTEIN, James. Hate speech bans, democracy and political legitimacy. *Constitutional Commentary*, v. 32, 2017. p. 527.

2 • LIBERDADE DE EXPRESSÃO E DISCURSO DE ÓDIO

ser ponderado também que o discurso de ódio é aquele que causa um dano às suas vítimas. A negação do holocausto pode ser, então, denominada de *discurso de ódio em substância (hate speech in substance)*, enquanto as expressões que incitem à violência ou expressões difamatórias ou racistas são denominadas de *discurso de ódio em forma (hate speech in form)*.[108]

Atos que não são expressivos, como produto do discurso, mas que são simbólicos, também estão incluídos no conceito de discurso de ódio. A organização supremacista branca norte-americana Ku Klux Klan ficou famosa por incendiar cruzes em casas de famílias negras nos Estados Unidos, em sinal de ofensa e incitação ao ódio. O significado da cruz em chamas carrega em si o simbolismo do preconceito e da discriminação, prejudicando a legitimidade da atual sociedade pós-racista (*post-racist society*).[109_110]

Por sua vez, impõe-se ressaltar que as ideologias que são atribuídas a determinada pessoa não podem ser punidas, já que os pensamentos não delinquem.[111] Quando se fala em condutas antijurídicas e albergadas pelo conceito de discurso de ódio, a referência está precisamente nas manifestações externas do indivíduo perante a sociedade.[112] Entra em cena nesta discussão a liberdade de opinião e a de expressão. Aquela é sempre livre, uma vez que não se pode obrigar alguém a um determinado pensamento ou ideologia, de modo que é declarada inviolável pela CF (art. 5º, VI). Contudo, esta liberdade de opinião, ou liberdade de foro íntimo, tende a se manifestar na vida quotidiana, a fim de cumprir uma das funções do discurso, que é exercer o poder de influência sobre os demais membros da sociedade,[113] oportunidade que acaba por dar azo a atos discriminatórios e virulentos, exigindo a atuação estatal. Neste ponto ainda deve ser feita uma diferenciação para uma categoria que se relaciona ao discurso de ódio, qual seja, os crimes de ódio, os quais podem ser definidos como crimes motivados pelo racismo, xenofobia, intolerância religiosa ou pela deficiência de uma pessoa, sua orientação sexual ou identidade de gênero.[114]

---

108. ROSENFELD, Michel. Hate speech in constitutional jurisprudence: a comparative analysis. *Cardozo Law Review*, v. 24, n. 4, abr. 2003. p. 1527.

109. KAHN, Robert A. Cross-burning, holocaust denial, and the development of hate speech Law in the United States and Germany. *Detroit Mercy Law Review*, v. 83, n. 3, 2006. p. 176.

110. Interessante destacar o trabalho realizado pela *anti-defamation league* (ADL), uma instituição que combate o ódio nos Estados Unidos, mantendo uma base de dados com símbolos de ódio em seu site. Disponível em https://www.adl.org/hate-symbols. Acesso em: 19 dez. 2020.

111. RAMÍREZ, José Maria Porras. El "discurso del ódio" como limite à liberdade de expressión em Europa. *Revista de Direito Público*, Porto Alegre, v. 14, n. 80, 2018. p. 202.

112. RAMÍREZ, José Maria Porras. El "discurso del ódio" como limite à liberdade de expressión en Europa. *Revista de Direito Público*, Porto Alegre, v. 14, n. 80, 2018. p. 198.

113. FERREIRA FILHO, Manoel Gonçalves. *Curso de Direito Constitucional*. 31. ed. São Paulo: Saraiva, 2005. p. 296.

114. FUNDAMENTAL RIGHTS AGENCY. *Hate crime in the European Union*. 2012. Disponível em: https://fra.europa.eu/sites/default/files/fra-factsheet_hatecrime_en_final_0.pdf. Acesso em: 19 dez. 2020. Alexander Brown conceitua os crimes de ódio em sentido similar, sendo estes "atos criminais contra membros de grupos ou classes de pessoas identificadas por características protegidas que são motivados pelas emoções

Tendo sido feitas estas considerações, importa ressaltar que o discurso de ódio, segundo a doutrina, pode ser visto a partir de duas características principais: *o ódio e o dano*. Em relação ao elemento ódio, recaem muitas críticas, dado que muitas manifestações que se dirigem a grupos minoritários e que visam ao insulto e ofensa pelo pertencimento a tal grupo podem se dar sem exatamente este elemento, mas a partir de outros, como já citados, como a intenção de agradar uma audiência ou por um senso de normalização da discriminação que pode se converter em práticas discursivas. Isso não exclui de qualquer forma o elemento ódio, o qual pode se fazer presente, mas não como elemento obrigatório. Nesse sentido, parece ser mais correto afirmar que a caracterização destes discursos se dá pelo dano causado às vítimas, o que se passa a estudar no próximo tópico.

2.4 OS DANOS ADVINDOS DO DISCURSO DE ÓDIO PARA AS VÍTIMAS E A SOCIEDADE

Como mencionado adrede, os danos causados pelo discurso de ódio são variados e não atingem apenas as vítimas, mas a sociedade como um todo, especialmente na dimensão da participação política. No caso do discurso de ódio, os danos ocorrem a longo prazo, sem que se possa mensurar de forma precisa sua extensão.[115] Sem desconhecer que vários outros tipos de danos podem se fazer presente, para fins de estudo, serão analisados dois, sendo também mais citados pela doutrina especializada: (i) danos psicológicos, (iii) déficit democrático.

Para que essa caracterização possa ser feita, é necessário explicitar quem são as vítimas do discurso de ódio. Conforme já esboçado quando se definiu o conceito de discurso de ódio, as vítimas são grupos que possuem em comum algumas características, as quais não formam um rol exaustivo. Contudo, não se exclui que poderá haver a ofensa dirigida a apenas uma pessoa, quando tal discurso discriminatório visar a atingi-la em virtude de integrar determinado grupo.[116] Tais grupos, em geral, são minoritários na sociedade e historicamente vulneráveis. Contudo, nada impede que maiorias numéricas sejam minorias políticas, as quais ainda necessitam de políticas públicas para a sua proteção, em forma de prestações positivas por parte do Estado. É o que acontece com as mulheres que, embora sejam maioria na sociedade brasileira,[117]

---

ou sentimentos do perpetrante, ou mesmo por atitudes de intensa ou extrema aversão (*dislike*). BROWN, Alexander. Whats is hate speech? Part 1: the myth of hate. *Law and Philosophy*, v. 36, 2017. p. 466.

115. ROSENFELD, Michel. Hate speech in constitutional jurisprudence: a comparative analysis. *Cardozo Law Review*, v. 24, n. 4, abr. 2003. p. 1557.

116. OLIVA, Thiago Dias. *Minorias sexuais e os limites da liberdade de expressão*: o discurso de ódio e a segregação social dos indivíduos LGBT no Brasil. Curitiba: Juruá, 2015. p. 54.

117. Segundo dados do IBGE, de 2019, a população brasileira é composta por 51,8% de mulheres e 48,2% de homens. Disponível em: https://educa.ibge.gov.br/jovens/conheca-o-brasil/populacao/18320-quantidade-de-homens-e-mulheres.html#:~:text=Segundo%20dados%20da%20PNAD%20Cont%C3%ADnu,51%2C8%25%20de%20mulheres.&text=Totalizaram%2C%20em%202019%2C%2017%2C,feminina%20da%20mesma%20faixa%20et%C3%A1ria. Acesso em: 20 dez. 2020.

2 • LIBERDADE DE EXPRESSÃO E DISCURSO DE ÓDIO

ainda são discriminadas e existe um déficit participativo de sua parte que não pode ser olvidado. Outro exemplo sempre lembrado é o do *apartheid* na África do Sul, no tocante à população negra, subjugada por uma minoria branca, o que revela que as minorias não devem ser definidas em razão de um critério meramente numérico, devendo ser analisados demais fatores, sendo o principal deles a participação em decisões políticas. Assim, por minorias se entende grupos humanos que possuem direitos limitados ou negados por tal pertencimento.[118]

Ainda nesta esteira sobre as vítimas, cabe uma observação. Quando se fala em grupos minoritários ou indivíduos que pertencem a estes se transmite a ideia de que os atingidos devem ser pessoas físicas, o que não dá margem para que se inclua pessoas jurídicas, instituições. *Instituições não estão sujeitas a danos no plano da igualdade ou em relação ao valor da dignidade da pessoa humana, embora se saiba que alguns direitos lhes são conferidos, como o direito à honra.*[119] Contudo, essa afirmação não equivale a dizer que haverá o atingimento daqueles que estão presentes nos discursos odiosos. As instituições, especialmente as governamentais, estão sujeitas a críticas por parte da população, o que pode contribuir mesmo para seu aperfeiçoamento.[120] Em relação ainda a estas instituições (públicas) existe uma maior permeabilidade à crítica. Isso porque apenas por intermédio de uma voz pública efetiva os indivíduos e grupos podem influenciar a política em nível nacional e estadual. Ainda, os cidadãos, por meio do discurso aberto e público, acabam por educar-se reciprocamente, o que apenas se dá com inclusão e participação.[121]

Conforme ressalta Mari Matsuda, não é apenas a violência física que gera danos, mas a violência das palavras. As vítimas do racismo experimentam diversos sintomas físicos psicológicos, tais como medo, taquicardia, pesadelos, transtorno do estresse pós-traumático, hipertensão, psicose e suicídio. Estes danos tendem a repercutir em outras áreas, tais como na frequentação a determinados espaços. Para evitar atos de preconceito, as vítimas tendem a deixar seus trabalhos, em especial se ali se deu algum ato desse tipo, a deixar suas casas, não exercer sua liberdade de expressão por medo de ser reprimida ou mesmo modificar seu comportamento. Como resposta

---

118. LOPES, Ana Maria D'Ávila. Multiculturalismo, minorias e ações afirmativas: promovendo a participação política das mulheres. *Revista Pensar*, Fortaleza, v. 11, 2006. p. 55-56.

119. Os direitos fundamentais são atribuídos às pessoas jurídicas segundo o âmbito de proteção que lhes for aplicável. Por sua vez, alguns direitos fundamentais apenas passam a ter seu sentido constitucional pleno quando dirigido às pessoas jurídicas, como a proibição de dissolução compulsória das associações. Nesse sentido também a súmula 227 do Superior Tribunal de Justiça (STJ) que prevê que a pessoa jurídica pode sofrer dano moral, podendo, então, verificar-se ataques à sua honra (objetiva). Para aprofundamento quanto à temática da titularidade dos direitos fundamentais: DUQUE, Marcelo Schenk. *Curso de Direitos Fundamentais*: teoria e prática. São Paulo: Ed. RT, 2014. p. 60-61.

120. A declaração conjunta sobre difamação de religiões e antiterrorismo e legislação antiextremismo prevê que não se pode restringir a liberdade de expressão para a proteção de instituições em particular. No mesmo sentido: HERRERA, David Martín. Hate speech y tolerância religiosa en el sistema helvético de democracia participativa. *Revista de Derecho político*, n. 90, maio-ago. 2014. p. 263.

121. TSESIS, Alexander. Balancing free speech. *Boston University Law Review*, v. 96, n. 1, jan. 2016. p. 11-12.

à violência sofrida, tende-se a rejeitar a sua identidade como membro do grupo a que pertence. Contudo, o preço a ser pago por essa dissociação pode ser a própria sanidade. Um outro efeito mencionado é que os membros dos grupos vitimizados são forçados a enxergarem os membros do grupo dominante de modo suspeito,[122] dificultando relações com o grupo majoritário e mesmo com o próprio grupo ao qual pertencem. Existe, então, um alto custo sobre as vítimas pelo proferimento de discursos odiosos, mesmo que se saiba que se trata de discursos irracionais e, em boa parte dos países, criminosos.[123]

Do descrito pode se extrair que as vítimas são vistas como sendo diferentes e inferiores, o que acaba por desencadear uma subordinação estrutural. As características identificadoras dos grupos passam a ser vistas como negativas e que merecem ser expurgadas da sociedade. Mais do que *infligir danos* de ordem psicológica, ou mesmo física, busca-se também *incitar o ódio* perante os demais membros da sociedade, fazendo com que estes também perpetuem a discriminação contra as vítimas. O intento é fazer com que as desigualdades sejam propagadas e mesmo aumentadas.[124] Para que estas sejam cada vez mais perceptíveis e surtam mais efeitos sobre os grupos minoritários, lança-se mão de símbolos, como suásticas ou cruzes em chamas, que sustentam as ações dos agentes de ódio e passam a ser reproduzidas sistematicamente.[125]

Não é incomum, então, que haja sentimentos de humilhação, isolamento e que as vítimas passem a se odiar, acreditando nos insultos que lhes foram dirigidos. Tal violência psíquica pode desembocar em uso de narcóticos e internações em hospitais psiquiátricos, o que se constata por haver uma alta incidência de tais problemas em comunidades minoritárias.[126] Se estes persistirem, ou seja, formarem um conjunto de atos sistêmicos e repetitivos, há a tendência de aumento do efeito psicológico devastador sobre as vítimas e do seu isolamento.[127]

Ainda, os efeitos perturbadores desencadeados se verificam mesmo quando as minorias conseguem exercer seu direito à livre expressão, pois existe a intenção de deslegitimar o seu discurso, pelo efeito silenciador. Os traços caracterizadores dos grupos minoritários são vistos como diferenças de mérito, dignidade, status na

---

122. MATSUDA, Mari. Public response to racist speech: considering the victim's story. *Michigan Law Review*, v. 87, n.8, 1989. p. 2336-2337.

123. DELGADO, Richard. Words that wound: a tort action for racial insults, epithets, and name-calling. *Harvard Civil Rights-Civil Liberties*, v. 17, n. 1, 1982. p. 137.

124. TSESIS, Alexander. Dignity and speech: the regulation of hate speech in a democracy. *Wake Forest Law Review*, v. 44, 2009. p. 505.

125. TSESIS, Alexander. Dignity and speech: the regulation of hate speech in a democracy. *Wake Forest Law Review*, v. 44, 2009. p. 508.

126. DELGADO, Richard. Words that wound: a tort action for racial insults, epithets, and name-calling. *Harvard Civil Rights-Civil Liberties*, v. 17, n. 1, 1982. p. 137-138.

127. KÜBLER, Friedrich. How much freedom for racist speech? Transnational aspects of a conflict of human rights. *Hofstra Law Review*, v. 27, n. 2, 1998. p. 366.

sociedade e personalidade.[128] O discurso diferenciador e excludente passa então a ser internalizado pelos demais, o que se transmuta em práticas destrutivas e preconceituosas, criando, desta forma, os estereótipos. Este é um dos maiores perigos do discurso de ódio, a internalização e criação de juízos negativos em relação às minorias, que passam a fazer parte de um ideário cultural.[129]

Um dos resultados causados por essa subordinação é a criação de cidadãos de segunda classe (*second-class citizen*). Às vítimas, então, é negada a sua dignidade, mesmo que seja um valor inerente a todos pela sua condição humana. Assim, o discurso de ódio possui efeitos perversos ao criar classes de pessoas na sociedade que seriam mais dignas de valor do que outras, negando a algumas seu próprio valor e dignidade, ao julgá-las como inferiores.[130]

Nessa esteira, podem ser citados os danos advindos à sociedade, os quais possuem efeitos diretos sobre a participação na vida política, é dizer, em relação à democracia. A partir de ataques odiosos, as vítimas passam a não mais participar dos processos decisionais da vida política em virtude do medo de serem discriminadas. Os discursos discriminatórios visam justamente ao afastamento dos grupos minoritários, não concebendo, pois, um discurso pluralístico. A liberdade que os grupos majoritários sentem ao atacar grupos minoritários impede seus membros de gozarem do igual direito à segurança na sociedade. Essa insegurança acaba por afastar ou mesmo banir determinados grupos de participarem da vida pública e do processo decisional que lhe é subjacente.

Em um regime democrático, exclusões de qualquer sorte importam em violação a direitos fundamentais de participação e igualdade, notadamente. Sociedades multiculturais contribuem para a formação de um cenário de inclusão e valorização do debate plural. Isso apenas é possível com a proteção das minorias, numéricas e políticas, com a criação de mecanismos legislativos e sua consequente implementação para que o monocultural, através da dominação de um determinado grupo, venha a ceder espaço para o multicultural. Em uma análise constitucional, o fundamental para a proteção das minorias é estabelecido pela dignidade da pessoa humana. Contudo, é preciso expressar melhor como essa dignidade se verifica, dado que o seu teor fluído e aberto dá azo a múltiplas interpretações. Com isso, a doutrina tem assentado que, mais precisamente, a proteção das minorias deve garantir um agir autônomo e autorresponsável, sem estar sujeita a laços de subordinação, a fim também de que os membros de grupos minoritários possam,

---

128. DELGADO, Richard. Words that wound: a tort action for racial insults, epithets, and name-calling. *Harvard Civil Rights-Civil Liberties*, v. 17, n. 1, 1982. p. 136.
129. TSESIS, Alexander. Dignity and speech: the regulation of hate speech in a democracy. *Wake Forest Law Review*, v. 44, 2009. p. 519.
130. BROWN, Alexander. Retheorizing actionable injuries in civil lawsuits involving targeted hate speech: hate speech as degradation and humiliation. *Alabama Civil Rights & Civil Liberties*, v. 9, n. 1, 2018. p. 30-31.

através desse agir livre e desimpedido, garantir o seu livre desenvolvimento da personalidade.[131]

Membros destes grupos são condenados a serem cidadãos de segunda classe, aos quais é negado o direito de participação democrática. Enquanto um dos valores mais caros à democracia é justamente a inclusão de todos no debate, o discurso de ódio causa o inverso, a exclusão, e pretende perpetuá-la, em um esforço de manutenção de desigualdades e privilégios.[132] Estas características podem levar a uma sistematização quanto à sua configuração: o discurso de ódio carrega a mensagem de inferioridade racial (ou em relação a demais fatores), é dirigida contra um grupo historicamente oprimido e a mensagem visada é de uma perseguição, odiosa e degradante.[133]

O efeito silenciador, assim, é um dos grandes males causados pela perpetuação do discurso odioso. Mesmo quando as vítimas falam, é como se faltasse autoridade às suas palavras, ou mesmo como se nada dissessem. Se por um lado se destaca o direito à igualdade dos grupos minoritários, por outro também sua liberdade de expressão. Isso porque além de terem sua dignidade e direito à igualdade feridos, as vítimas acabam por não poder exercer seu direito à liberdade de expressão. Por vezes, quando conseguem um espaço para seu discurso, este é minimizado e menosprezado,[134] sendo o objetivo do efeito silenciador atingido, é dizer, *o silêncio ou o desprezo ao discurso proferido*. Nessa esteira soa contraproducente o argumento de que o remédio privado para o discurso odioso seria mais discurso (*counter speech*), pois com o silenciamento das vítimas não existe contradiscurso.[135] Além da dimensão silenciadora e de desprezo ao discurso proferido pelas minorias, acaba-se por anular o seu próprio objetivo, que é o direito de influência. Se a liberdade de expressão se transmuta em veículo para o desenvolvimento da personalidade, tem como propósito também servir para influenciar ou interagir com os seus pares quanto aos seus valores e ideias.[136]

Proteger as minorias é um dever do Estado, uma vez que permitir o discurso virulento é privilegiar aquele que discrimina às custas de grupos minoritários. Ao

---

131. DUQUE, Marcelo Schenk. A evolução do constitucionalismo na visão da sociedade multicultural. In: GIMENEZ, Paula Colet Charlise; LYRA, José Francisco Dias da Costa (Org.). *Diálogo e entendimento*: direito e multiculturalismo & políticas de cidadania e resoluções de conflito. Campinas: Millenium Editora, 2016. p. 146.

132. TSESIS, Alexander. Dignity and speech: the regulation of hate speech in a democracy. *Wake Forest Law Review*, v. 44, 2009. p. 499 e ss.

133. MATSUDA, Mari. Public response to racist speech: considering the victim's story. *Michigan Law Review*, v. 87, n. 8, 1989. p. 2357.

134. FISS, Owen M. *A ironia da liberdade de expressão*: Estado, regulação e diversidade na esfera pública. Trad. Gustavo Binenbojm e Caio Mário da Silva Pereira Neto. São Paulo: Renovar, 2005. p. 47 e ss.

135. FISS, Owen M. *A ironia da liberdade de expressão*: Estado, regulação e diversidade na esfera pública. Trad. Gustavo Binenbojm e Caio Mário da Silva Pereira Neto. São Paulo: Renovar, 2005. p. 47 e ss. MATSUDA, Mari. Public response to racist speech: considering the victim's story. *Michigan Law Review*, v. 87, n. 8, 1989. p. 2358.

136. KÜBLER, Friedrich. How much freedom for racist speech? Transnational aspects of a conflict of human rights. *Hofstra Law Review*, v. 27, n. 2, 1998. p. 362.

2 • LIBERDADE DE EXPRESSÃO E DISCURSO DE ÓDIO **35**

contrário, a proteção das minorias deve levar à punição dos agentes de tais discursos.[137] A liberdade de expressão é um dos direitos mais importantes constantes do catálogo de direitos fundamentais das constituições democráticas, base de todos os demais direitos, mas não pode ser exercida sem limites, de modo a afrontar outras disposições constitucionais, uma vez que a constituição não é um pacto suicida.[138] No caso do discurso de ódio, nega-se o valor da dignidade da pessoa humana a todos os membros da sociedade e o direito à não discriminação, consectário do princípio da igualdade. Assim, passa-se a analisar tal direito e sua violação na temática dos discursos odiosos.

2.5 DIREITO À IGUALDADE E NÃO DISCRIMINAÇÃO

A temática do discurso de ódio sempre traz em seu bojo a contraposição entre a liberdade do agente desses discursos e o direito à igualdade (art. 5°, *caput*, CF), os quais encontram seu fundamento na dignidade da pessoa humana, motivo pelo qual será jogada luz sobre os direitos de igualdade e liberdade. Em verdade, o direito à liberdade e igualdade se encontram imbricados, sendo certo dizer que o conflito real que se verifica em relação ao discurso de ódio se dá entre não apenas liberdade e igualdade, mas liberdade, por um lado, e igualdade e liberdade, de outro, como se passará a ver.

O direito à igualdade nem sempre foi empregado de maneira uniforme e em sentido uníssono, pois, a depender do período constitucional, passou a ser utilizado com diferentes significados. Assim, pode-se afirmar que são três as fases atribuídas a tal direito: (i) igualdade formal, ou seja, de todos perante a lei, de modo a haver uma predominância da lei em relação ao indivíduo; (ii) igualdade como proibição

---

137. DELGADO, Richard; STEFANCIC, Jean. Retheorizing actions for targeted hate speech: a comment on Professor Brown. *Alabama Civil Rights & Civil Liberties Law Review*, v. 9, n. 1, 2018. p. 175.

138. Referência feita pelo Justice Robert H. Jackson, em voto dissidente no caso Terminiello v. Chicago, de 1949, julgado pela Suprema Corte norte-americana. O caso tratava de um padre católico, em Chicago, que havia, durante um encontro dos cristãos veteranos da América, atacado judeus, o presidente Franklin D. Roosevelt, a primeira-dama, Eleanor Roosevelt, comunistas e outros. A multidão que estava do lado de fora do encontro protestando contra a sua realização quebrou as janelas do auditório e arremessou pedras contra suas portas. O padre foi preso com base em uma lei municipal, que previa que atos de mau comportamento seriam configurados como quebra da paz pública se levassem o público à raiva, provocassem disputas, agitações e distúrbios. A Suprema Corte reverteu a condenação por uma maioria de 5 a 4, discorrendo que havia na previsão da lei municipal uma violação à liberdade de expressão, consagrada na Primeira Emenda da Constituição. Segundo Justice Douglas, a função da liberdade de expressão (*free speech*) é convidar à disputa e pode mesmo servir ao seu mais alto propósito quando cria uma condição de agitação, provoca insatisfação ou instiga a raiva. Em voto dissidente, Justice Robert H. Jacson ponderou que "existe um perigo que, se a Corte não temperar sua lógica doutrinária com um pouco de sabedoria prática, converterá a Declaração de Direitos em um pacto suicida." Outrossim, a Corte havia ido longe demais ao aceitar que a liberdade civil significa a remoção de todas as restrições sobre as multidões e que todas as tentativas locais de manutenção da ordem configuram violações à liberdade do cidadão. A escolha não é entre ordem e liberdade, mas entre liberdade com ordem e anarquia sem qualquer destes.

de discriminação e (iii) igualdade em sentido mais substancial, ou seja, "na lei."[139] Nota-se que, em relação ao discurso de ódio, existe uma conexão direta com a segunda fase, dado que as leis que regulam o discurso de ódio visam especificamente a combater a discriminação contra minorias historicamente vulneráveis. Em relação às dimensões do princípio, e em consonância com as fases anteriormente citadas, podem ser citadas: Primeiramente, a proibição de arbítrio, de modo a abarcar as discriminações que não encontrem justificação na ordem de valores constitucional, como um tratamento isonômico para situações que são manifestamente desiguais. Em segundo lugar, há a proibição de discriminação, que têm por escopo estabelecer diferenciações subjetivas. Finalmente, a obrigação de instituir compensações para a desigualdade de oportunidades. Tal dimensão prevê a eliminação de desigualdades nas áreas social, econômica e cultural.[140]

Ainda, importante classificação remete aos sentidos da igualdade, os quais se dividem em positivo e negativo. O primeiro sentido da igualdade é o negativo, o qual prevê que a impossibilidade da existência de privilégios e discriminações. Os privilégios podem ser definidos como vantagens que não encontram fundamento, enquanto discriminações são situações de desvantagem. O que se proíbe, contudo, são as discriminações sem fundamento, pois as discriminações positivas são situações de vantagem fundamentadas, tendentes a corrigir as desigualdades fáticas e, por isso, de caráter temporário. Por outro lado, a igualdade em sentido positivo visa ao tratamento semelhante quanto a situações semelhantes e tratamento desigual de situações desiguais.[141]

A igualdade ainda opera concedendo sentido aos direitos fundamentais clássicos, uma vez que a distinção entre estes se encontra calcada nos direitos à liberdade e igualdade, atuando em uma relação de reciprocidade. Isso porque no seio do direito à liberdade, encontra-se o direito à igualdade, tanto assim é que a jurisprudência do TCF alemão identifica nos direitos de liberdade a proibição de desfavorecimento (*Benachteiligungsverbot*), que, por sua vez, encontra sustentação no dever que o Estado tem de se manter neutro, para que haja isonomia na atuação estatal. Assim, direitos de liberdade trazem de modo implícito a necessidade de igualdade de tratamento, ou de não discriminação. Por isso se dizer que existe um paralelismo intrínseco entre liberdade e igualdade, os quais não podem ser estudados isoladamente sem prejuízo para o alcance do seu significado. Uma visão mais analítica do problema da tensão entre direitos de liberdade e igualdade se funda no fato de que a igualdade demanda um nivelamento da sociedade, enquanto a liberdade tende a defender seus

---

139. SARLET, Ingo Wolfgang. Direitos fundamentais em espécie. In: SARLET, Ingo Wolfgang; MARINONI, Luiz Guilherme; MITIDIERO, Daniel. *Curso de direito constitucional*. 7. ed. São Paulo: Saraiva, 2018. p. 592.

140. SARLET, Ingo Wolfgang. Direitos fundamentais em espécie. In: SARLET, Ingo Wolfgang; MARINONI, Luiz Guilherme; MITIDIERO, Daniel. *Curso de direito constitucional*. 7. ed. São Paulo: Saraiva, 2018. p. 597.

141. MIRANDA, Jorge. *Manual de Direito Constitucional*: direitos fundamentais. 3. ed. Coimbra: Coimbra, 2000. p. 237 e ss. t. IV.

privilégios, em outras palavras, de seu *status quo*.[142] Isso se verifica quando se trata do discurso de ódio, em que os agentes se empenham pela manutenção do livre discurso, sem restrições, enquanto as vítimas e uma parte da doutrina especializada têm se engajado em reconhecer iguais direitos aos grupos minoritários, no sentido de inclusão nos mais diversos âmbitos da vida privada e pública sem discriminações de qualquer tipo.

Os direitos de liberdade garantem uma autonomia da pessoa, que pode, então, desenvolver a sua personalidade. Falar, pois, de autonomia da pessoa é estabelecer seu marco no princípio da dignidade da pessoa humana, que possui em seu núcleo o direito à liberdade, estabelecendo-se ela no meio privado ou público, daí, então, derivando a autonomia pública e privada. Em outras palavras, é através da dignidade da pessoa humana que é garantida a liberdade para o indivíduo, no que se inclui a de expressão, para que possa agir como ser autônomo nas mais diversas esferas da sociedade e, assim, desenvolver a sua personalidade.[143] Nesse passo, não se olvide que a dignidade, embora tenha como exigência a liberdade, não se limita a ela, o que implica na asserção de que "liberdade não é toda dignidade." Deste modo, serve também como limite ao exercício da liberdade de expressão[144] o que se aplica quando se fala da violação das vítimas de discurso de ódio.

Uma das expressões que podem ser aplicadas neste ponto é a de que a "liberdade social é também a liberdade de ação do mais forte, a igualdade social é precisamente a igualdade de oportunidades do mais fraco."[145] Essa equação pesa como um desafio para o constitucionalismo contemporâneo que, mais do que nunca, necessita proceder ao equilíbrio da liberdade de ação e da igualdade de oportunidades, a fim de que estas não sejam dirigidas apenas a alguns em razão de seu poder social. Essa tensão entre liberdade e igualdade deve ser resolvida, entretanto, nos casos concretos, não havendo um balanceamento feito *a priori* e *in abstrato* que seja capaz de equalizá-la. Por isso se dizer que a tensão que existe se dá no tocante à liberdade e desigualdade e não o contrário, sobre a igualdade e não-liberdade. A liberdade concedida ao indivíduo através de uma autonomia nos espaços públicos e privados deve ser conjugada com ações promocionais da igualdade.[146] Logo, se afirma que o Estado Constitucional busca uma igualdade liberal, ou seja, uma liberdade uniforme.[147] Dessa aproximação entre igualdade e participação política, então, deriva-se

---

142. DUQUE, Marcelo Schenk. *Curso de direitos fundamentais*: teoria e prática. São Paulo: Ed. RT, 2014. p. 77-78.

143. SARMENTO, Daniel. *Dignidade da pessoa humana*: conteúdo, trajetórias e metodologia. 2. ed. Belo Horizonte: Fórum, 2019. p. 145.

144. SARLET, Ingo. *Dignidade (da pessoa) humana e direitos fundamentais na Constituição Federal de 1988*. 10. ed. Porto Alegre: Livraria do Advogado, 2019. p. 127.

145. PIEROTH, Bodo; SCHLINK, Bernhard. *Direitos fundamentais*. Trad. António Francisco de Sousa e António Franco. São Paulo: Saraiva, 2012. p. 206.

146. IPSEN, Jörn. Staatsrecht II: Grundrechte. 9. Auflage. Neuwied: Luchterhand, 2006. p. 231.

147. MORLOK, Martin. MICHAEL, Lothar. *Direitos fundamentais*. Trad. António Francisco de Sousa e António Franco. São Paulo: Saraiva, 2016. p. 585.

a igualdade democrática, daí se extraindo igualmente um direito à democracia.[148] Uma das formas da realização desse direito é reduzindo as vozes de alguns para que as de outros possam ser ouvidas.[149]

Conforme ressaltado na doutrina constitucional, as violações à igualdade ocorrem quando os titulares de direitos fundamentais, considerados isoladamente, são relativamente livres, mas não o são da mesma forma em comparação com os demais. Por outro lado, as violações à liberdade têm vez quando os titulares de direitos fundamentais ficam, de modo desproporcional, sem liberdade. Estas duas violações podem ocorrer separadamente, entretanto, frequentemente, coincidem.[150]

O discurso de ódio impõe ao direito o balanceamento entre direitos de liberdade e igualdade. Se em relação ao agente se deve garantir a liberdade de expressão para que desenvolva a sua autonomia, pelo lado das vítimas se dá o mesmo. O silenciamento que lhes é infligido acaba por impedir sua livre expressão e autonomia, não se limitando os ataques odiosos à violação da igualdade. Bem analisado, pode-se chegar à conclusão de que é o exercício de modo abusivo da liberdade a motivação da desigualdade, cabendo à jurisdição constitucional reequilibrar os limites impostos aos direitos fundamentais. Em alguns sistemas, contudo, existe uma prevalência da liberdade de expressão, a qual assume uma posição preferencial, *rectius*, quase absoluta, mesmo frente a direitos contrapostos, como a igualdade. Este é o caso do já mencionado sistema constitucional norte-americano, que surpreende pelas escassas menções a esse direito, mesmo que se saiba que o liberalismo atual acolhe ambos os valores.[151]

Feitas estas considerações, impende ressaltar que os conflitos de direitos fundamentais que se encontram presentes no discurso de ódio se dão nas relações estabelecidas entre particulares, ou seja, nas relações horizontais, sem a presença do Estado. Isso porque entes governamentais, diferentemente de seus membros, não podem ser vítima de tais discursos, devendo suportar as críticas que lhe são dirigidas. Nessa linha, importa estudar como se dá a incidência dos direitos fundamentais nas relações privadas e as teorias que lhe são adjacentes.

---

148. MORLOK, Martin. MICHAEL, Lothar. *Direitos fundamentais*. Trad. António Francisco de Sousa e António Franco. São Paulo: Saraiva, 2016. p. 586. Na Constituição alemã esta igualdade democrática e, por consequência, um direito à democracia, podem ser derivados da previsão do art. 38, n. 1, que prevê as eleições. No Brasil, da previsão de diversos artigos esparsos pela CF, dentre os quais podem ser citados o art. 1º, 14 e 17.

149. FISS, Owen M. *A ironia da liberdade de expressão*: Estado, regulação e diversidade na esfera pública. Rio de Janeiro: Renovar, 2005.

150. MORLOK, Martin. MICHAEL, Lothar. *Direitos fundamentais*. Trad. António Francisco de Sousa e António Franco. São Paulo: Saraiva, 2016. p. 593.

151. FISS, Owen M. *A ironia da liberdade de expressão*: Estado, regulação e diversidade na esfera pública. Trad. Gustavo Binenbojm e Caio Mário da Silva Pereira Neto. São Paulo: Renovar, 2005. p. 38.

2.6 O DISCURSO DE ÓDIO NO CONTEXTO DA EFICÁCIA HORIZONTAL DOS DIREITOS FUNDAMENTAIS

A eficácia horizontal dos direitos fundamentais,[152] conforme referido, teve seu desenvolvimento na Alemanha, a partir da década de 1950. A Lei Fundamental nada dispõe sobre a vinculação dos particulares, apenas prevendo em seu art. 1º, 3º que os três Poderes se vinculam diretamente aos direitos fundamentais. Esta razão, conforme se verá, tem um de seus fundamentos na autonomia da vontade, a qual pode ser tomada, no ordenamento jurídico, como ponto de partida para a garantia de liberdade.[153]_[154] Isto porque a autonomia da vontade forma um dos núcleos do direito civil e do direito privado em geral, de modo que uma vinculação dos particulares poderia vir a diminuir sensivelmente seu âmbito de atuação, mormente nos negócios jurídicos entabulados com outros particulares.

Seu estudo teve como mola propulsora o fato de que não apenas o poder público poderia se mostrar como violador de direitos fundamentais, mas também privados, tais como o partido nazista e suas agremiações. Sua aplicação foi inicialmente verificada nas relações de trabalho, em que os direitos fundamentais adquirem especial significado, haja vista a presença da subordinação em tais relações, ao que pode ser adicionado a desigualdade existente entre as partes. Tendo em vista essas situações, verificaram-se casos de abusos nas relações e na conformação dos direitos fundamentais dos empregados, tais como proibição de matrimônio, de não ter filhos etc. Após essa primeira aplicação no bojo das relações trabalhistas, outros campos do direito passaram a conter ameaças e violações aos direitos fundamentais, como é o caso do direito civil contratual.[155]

Assim, quando se fala em eficácia horizontal dos direitos fundamentais, ou *Drittwirkung*, se remete à eficácia dos direitos fundamentais nas relações privadas, entre dois particulares, afastando-se da tradicional vinculação apenas do Estado aos direitos fundamentais. Desta vinculação estatal decorre a afirmação de que estes servem de garantia para o cidadão contra o Estado em relação à liberdade de ação ou

---

152. Desde logo, deve se advertir que a eficácia horizontal dos direitos fundamentais não se confunde com a eficácia externa, que se traduz no dever de respeito de qualquer cidadão em face do direito de terceiros. Na eficácia horizontal, existem relações bilaterais sobre as quais se projetam determinados direitos fundamentais. MIRANDA, Jorge. *Manual de Direito Constitucional*: direitos fundamentais. Coimbra: Coimbra Editora, 2000. t. IV. p. 321.
153. MICHAEL, Lothar; MORLOK, Martin. *Direitos fundamentais*. São Paulo: Saraiva, 2016. p. 390.
154. Na Constituição Imperial de Weimar, os direitos fundamentais vinculavam somente a Administração, mas não o legislador. Ainda, muitos direitos eram programáticos, não sendo, pois, vinculativos, não havendo qualquer sanção para sua não realização. Com a Lei Fundamental nenhum direito deve ser interpretado como sendo em um princípio programático e as violações podem ser sancionadas. PIEROTH, Bodo; SCHLINK, Bernhard. Direitos Fundamentais. Trad. António Francisco de Sousa e António Franco. São Paulo: Saraiva, 2012. p. 101. No mesmo sentido: HESSE, Konrad. Derecho Constitucional y Derecho Privado. Madrid: Civitas, 1995. p. 54.
155. DUQUE, Marcelo Schenk. *Eficácia horizontal dos direitos fundamentais e jurisdição constitucional*. São Paulo: Editora dos Editores, 2019. p. 3.

de omissão (fazer ou omitir), prescrito na Constituição.[156] Sendo assim, os direitos fundamentais seriam observados na atividade do legislador e pelas instâncias aplicadoras do direito, o que envolve, pois, sua observância na criação, interpretação e aplicação das normas jurídicas.[157]

Nesse sentido, se afirma que as normas relativas a direitos fundamentais devem ser interpretadas a fim de que lhe seja garantida efetividade. Não apenas isto, mas os direitos fundamentais passam a exercer tamanha influência que devem ser pensados como uma espécie de telhado do direito constitucional, irradiando efeitos para todas os domínios do direito, sem que se possa falar em adstrição apenas ao direito constitucional.[158] Outros argumentos podem ser citados, tais como o caráter pré-estatal dos direitos fundamentais,[159] o que leva à conclusão de que mesmo que estejam positivados na Constituição, sua eficácia deve ser interpretada no sentido de alcançar todos os ramos do direito, podendo se falar, então, em um direito suprapositivo.[160] Tendo em vista tal afirmação, aliado ao fato de que os direitos fundamentais se transmutam no fundamento de uma ordem de valores objetiva, pode-se falar em uma eficácia que alcance as relações também entre privados. A sua fundamentação, então, reside na ideia de que nenhum titular tem a permissão de violar direitos fundamentais de outro.[161] Por óbvio, essa incidência não se dará na mesma forma pela qual ocorre em relação aos poderes públicos, destinatários dos direitos fundamentais e a quem cabe a promoção e proteção dos direitos fundamentais, conforme se verá mais adiante.[162]

Um dos problemas que mais se destacam no estudo da incidência dos direitos fundamentais nas relações privadas diz com a tradicional concepção de que a arquitetura de tais relações se distingue substancialmente daquela que envolve o poder público. Nas relações privadas há direitos fundamentais com igual significado e validade para os indivíduos, o que se distingue das relações que envolvem subordinação.[163] Porém, relações de poder e de desigualdade podem ocorrer igualmente no direito privado. Esta fundamentação pode ser vista em um breve olhar sobre a

---

156. MICHAEL, Lothar; MORLOK, Martin. *Direitos fundamentais*. São Paulo: Saraiva, 2016. p. 390.

157. HESSE, Konrad. *Derecho Constitucional y Derecho Privado*. Madrid: Civitas, 1995. p. 58.

158. DUQUE, Marcelo Schenk. *Eficácia horizontal dos direitos fundamentais e jurisdição constitucional*. São Paulo: Editora dos Editores, 2019. p. 18.

159. Conforme destaca a doutrina alemã, os direitos fundamentais possuem um caráter pré-estatal, mesmo que seja apenas com o Estado que estes começam a ser colocados em prática. No plano internacional, a realização desta ideia começa após o fim da segunda guerra mundial, com a Declaração Universal dos Direitos do Homem, de 1948. MICHAEL, Lothar; MORLOK, Martin. *Direitos fundamentais*. São Paulo: Saraiva, 2016. p. 56.

160. DUQUE, Marcelo Schenk. *Eficácia horizontal dos direitos fundamentais e jurisdição constitucional*. São Paulo: Editora dos Editores, 2019. p. 19.

161. DUQUE, Marcelo Schenk. *Eficácia horizontal dos direitos fundamentais e jurisdição constitucional*. São Paulo: Editora dos Editores, 2019. p. 20.

162. BRANCO, Paulo Gustavo Gonet. Teoria Geral dos Direitos Fundamentais. In: MENDES, Gilmar Ferreira; BRANCO, Paulo Gustavo Gonet. *Curso de Direito Constitucional*. São Paulo: Saraiva, 2019. p. 179.

163. FUCHS, Marie-Christine. O efeito irradiante dos direitos fundamentais e a autonomia do direito privado: a decisão Lüth e suas consequências. *Revista de Direito Civil Contemporâneo*, v. 16, 2018. p. 221-232.

transformação do Estado Liberal para o Estado Social. Naquele primeiro, havia uma preocupação com os direitos de defesa, de forma a se abster o Estado de ingerir na esfera jurídica do cidadão, tendo os direitos fundamentais apenas vigência nas relações estabelecidas com o poder público. Com a passagem do Estado liberal para o Estado social, houve uma maior participação dos atores sociais na vida privada, com o surgimento de atores poderosos econômica e socialmente, de modo a se tornarem possíveis violadores dos direitos fundamentais. Assim, a liberdade dos privados merece proteção não apenas nas relações com o Estado, porém, igualmente, nas relações privadas.[164]

Uma das noções mais caras a esta teoria diz respeito à eficácia irradiante dos direitos fundamentais (*Ausstrahlungswirkung*), que foi desenvolvida na decisão Lüth. O diretor do ofício da imprensa estatal de Hamburgo, Eric Lüth, promoveu um boicote ao filme *Unsterbliche Geliebte* (Amada Imortal), cujo diretor era Veit Harlan.[165] A carta em questão solicitava que as empresas de cinematografia alemãs não comercializassem tal filme, bem como exortava o público a não o assistir. A motivação residia no fato de que o diretor, durante o período nacional-socialista, havia trabalhado em seu favor, na produção de filmes com conteúdo propagandístico do regime.

Preocupada com o efeito da promoção do boicote, a produtora do filme ajuizou ação na qual requeria que Lüth se abstivesse de promovê-lo, uma vez que o filme não contava com elementos antissemitas, racistas ou propagandísticos. No primeiro grau de jurisdição, Veit Harlan obteve medida no sentido de proibir a promoção ao boicote. Em sede de apelação, a decisão fora mantida. A fundamentação do tribunal se deu com base no § 826 do BGB, o qual prevê que aquele que causa dano a outrem dolosamente, de maneira a contrariar os bons costumes, tem o dever de indenizar. Em sede de reclamação constitucional, interposta junto ao TCF, alegou violação à liberdade de expressão, previsto no art. 5º da GG, o qual englobaria o poder de influir sobre outros também.[166]_[167] O recurso foi julgado procedente pelo Tribunal,

---

164. SARLET, Ingo Wolfgang. *A eficácia dos direitos fundamentais*: uma teoria geral dos direitos fundamentais na perspectiva constitucional. Porto Alegre: Livraria do Advogado, 2015. p. 395.

165. Em relação ao passado de Veit Harlan, em uma tentativa de desnazificação da Alemanha, cabe dizer que Harlan havia sido absolvido da acusação de ter colaborado no cometimento de crimes contra a humanidade. A Corte alegou que nenhuma causalidade de relevância criminal poderia ser estabelecida entre o filme e o genocídio. Contudo, a Suprema Corte da zona britânica de ocupação anulou a absolvição, apontando que *Jud Süß* havia sido instrumento relevante de propaganda antissemita. No julgamento final na Corte Regional de Hamburgo, Harlan fez a dúbia alegação de que as nazistas haviam deturpado sua obra e o forçado a ser o diretor do filme. O juiz presidente aceitou a alegação de Harlan e o absolveu em abril de 1950. SELDMAIER, Alexander. Boycott campaigns of the radical left in Cold-war West Germany. In: FELDMAN, D. (ed.). *Boycotts Past and Present*. Londres: Palgrave Macmillan, 2019. p. 117.

166. Para alguns doutrinadores, não haveria falar em conflito entre liberdade de expressão e liberdade artística, prevista no art. 5, n. 3 da GG, já que essa última sequer fora tocada. A justificaria estaria centrada no fato que o direito à crítica estaria englobado pela liberdade de arte, mesmo quando se faça um apelo ao boicote. CANARIS, Claus-Wilhelm. *Direitos fundamentais e direito privado*. Coimbra: Almedina, 2003. p. 104-105.

167. DUQUE, Marcelo Schenk. *Eficácia horizontal dos direitos fundamentais e jurisdição constitucional*. São Paulo: Editora dos Editores, 2019. p. 28.

em uma decisão que marcou história no quadro da relação entre direito privado e direito constitucional na Alemanha.[168]

Em sua fundamentação, o Tribunal asseverou que as instâncias inferiores não haviam apreciado o valor da liberdade de expressão nas relações privadas.[169] Ainda, mesmo que pudesse ser alegado que tradicionalmente os direitos fundamentais são direitos de defesa, oponíveis contra o Estado, deve ser considerado que aqueles se inserem em uma ordem de valores objetiva devem viger para todos os âmbitos do direito.[170] A questão se centrava na possibilidade de Lüth (um particular) poder alegar sua liberdade de expressão para a promoção do boicote perante outro particular, pela ação reparatória baseada no § 826 do BGB. Segundo o Tribunal esposou em sua decisão, não haveria que se falar em uma eficácia direta dos direitos fundamentais nas relações do tráfego privado, mas em uma eficácia de irradiação[171] destes para o ordenamento jurídico privado.[172]

Esta instrumentalização seria possibilitada pela existência das cláusulas gerais[173] ou de conceitos indeterminados, do que o § 826 do BGB é exemplo. A sua importância é tão destacada que a doutrina ressalta que o legislador não poderia renunciar ao seu emprego na legislação, bem como dos conceitos indeterminados. Por outro lado, também é verdade que toda legislação que venha a concretizar os direitos fundamentais, mesmo que através de tais conceitos, tem o benefício de aportar predicados como clareza, certeza e previsibilidade em contraponto a um recurso direto aos direitos fundamentais, além de se evitar os perigos da invasão do direito privado pelo direito constitucional.[174] Contudo, essa afirmação não deve ser tida por absoluta, pela razão de que em algumas situações a omissão legislativa de

---

168. Segundo Konrad Hesse, a mudança que se efetuou, sob a vigência da Lei Fundamental, nas relações entre direito privado e direito constitucional, só pode ser apreciada quando se analisa a jurisprudência do Tribunal Constitucional Federal sobre o significado dos direitos fundamentais no direito privado. HESSE, Konrad. *Derecho Constitucional y Derecho Privado*. Madrid: Civitas, 1995. p. 57.

169. Para um maior detalhamento da decisão, ver: SCHWABE, Jürgen. *Cinquenta anos de jurisprudência do Tribunal Constitucional Federal Alemão*. Berlin: Konrad Adenauer Stiftung, 2005.

170. DUQUE, Marcelo Schenk. *Eficácia horizontal dos direitos fundamentais e jurisdição constitucional*. São Paulo: Editora dos Editores, 2019. p. 28.

171. O emprego desta terminologia de irradiação é criticado por parte da doutrina constitucional alemã, vez que não seria um termo jurídico. Assim, bastaria o recurso às funções tradicionais dos direitos fundamentais, como é o caso das proibições de intervenção. Com a utilização desta fundamentação, ainda, não teria sido necessário recorrer a critérios questionáveis como o contributo para o embate de opiniões, em questão que interessa para a opinião pública de modo central, feito por pessoa legitimada. Acrescenta ainda que o critério de legitimação pode acabar causando discriminação, em razão de a liberdade de expressão ser conferida a todos. CANARIS, Claus-Wilhelm. *Direitos fundamentais e direito privado*. Coimbra: Almedina, 2003. p. 48-51;79.

172. FUCHS, Marie-Christine. O efeito irradiante dos direitos fundamentais e a autonomia do direito privado: a decisão Lüth e suas consequências. *Revista de Direito Civil Contemporâneo*, v. 16, 2018. p. 221-232.

173. Se na legislação ordinária, tem-se a questão da constitucionalidade ou inconstitucionalidade da norma, com as cláusulas gerais ocorre sua interpretação conforme ou não aos direitos fundamentais, o que pode assumir importante relevo. PIEROTH, Bodo; SCHLINK, Bernhard. *Direitos fundamentais*. Trad. António Francisco de Sousa e António Franco. São Paulo: Saraiva, 2012. p. 107.

174. HESSE, Konrad. *Derecho Constitucional y Derecho Privado*. Madrid: Civitas, 1995. p. 65.

uma norma constitucional pode inviabilizar a eficácia de um direito fundamental, casos em que se admite uma aplicação direta do texto constitucional.[175]

Nessa senda, cumpre ressaltar que os direitos fundamentais atuariam no quadro de uma ordem objetiva de valores cujos efeitos seriam expandidos para todas as áreas do direito, ou seja, apor intermédio da chamada irradiação. Deste modo, as disposições atinentes ao direito privado deveriam ser interpretadas à luz dos direitos fundamentais. O § 826 do BGB se traduz em um conceito jurídico indeterminado, logo, a liberdade de expressão de Eric Lüth deveria ser interpretada a partir dos direitos fundamentais, no caso, da liberdade de expressão. Nesse sentido, houve a anulação da decisão do Tribunal Regional de Hamburgo, por não haver considerado a liberdade de expressão na interpretação da norma de responsabilidade civil.[176] Esta eficácia irradiante é possibilitada pelo reconhecimento de uma função jurídico-objetiva dos direitos fundamentais, que não apenas considera a participação do Estado nas relações com o indivíduo, porém da mesma forma nas típicas relações de direito civil.[177]

Uma das conclusões é que nenhum ramo do direito pode "ficar imune à incidência dos direitos fundamentais". Esta influência pode ser tida como um primeiro passo dentro de um processo que considera seus efeitos nos casos levados a julgamento. São criados, assim, pontos de penetração dos direitos fundamentais no direito privado. As cláusulas gerais e os conceitos indeterminados acabam por exercer um papel de intermediadores entre direitos fundamentais e o direito privado, transformando o conteúdo daqueles em direito imediatamente vinculantes para as partes.[178] Estas podem ser traduzidas como uma delegação ao legislador para o Poder Judiciário, convolando-se em um espaço de conformação jurídica, dentro de um ideal de realização de justiça conforme a situação fática, dado que o legislador não é capaz de prever de antemão todas as situações da vida.[179] Conforme Fabiano Menke, há um incremento do papel do julgador nos negócios privados, uma vez que, aplicando-os, acabará por conformá-las ao caso em questão. Isto faz com que haja ainda mais relevância na sua atividade judicante.[180]

Essa irradiação, ao prever a incidência dos direitos fundamentais em todos os campos do direito, em especial no direito privado, como ressaltado pela sentença Lüth, acaba por ser um dos pilares para o desenvolvimento da eficácia

---

175. FACCHINI NETO, Eugênio. A constitucionalização do direito privado. *Iurisprudentia: Revista da Faculdade de Direito da Ajes*, v. 2, n. 3, jan.-jun. 2003. p. 39.
176. FUCHS, Marie-Christine. O efeito irradiante dos direitos fundamentais e a autonomia do direito privado: a decisão Lüth e suas consequências. *Revista de Direito Civil Contemporâneo*, v. 16, 2018. p. 221-232.
177. SARLET, Ingo Wolfgang. *A eficácia dos direitos fundamentais: uma teoria geral dos direitos fundamentais na perspectiva constitucional*. Porto Alegre: Livraria do Advogado, 2015. p. 400.
178. HESSE, Konrad. *Derecho Constitucional y Derecho Privado*. Madrid: Civitas, 1995. p. 63.
179. DUQUE, Marcelo Schenk. *Eficácia horizontal dos direitos fundamentais e jurisdição constitucional*. São Paulo: Editora dos Editores, 2019. p. 273.
180. MENKE, Fabiano. A interpretação das cláusulas gerais: a subsunção e a concreção dos conceitos, *Revista de Direito do Consumidor*, v. 50, abr.-jun. 2004. p. 9-35.

horizontal dos direitos fundamentais.[181] Ainda, com o aumento das ameaças e violações a direitos fundamentais pelos particulares, esta clássica estrutura teve que ser repensada para se adequar aos novos desenvolvimentos jurídico-sociais e o surgimento de poderosos atores sociais. Nesta linha, houve a necessidade de alargamento da função dos direitos fundamentais, a fim de albergar-se também uma função de proteção.[182]

Neste caso, fala-se em proteção perante terceiros, o que se diferencia da função de prestação. O substancial quando se trata de proteção perante terceiros é considerar que se estabelece uma relação entre um indivíduo e outro, o que não se verifica com a função de prestação, a qual concerne o Estado e o indivíduo.[183] Ainda, seu fundamento é estabelecido a partir da noção de dignidade da pessoa humana, uma vez que, se o Estado a prevê como fundamento da República, deve também prever mecanismos para sua efetiva proteção. Assim, referida teoria não é estranha à Constituição. Nessa linha, então, é possível advogar a existência de um direito fundamental à proteção (*Grundrecht auf Schutz*).[184]

O desenvolvimento desta teoria pode ser encontrado na famosa decisão Lüth, que consagrou a função objetiva dos direitos fundamentais. O Estado, então, estaria obrigado a agir para concretização dos direitos previstos constitucionalmente, embora não haja uma conformação definida para tanto. Como resultado, forma-se um direito subjetivo para o titular do direito, em uma estrutura voltada para a efetivação e potencialização dos direitos fundamentais.[185] Estas medidas para a satisfação de proteção cabem aos poderes públicos, de modo que cabe verificar se estas não são, em sua realidade fática, insuficientes ou excessivas, concedendo-se ampla discricionariedade ao poderem aqueles sopesar na sua atuação os interesses concorrentes, públicos ou privados.[186] Segundo Canaris, na realização dos direitos fundamentais devem ser distinguidas a proibição de insuficiência (*Üntermassverbot*) e a proibição de excesso (*Übermassverbot*). Em relação à insuficiência, analisa-se se a proteção implementada é eficiente; em relação ao excesso, não existem objetivos e fins pré-

---

181. DUQUE, Marcelo Schenk. *Eficácia horizontal dos direitos fundamentais e jurisdição constitucional*. São Paulo: Editora dos Editores, 2019. p. 29.

182. DUQUE, Marcelo Schenk. *Curso de direitos fundamentais*: teoria e prática. São Paulo: Ed. RT, 2014. p. 121-122.

183. CANOTILHO, José Joaquim Gomes. *Direito Constitucional e Teoria da Constituição*. 7. ed. Coimbra: Almedina, 2000. p. 409; DUQUE, Marcelo Schenk. *Eficácia horizontal dos direitos fundamentais e jurisdição constitucional*. São Paulo: Editora dos Editores, 2019. p. 309.

184. DUQUE, Marcelo Schenk. *Eficácia horizontal dos direitos fundamentais e jurisdição constitucional*. São Paulo: Editora dos Editores, 2019. p. 307;310.

185. DUQUE, Marcelo Schenk. *Curso de direitos fundamentais*: teoria e prática. São Paulo: Ed. RT, 2014. p. 123-125.

186. HESSE, Konrad. Significado de los derechos fundamentales. In: BENDA, Ernest; MAIHOFER, Werner; VOGEL, Hans-Jochen; HESSE, Konrad; HEYDE, Wolfgang (Org.). *Manual de derecho constitucional*. Madrid: Marcial Pons, 1996. p. 104.

-definidos, cabendo ao legislador a sua conformação. O controle, sobretudo, recai sobre a legitimidade das medidas e sua adequação à Constituição.[187]

O tema da eficácia horizontal implica falar em conflitos de direitos fundamentais nas relações privadas, que se apresentam como um dos grandes temas da dogmática constitucional atual, em virtude de não haver catálogo de direitos fundamentais que não enseje a colisão de direitos.[188] São comuns decisões na esfera judiciária que envolvem um equilíbrio de interesses, em que de um lado se encontra o direito a se manifestar e de outro o direito à honra ou à integridade psíquica. Difere da colisão a concorrência de direitos fundamentais, em que sob a mesma situação jurídica e face a um único titular incidem mais de um direito, o que dará azo à verificação de qual direito entre outros terá aplicação.[189] Estas colisões de direitos fundamentais escapam da resolução pelo método tradicional de conflito entre normas (hierárquico, temporal e especialização), dedicada especialmente às regras.[190]

Outra observação que merece ser destacada se refere ao fato de as colisões poderem ser em sentido amplo e em sentido estrito. Aquelas se dão quando colidem direitos fundamentais e bens coletivos, nos quais estão incluídos a qualidade da água, a segurança interna do Estado etc. Quando se fala nestes bens, não se está a dizer que se contrapõem a direitos individuais, mas, ao contrário, podem ser pressupostos de seu cumprimento. O segundo tipo de colisão, em sentido estrito, tem lugar quando são contrapostos os direitos fundamentais de diferentes titulares, colidindo com o mesmo direito fundamental ou com distintos.[191]

Contudo, o ponto de partida da discussão é a classificação dos direitos como princípios, o que permitirá sua ponderação no caso concreto. Isso porque princípios são mandamentos de otimização (*Optimierungsgebote*), exigindo que algo seja feito na medida das possibilidades de fato e de direito existentes, o que pode se dar em diferentes graus. Estas características já afastam os princípios em grande parte das regras, que são satisfeitas ou não e contêm determinações precisas. Quando princípios colidem, um deles cederá lugar para a realização do outro, o que não significa que um deles perderá validade ou lhe seja agregada uma cláusula de exceção. Neste caso, diz-se que um princípio tem precedência sobre outro, de modo que em outro julgamento dos mesmos princípios poderá haver a precedência daquele contraposto. A análise em abstrato também leva à conclusão de que os princípios têm o mesmo peso, ou seja, se encontram em um mesmo nível. Por isso, ao invés de se falar em

---

187. CANARIS, Claus-Wilhelm. *Direitos fundamentais e direito privado*. Coimbra: Almedina, 2003. p. 120.
188. ALEXY, Robert. Colisão de direitos fundamentais e realização de direitos fundamentais no Estado Democrático de Direito. *Revista da Faculdade de Direito da UFRGS*, v. 17, 1999. p. 269.
189. DUQUE, Marcelo Schenk. *Curso de direitos fundamentais*: teoria e prática. São Paulo: Ed. RT, 2014. p. 210.
190. BARROSO, Luís Roberto. Colisão entre liberdade de expressão e direitos da personalidade. Critérios de ponderação. Interpretação constitucionalmente adequada ao Código Civil e à Lei de Imprensa. *Revista de Direito Privado*, São Paulo, v. 18, abr.-jun. 2004. p. 105-143.
191. ALEXY, Robert. Colisão de direitos fundamentais e realização de direitos fundamentais no Estado Democrático de Direito. *Revista da Faculdade de Direito da UFRGS*, v. 17, 1999. p. 269.

determinações, como nas regras, diz-se que os princípios contêm em seu núcleo pesos diferentes a serem considerados pelo juiz, na análise das circunstâncias de fato e de direito.[192]

As regras contêm uma lógica inversa, pois, ao exprimirem determinações, atuam no âmbito da validade, sendo uma delas declarada inválida ou atribuindo-se-lhes uma cláusula de exceção (*Ausnahme*). Em relação aos princípios, importante se torna a avaliação das condições, pois são elas que estabelecerão aquele preponderante, ao que se diz precedência condicionada. Falar em precedência condicionada sempre remete o jurista ao caso concreto, daí se denominar também precedência concreta ou relativa. Ou seja, em havendo uma condição, uma situação, que deva levar à precedência de um princípio em detrimento de outro, esta condição será qualificada de *condição de precedência*. Da sua aplicação resultará uma regra, a qual será formada pela consequência jurídica advinda da preponderância de um princípio sobre o outro. Esta verificação da condição de precedência, levando à sobreposição de um princípio, será chamada de lei da colisão. Assim sendo, um princípio é sempre *prima facie*, ou seja, a exclusão de um deles ocorrerá no caso concreto, no que se aplica, então, a lei da colisão (*Kollisionsgesetz*), que responderá à pergunta de qual direito se tornará definitivo.[193]

Em contraposição a essa ideia, está a precedência absoluta. Em termos de direitos fundamentais, não se mostra correto o emprego de tal terminologia, haja vista que os direitos fundamentais, conforme mencionado alhures, se encontram em um mesmo nível, sem precedência abstrata. Essa conclusão não impede, contudo, o estabelecimento de uma exceção, que é a dignidade da pessoa humana,[194] já que não tida pela doutrina e pelos sistemas alemão e brasileiro, aqui estudados, como um deles, mas como valor ou princípio fundante do ordenamento jurídico. Basta ver que na CF é elencado como um dos princípios da República Federativa do Brasil, ao passo que na GG no artigo 1º (3) há a menção aos direitos fundamentais listados a seguir, o que leva ao entendimento de que os direitos fundamentais se encontram inscritos a partir do art. 2º.

Em um segundo momento, ganha importância o processo pelo qual se sopesam os princípios, de forma que os enunciados de preferência sejam justificados por um sopesamento racional (*Begründungsmodell*), em contraposição àquele baseado em um modelo decisionista (*Dezisionsmodell*), guiado apenas pelo processo psíquico do julgador. Assim, a fórmula pode assim ser descrita: Quanto mais alto for o grau de não satisfação ou afetação de um princípio, maior deverá ser a importância da satisfação do outro. Essa formulação, que traduz a lei do sopesamento (*Abwägungsgesetz*), prevê que deva ser analisada a importância de um princípio para que o outro

---

192. ALEXY, Robert. *Theorie der Grundrechte*. Frankfurt am Main: Suhrkamp, 1994. p. 71-80.
193. ALEXY, Robert. *Theorie der Grundrechte*. Frankfurt am Main: Suhrkamp, 1994. p. 71-82.
194. ALEXY, Robert. *Theorie der Grundrechte*. Frankfurt am Main: Suhrkamp, 1994. p. 82.

deixe de ganhar precedência no caso concreto. A proposta tal como constituída deixa entrever que, em havendo uma afetação muito intensa, deverá haver um alto grau de importância do princípio colidente. Este modelo não pode ser encarado como decisionista, impassível de controle intersubjetivo, porém como racional, pois, à medida que os casos que exponham princípios colidentes forem sendo julgados pela jurisprudência, regras serão formadas e serão aplicadas a outros casos, o que contribuirá para torná-las universais, no sentido de gerais, mesmo que advindas de situações concretas.[195] Em uma formulação igualmente esclarecedora, Robert Alexy afirma que quanto mais intensa for a intervenção em um direito fundamental, tanto mais significativas devem ser as razões que a justificam. Em um outro prisma, coloca-se a relevante questão da justificação, dado que existe uma relação estabelecida de gradação: quanto maior a intervenção, mais justificada deve ser tal decisão.[196]

Encontra similaridade o sopesamento de princípios com o princípio da concordância prática,[197] tal como desenvolvido por Konrad Hesse (*Prinzip der praktischen Konkordanz*). Segundo este autor, na colisão de direitos fundamentais deve ser observada a coordenação dos princípios, de forma que esse arranjo tenha como consequência uma otimização (*Optimierung*).[198] Essa tarefa de concordância tem seu fundamento no princípio da unidade (*Einheit*) da Constituição, segundo a qual deve ser esta compreendida como fonte de ordenação e não para exclusões. Com isso, o horizonte de análise se amplia para se excluir qualquer forma de hierarquização de normas constitucionais, mas no sentido de um concerto (*Zusammenspiel*) constitucional nas mais variadas maneiras de aplicação e realização das suas normas.[199]

A temática da colisão dos direitos fundamentais nas relações privadas está particularmente centrada na temática da eficácia horizontal dos direitos fundamentais, pois a realização de um direito fundamental causará a afetação de maneira negativa sobre direitos fundamentais de outros particulares, o que se passa a analisar.[200]

Feitas estas considerações acerca da eficácia dos direitos fundamentais nas relações privadas, bem como da técnica da ponderação para a resolução de tais conflitos, impende dizer que, neste trabalho, o foco da análise se concentrará nas manifestações classificadas como discurso de ódio incidentes sobre as relações jurídico-privadas, seu *locus* mais relevante na atual quadra da história. Analisar a liberdade de expressão e sua incidência nas relações horizontais têm importância

---

195. ALEXY, Robert. *Theorie der Grundrechte*. Frankfurt am Main: Suhrkamp, 1994. p. 144-152.
196. ALEXY, Robert. Colisão de direitos fundamentais e realização de direitos fundamentais no Estado Democrático de Direito. *Revista da Faculdade de Direito da UFRGS*, v. 17, 1999. p. 278.
197. ALEXY, Robert. *Theorie der Grundrechte*. Frankfurt am Main: Suhrkamp, 1994. p. 152.
198. HESSE, Konrad. *Grundzüge des Verfassungsrechts der Bundesrepublik Deutschland*. Neudruck der 20. Auflage. Heidelberg: C.F. Müller, 1999. Rn. 72.
199. HESSE, Konrad. *Grundzüge des Verfassungsrechts der Bundesrepublik Deutschland*. Neudruck der 20. Auflage. Heidelberg: C.F. Müller, 1999. Rn. 18;72.
200. DUQUE, Marcelo Schenk. *Curso de direitos fundamentais*: teoria e prática. São Paulo: Ed. RT, 2014. p. 212.

pelo fato de que dois titulares de direitos atuam na defesa de sua posição jurídica, a qual será objeto de escrutínio perante o Poder Judiciário.

Na sequência, serão enfrentadas questões referentes especificamente ao discurso de ódio e sua dogmática, com foco no direito norte-americano, que enxerga na liberdade de expressão um direito quase absoluto, com alguns limites que foram construídos pela jurisprudência. Esta concepção quase absolutista tem sido fonte de intensas discussões doutrinárias, não apenas naquele país, que postulam seja a defesa das vítimas e a preponderância de direitos como igualdade e não discriminação, seja a manutenção do (quase) absolutismo da liberdade de expressão.

3
O TRATAMENTO DO DISCURSO DE ÓDIO NO DIREITO NORTE-AMERICANO

O discurso de ódio pode ser tido como um dos principais limites à liberdade de expressão atualmente, tendo em vista os seus efeitos perversos que são causados não apenas às vítimas, como também à sociedade e à própria democracia. Trata-se de um fenômeno que não encontra barreiras locais ou regionais, sendo, pois, mundial. Para que seja feita uma análise de maneira mais abrangente, é mister que haja uma compreensão dos principais paradigmas atuais quando se fala em liberdade de expressão e, consequentemente, de discurso de ódio. Isso porque haverá diferenças significativas em relação ao seu tratamento em se tratando do sistema estudado. Este capítulo se concentrará na análise do âmbito de proteção da liberdade de expressão, tal como previsto na Primeira Emenda do *Bill of Rights*, da Constituição americana.

3.1 A PRIMEIRA EMENDA DA CONSTITUIÇÃO NORTE-AMERICANA E A LIBERDADE DE EXPRESSÃO

A liberdade de expressão nos Estados Unidos possui um panorama muito distinto em comparação com as democracias constitucionais, especialmente com os países europeus, neste caso, mais especificamente a Alemanha. Contudo, são necessários argumentos adicionais para que se encontre razões justificadoras deste estudo comparativo. Tanto a Alemanha quanto os Estados Unidos estão comprometidos com um governo constitucional e direitos individuais; ambos os países são democracias ocidentais com culturas políticas centenárias e são atingidos por problemas similares de ordem política. Ao mesmo tempo, as opções políticas e sociais dos dois países se encontram abertas, o que sói ocorrer em sociedades livres, assim como as altas cortes estão abertas a novas interpretações de normas constitucionais antigas.[1] Não apenas isso, mas possuem grupos específicos que foram alvo de discriminação. Se na Alemanha existe uma forte sensibilidade em relação a discursos que possuem o potencial de causar dano aos judeus, nos Estados Unidos a escravidão e a segregação racial causaram muitas

---

1. KOMMERS, Donald P. The jurisprudence of free speech in the United States and the Federal Republic of Germany. *Southern California Law Review*, v. 53, n. 2, jan. 1980. p. 658.

tensões, o que requer proteção especial contra o discurso danoso à população discriminada.[2]

Nos Estados Unidos, a liberdade de expressão é vista quase como um direito absoluto, com poucas restrições que lhe são aplicáveis. Nas palavras de um constitucionalista norte-americano, a liberdade de expressão não é apenas o direito mais estimado, mas também um dos mais ilustres símbolos culturais norte-americanos.[3] Topologicamente, está cristalizado na Primeira Emenda à Constituição norte-americana, localizada no *Bill of Rights*.[4] Esta primeira informação é significativa da importância que esta assume na jurisprudência constitucional. Apenas para fazer uma análise comparativa inicial, na Alemanha a liberdade de expressão vem elencada apenas no artigo 5º da GG, enquanto a dignidade da pessoa humana se encontra no artigo 1º. Enquanto no artigo 5º da GG se encontram vários limites à liberdade de expressão, não existem limitações específicas na Primeira Emenda norte-americana.[5] Certo é que a liberdade de expressão, com seus contornos quase absolutistas, é parte da história e experiência americana. Por isso se falar em seu excepcionalismo, integrante de um fenômeno próprio daquele país,[6] o qual é marcado por um forte liberalismo econômico, com consequências em seu ordenamento jurídico-constitucional.

Muitos fatores poderiam ser citados para explicar a proeminência da liberdade de expressão nos Estados Unidos, o que inclui uma preferência da liberdade sobre a igualdade (prevista na 14ª Emenda), comprometimento com individualismo e uma tradição de direitos naturais que deriva de John Locke, que advoga a liberdade do Estado (liberdade negativa), sobre a liberdade através do Estado (liberdade positiva). Nessa linha, os direitos de livre expressão são concebidos como um direito contra o Estado, que não devem sofrer qualquer intervenção estatal.[7] Existe, então, um enfoque em valores individuais e não naqueles coletivos, de modo a superar o interesse na proteção da coletividade nacional. O inverso apenas ocorre quando algum risco individual possa se verificar, é dizer, algum dano possa decorrer do discurso.[8]

---

2. HAUPT, Claudia E. Regulating hate speech: Damned if you do and damned if you don't: lessons learned from comparing German and U.S. approaches. *Boston University International Law Journal*, v. 23, 2005. p. 302.
3. ROSENFELD, Michel. Hate speech in constitutional jurisprudence: a comparative analysis. *Cardozo Law Review*, v. 24, n. 4, abr. 2003. p. 1529.
4. As primeiras dez emendas à Constituição norte-americana formam o *Bill of Rights*, ou a Carta de Direitos.
5. BRUGGER, Winfried. Ban on or protection of hate speech? Some observations based on German and American Law. *Tulane European & Civil Law*, v. 17, 2002. p. 7.
6. SEDLER, Robert. A. Freedom of speech: The United States versus the rest of the world. *Michigan State Law Review*, n. 377.
7. ROSENFELD, Michel. Hate speech in constitutional jurisprudence: a comparative analysis. *Cardozo Law Review*, v. 24, n. 4, abr. 2003. p. 1529.
8. HAUPT, Claudia E. Regulating hate speech: Damned if you do and damned if you don't: lessons learned from comparing German and U.S. approaches. *Boston University International Law Journal*, v. 23, 2005. p. 313.

3 • O TRATAMENTO DO DISCURSO DE ÓDIO NO DIREITO NORTE-AMERICANO   51

A liberdade de expressão e sua importância ainda podem ser percebidas na crença que os cidadãos possuem de que se trata de um direito virtualmente ilimitado e um intenso temor de que qualquer intervenção estatal no campo desta liberdade causará um mal maior do que sua simples abstenção.[9] Com isso, chega-se à conclusão de que a Primeira Emenda foi desenhada para que permitisse um debate aberto, o que engloba pontos de vista impopulares e controversos, já que, sendo o discurso um meio neutro, pode facilmente promover o fascismo ou a democracia, justificar o genocídio ou o igual gozo dos direitos civis. Esse livre trânsito de ideias tem trazido muitas críticas à tona, pois o Estado não pode ficar de braços cruzados enquanto as liberdades fundamentais de uma democracia são utilizadas para prejudicar a justiça e o bem comum.

Como consequência natural e regra geral, existe uma presunção contra a validade das tentativas estatais de proibir, punir ou regular expressões, especialmente aquelas que dizem respeito a assuntos públicos, como políticas públicas e governamentais.[10] Mesmo que (surpreendentemente) pouca referência seja feita às liberdades preferenciais (*preferred freedoms*), esta doutrina ainda assume relevo quando na seara interpretativa, de modo a conceder-lhes grande peso.[11]

Nesse ponto, impende ressaltar que o conceito de liberdade está mais proximamente relacionado à liberdade de expressão do que os demais direitos. Para muitos doutrinadores, este direito repousa forma o núcleo das democracias liberais, uma vez que é a condição para que se mantenha atualizado sobre os atos governamentais, para a transparência, bem como para que se possa habilitar os cidadãos a participarem do processo democrático. Nessa sequência, se estabelece uma desconfiança sobre a autoridade governamental e uma crença na liberdade humana, o que são temas centrais para o liberalismo político. Aqui entra em cena um aspecto relevante que é a autonomia do indivíduo, pois o liberalismo coloca a ênfase no indivíduo e sua capacidade deliberativa para realizar escolhas. A liberdade de expressão é vista como um pré-requisito para a existência da autonomia. Nessa linha, caso seja negado acesso a algumas visões de mundo, será prejudicada a sua habilidade de receber todas as informações, o que dificulta a existência da uma autonomia verdadeira.[12] Outro liberal em defesa da liberdade de expressão é Benjamin Constant, que em sua obra Princípios de Política, faz uma defesa enfática das liberdades. Segundo o francês, as liberdades dos cidadãos são a liberdade individual, a liberdade religiosa,

---

9. ROSENFELD, Michel. Hate speech in constitutional jurisprudence: a comparative analysis. *Cardozo Law Review*, v. 24, n. 4, abr. 2003. p. 1530.

10. HAUPT, Claudia E. Regulating hate speech: Damned if you do and damned if you don't: lessons learned from comparing German and U.S. approaches. *Boston University International Law Journal*, v. 23, 2005. p. 317.

11. KOMMERS, Donald P. The jurisprudence of free speech in the United States and the Federal Republic of Germany. *Southern California Law Review*, v. 53, n. 2, jan. 1980. p. 668.

12. CARMI, Guy E. Dignity versus Liberty: the two Western Cultures of free speech. *Boston University International Law Review*, v. 26, n. 02, 2008. p. 294 e ss.

a liberdade de opinião, na qual se compreende a sua publicidade, ou seja, a liberdade de expressão, o gozo da propriedade e a garantia contra qualquer arbítrio. Se alguma autoridade violar esses direitos, violará seu próprio título.[13] Isso demonstra que o liberalismo contribuiu em grande medida para a constituição dos direitos e seu desenho constitucional nos Estados Unidos.

A doutrina na liberdade de expressão nos Estados Unidos sofreu grande influência do filósofo liberal inglês John Stuart Mill, através de sua obra Sobre a liberdade (*On Liberty*), publicada em 1859. Segundo Mill, as ideias não podem ser suprimidas do mercado, apenas em casos excepcionais, por exemplo, quando houvesse algum tipo de dano. Com esta exceção, Mill molda uma doutrina baseada na não possibilidade de censura e de supressão de ideias. Suas ideias podem assim ser resumidas: (i) a opinião censurada pode ser verdadeira; (ii) mesmo que falsa literalmente, a opinião censurada pode conter certas verdades; (iii) mesmo que inteiramente falsa, esta opinião evita que opiniões verdadeiras se tornem dogma; (iv) enquanto dogma, uma opinião que não é desafiada irá perder seu sentido. O dogma, ao se tornar uma mera profissão formal, acaba por ser ineficaz para a formação do bem, impedindo o desenvolvimento de uma convicção real e verdadeira que deriva da razão ou da experiência pessoal.[14]

A preocupação de Mill é que, ao censurar as ideias que seriam falsas, pode-se estar proibindo ideias que sejam verdadeiras, o que resultaria em uma presunção de infalibilidade humana. Diversa preocupação do filósofo inglês recai sobre a necessidade de evitar dogmas, pois estes não são passíveis de discussão, o que não permite qualquer debate argumentativo produtivo. Quando o ser humano passa a compartilhar seus pensamentos e a discutir com seus pares, principalmente quanto a assuntos importantes, ou aqueles concernentes à vida pública, acaba por melhorar sua capacidade deliberativa. Assim, a gama de opções para o indivíduo acaba por ser alargada e se passa a julgar o seu mérito. Esta ideia pode ser contestada em face de que alguns indivíduos não terão muitas opções para considerar, seja por falta de oportunidades ou intenção de busca, bem como pelo fato que muitas opções podem retardar a deliberação e, por conseguinte, a escolha.[15]

Essa liberdade para Mill, contudo, não é ilimitada, pois deve ser guiada pelo princípio do dano (*harm principle*), ou seja, o discurso que pode causar dano a terceiros. Mesmo os discursos de alto valor (*high-value speech*), como aqueles que envolvam assuntos públicos, podem ser restringidos, desde que se faça em prol de um interesse superior e da maneira mais restritiva. Previsões penais como assassinato

---

13. CONSTANT, Benjamin. *Principes de politique*. Disponível em: http://www.dominiopublico.gov.br/download/texto/ga000336.pdf.
14. MILL, John Stuart. *On Liberty*. Ontario: Batoche Books, 2001. p. 50.
15. BRINK, David O. *Millian Principles, freedom of expression, and hate speech. Legal Theory*, v. 7, n. 02, p. 125.

e estupro preenchem as condições do princípio do dano, enquanto meras ofensas, não. Restrições paternalistas estatais também nunca seriam justificadas.[16]

A teoria miliana foi empregada para desenvolvimento da doutrina do livre mercado de ideias (*free marketplace of ideas*),[17] no julgamento *Abrams v. United States*, julgado pela Suprema Corte, em 1919. O caso versava sobre imigrantes russos que criticavam as tentativas do governo americano de acabar com a Revolução Russa e convocavam a população à greve. Os acusados jogaram os folhetos com a sua manifestação do quarto andar de uma fábrica de chapéus na baixa Manhattan em um esforço para difundir seus ideais. Em uma decisão que manteve a condenação criminal dos cinco indivíduos, com base no *Espionage Act*, Justice Holmes, em voto dissidente, afirmou que o bem último almejado seria melhor alcançado pela livre troca de ideias (*free trade in ideas*). Em seu voto, destacou que o governo não poderia interferir na livre troca de ideias ao proibir o discurso considerado perigoso, exceto se tal interferência fosse necessária para impedir um perigo iminente cuja ocorrência fosse provável.[18]

Este modelo se baseia de maneira semelhante ao mercado de bens (*market goods*), nos quais aos integrantes é dado operar livremente, ausente uma emergência. Segundo Holmes, era muito temerário que o governo impusesse seu pensamento, pois as ideias dos acusados deveriam competir com as outras ideias no mercado, sem qualquer tipo de censura ou punição estatal. Talvez uma boa definição que seja capaz de sintetizar esse instituto resida na ideia de que devemos proteger o que odiamos para resguardar aquilo de que gostamos.[19] Isso significa que o remédio para um discurso danoso não é censura, mas mais discurso, é dizer, contradiscurso, o que funcionaria como um contrapeso.[20] Ainda, Justice Brandeis seguiu o voto de Holmes e concluiu que apenas um dano de mal imediato (*danger of immediate evil*) poderia justificar a supressão do discurso.[21] O livre mercado de ideias toma emprestado da teoria de John Stuart Mill a busca pela verdade, que é mais provável de prevalecer se houver uma discussão aberta, mesmo que tem-

---

16. BRINK, David O. Millian Principles, freedom of expression, and hate speech. *Legal Theory*, v. 7, n. 02, p. 136 e ss.
17. O termo inicialmente usado em Abrams v. United States não fora livre mercado de ideias (*marketplace of ideas*), mas livre troca de ideias (*free trade in ideas*). O termo mercado de ideias veio a ser finalmente empregado no voto concorrente do Justice William O. Douglas no julgamento do caso *United States v. Rumely*, 345 U.S. 41, 56 (1953). NUNZIATO, Dawn Carla. The marketplace of ideas online. *Notre Dame Law Review*, v. 94, n. 4, abr. 2019. p. 1523.
18. ESTADOS UNIDOS. Suprema Corte. *Abrams v. United States*, 250 U.S 616, 630 (1919); NUNZIATO, Dawn Carla. The marketplace of ideas online. *Notre Dame Law Review*, v. 94, n. 4, abr./2019. p. 1520-1524.
19. EBERLE, Edward J. Cross burning, hate speech, and free speech in America. *Arizona State Law Journal*, v. 36, n. 3, 2004. p. 968.
20. ESTADOS UNIDOS. Suprema Corte. *Abrams v. United States*, 250 U.S 616, 630 (1919); NUNZIATO, Dawn Carla. The marketplace of ideas online. *Notre Dame Law Review*, v. 94, n .4, abr. 2019. p. 1525-1526.
21. *Abrams v. United States*, 250 U.S. 616, 628 (1919).

porariamente promova falsidades, do que através de outros meios, como aqueles que erradicam falsidades imediatamente.[22]

Além do desenvolvimento do livre mercado de ideias, a Suprema Corte enfrentou muitas das questões que poderiam emergir da análise da Primeira Emenda. Em *N.Y. Times Co. v. Sullivan*[23] foi definido que o núcleo (*core*) da Primeira Emenda é o discurso político e seu ponto central (*central point*) a habilidade para criticar o governo e seus agentes. Em relação aos seus valores, um dos principais é a busca da verdade, conforme firmado em *Abrams v. United States*.[24] Em relação à metodologia, revela-se central o emprego do estrito escrutínio (*strict scrutiny*), que se aplica às liberdades fundamentais, entre as quais a liberdade de expressão da Primeira Emenda,[25] cujo detalhamento será visto mais adiante.

Embora o *free speech* (livre discurso) tenha sido inscrito na Primeira Emenda sem limites, o que representa seu valor na cultura jurídica americana, a jurisprudência da Suprema Corte tem os estabelecido através de sua história constitucional. Assim, o discurso de ódio, em geral, tem sido admitido pela jurisprudência constitucional, do que decorre que o governo não pode proibir um discurso por ser ofensivo para muitas pessoas ou para grupos de vítimas. Algumas legislações municipais foram editadas para combatê-lo, principalmente em caso de queima de cruzes, contudo, foram declaradas inconstitucionais pela Suprema Corte em razão de serem muito vagas ou regularem conteúdos, ou seja, não eram neutras neste quesito. Mesmo as mais repugnantes ideias para algumas democracias como o genocídio, a negação do holocausto ou qualquer outra ideia pode ser expressa. Incluem-se nesta lista marchas com indivíduos defendendo as ideias nazistas com estes uniformes e cruzes suásticas em uma cidade com a maioria da população formada por judeus, dos quais muitos sobreviventes do holocausto. Esta proteção conferida à Primeira Emenda faz com ela prevaleça sobre os demais direitos como igualdade, dignidade da pessoa humana e privacidade.[26]

Contudo, algumas formas de regulação que atendem ao quesito da neutralidade podem ser citadas. O governo pode regular um discurso que seja neutro em relação ao conteúdo, mas regule a maneira como é exprimido. Por exemplo, nada impede que o governo impeça o uso de amplificadores nas vias públicas após a meia-noite. O governo pode regular um conteúdo, mas sem discriminar um ponto de vista específico (*view point discrimination*). Isso ocorre quando o governo bane anúncios comerciais no metrô de forma geral, sem se restringir a um conteúdo

---

22. ROSENFELD, Michel. Hate speech in constitutional jurisprudence: a comparative analysis. *Cardozo Law Review*, v. 24, n. 4, abr./2003. p. 1534.
23. ESTADOS UNIDOS. Suprema Corte. *N.Y. Times Co. v. Sullivan*, 376 U.S. 254, 273-76 (1964).
24. ESTADOS UNIDOS. Suprema Corte. *Abrams v. United States*, 250 U.S 616, 630 (1919).
25. EBERLE, Edward J. Cross burning, hate speech, and free speech in America. *Arizona State Law Journal*, v. 36, n. 3, 2004. p. 969.
26. SEDLER, Robert. A. Freedom of speech: The United States versus the rest of the world. *Michigan State Law Review*, n. 377. O caso se refere a *Collin v. Smith*, 578 U.S 1197, 1198-1199 (1978).

publicitário específico. Nesse caso, a regulação do conteúdo não é neutra, mas não existe discriminação quanto ao ponto de vista. Se, por outro lado, o governo proibir críticas a sua gestão ou à decisão de aderir a uma guerra, há uma discriminação quanto ao ponto de vista. Neste caso, há um forte indício de inconstitucionalidade e a lei provavelmente seria assim declarada. Aqui o governo teria que objetar que o ponto de vista regulado cria sérios riscos e não pode ser combatido com mais discurso (*counterspeech*). O caso é mais complicado quando o conteúdo não é neutro (*content-based*) em sua regulação, sem discriminar, contudo, em relação ao ponto de vista (*viewpoint neutral*). Se, neste exemplo, o governo tiver a intenção de discriminar um ponto de vista que lhe é desfavorável proibindo todo e qualquer conteúdo específico, a lei provavelmente seria declarada inconstitucional.[27] Esta diretriz estabelecida pela doutrina constitucional como sendo a estrela polar da Primeira Emenda.[28]

Vistas estas peculiaridades sobre as restrições que ocorrem em relação ao conteúdo, incumbe analisar alguns casos que versam especificamente sobre discurso de ódio. Um dos mais famosos julgamentos ocorridos nos Estados Unidos e que versam sobre difamação em grupo (*group libel* ou *group defamation*) se deu em *Beauharnais v. Illinois*, quando se reconheceu a responsabilidade do réu, presidente da Liga do círculo branco (*white circle league*) que conclamava as pessoas brancas de Chicago a se unirem contra a miscigenação e contra as agressões, estupros, assaltos e porte de facas, armas e drogas pelas pessoas negras. A conduta se adequava a uma lei (*statute*) do Estado de Illinois que previa a proibição de distribuição, por qualquer pessoa, de publicações que abordassem depravação, criminalidade, lascívia ou falta de virtude de uma classe de pessoas em razão de raça, cor, credo ou religião, ou que os submetesse a desprezo, escárnio ou linguagem abusiva que potencialmente levasse a um distúrbio da paz ou a tumultos, razão pela qual fora multado em $200.[29] A lei em questão, segundo já visto, pode ser considerada baseada em conteúdo, já que tratava de conteúdos específicos que seriam proibidos. Não obstante essa constatação, a Suprema Corte declarou a constitucionalidade da legislação, em uma decisão tomada por cinco votos contra quatro. Em seu voto, pela maioria, Justice Frankfurter declarou que a difamação coletiva recai fora da área do discurso protegido constitucionalmente. Ainda segundo Frankfurter, ninguém pode contestar que é difamatório acusar alguém falsamente de ser um estuprador, ladrão ou usuário de drogas. Sendo assim, se uma declaração dirigida a um indivíduo pode ser objeto de sanções criminais, não se pode negar ao Estado o direito de punir esta mesma decla-

---

27. SUNSTEIN, *Cass R. #Republic*. Princeton: Princeton University Press, 2017. p. 207-209.
28. EBERLE, Edward J. Cross burning, hate speech, and free speech in America. *Arizona State Law Journal*, v. 36, n. 3, 2004. p. 972.
29. KÜBLER, Friedrich. How much freedom for racist speech? Transnational aspects of a conflict of human rights. *Hofstra Law Review*, v. 27, n. 2, 1998. p. 350.

ração dirigida a um grupo, a menos que se possa dizer que é uma restrição desejada e sem propósito não relacionada à paz e ao bem-estar do Estado.[30]

Embora esta decisão nunca tenha sido formalmente superada, seu *status* legal ainda é discutível. Isso porque muito provavelmente esta decisão atualmente não teria a mesma sorte perante a Suprema Corte norte-americana, de forma a permanecer como uma orientação a ser seguida sobre a matéria (*good law*).[31] Contudo, esta decisão demonstra que os Estados Unidos podem nunca aceitar as leis contra discurso de ódio na forma como são redigidas na Alemanha, marcada pela sua vagueza e amplitude, contudo, também não se mostra correto afirmar que existe uma completa rejeição em solo americano destas leis. Quando o comportamento odioso envolver um sentimento concernente à história nacional do país, como no caso foi o racismo, a Corte tentará estabelecer um compromisso entre os interesses em questão: a liberdade de expressão e os Estados Unidos como uma nação tolerante e consciente do seu passado.[32]

Pela excepcionalidade deste julgamento, afirma-se que as previsões penais da Alemanha que versam sobre discurso de ódio atenderiam ao modelo constitucional estabelecido a partir de *Beauharnais*.[33] A justificativa repousa nas amplas previsões dos tipos penais alemães para o discurso de ódio, plasmadas no artigo 130 do Código Penal alemão (*Strafgesetzbuch* – doravante StGB), que serão tratadas mais adiante. Outros doutrinadores destacam que a decisão é uma anomalia entre os julgados da Suprema Corte que versam sobre discurso de ódio, podendo ser comparada, em sua substância, àquelas proferidas pelo TCF.[34] Mesmo que o caso tenha constituído um marco importante e sempre lembrado na jurisprudência da Primeira Emenda, com sua inevitável comparação com o modelo alemão, as opiniões dissidentes do caso guiaram as decisões seguintes ao assentar que a difamação (individual) e as *fighting words* eram exceções dirigidas aos indivíduos, portanto, seus impactos se dariam na esfera privada, sem que se atingisse o âmbito da discussão pública. Por outro lado, a difamação coletiva, caso de *Beauharnais*, era uma matéria pública e sua proibição viria a inibir o debate público.[35]

---

30. BRUGGER, Winfried. Ban on or protection of hate speech? Some observations based on German and American Law. *Tulane European & Civil Law*, v. 17, 2002. p. 16-17. ESTADOS UNIDOS. Suprema Corte. *Beauharnais v. Illinois,* 343 U.S. 250, 257 (1952).

31. KAHN, Robert A. Cross-burning, holocaust denial, and the development of hate speech Law in the United States and Germany. *Detroit Mercy Law Review*, v. 83, n. 3, 2006. p. 169; MATSUDA, Mari. Public response to racist speech: considering the victim's story, Michigan Law Review, v. 87, n. 8, 1989. p. 2349.

32. KAHN, Robert A. Cross-burning, holocaust denial, and the development of hate speech Law in the United States and Germany. *Detroit Mercy Law Review*, v. 83, n. 3, 2006. p. 169

33. BRUGGER, Winfried. Ban on or protection of hate speech? Some observations based on German and American Law. *Tulane European & Civil Law*, v. 17, 2002. p. 14.

34. TODD, Michael. Do we still need human dignity: a comparative analysis of the treatment of hate speech in the United States and Germany. *Journal of Media Law Ethics*, v. 1, n. 3/4, 2009. p. 277.

35. ROSENFELD, Michel. Hate speech in constitutional jurisprudence: a comparative analysis. *Cardozo Law Review*, v. 24, n. 4, abr. 2003. p. 1536.

3 • O TRATAMENTO DO DISCURSO DE ÓDIO NO DIREITO NORTE-AMERICANO   57

Um dos casos paradigmáticos que vêm à tona quando abordado o discurso de ódio se trata de Skokie. O julgado versava sobre discurso de ódio contra judeus, em um bairro de Chicago que era constituído de milhares de sobreviventes do holocausto. Em 1977, Frank Collin, do partido nazista americano (*National Socialist Party of America* – NSPA), pretendia realizar uma marcha de nazistas com uniformes da SS e com cruzes suásticas. Para isso, enviou um comunicado a uma dúzia de comunidades na área de Chicago para anunciar a marcha. Sua intenção era clara, irritar os judeus ao confrontá-los com sua mensagem. Muitos bairros simplesmente ignoraram o anúncio, mas Skokie aprovou três leis (*ordinances*), a fim de inviabilizar a demonstração. Uma delas versava sobre o requerimento de um seguro daqueles que viessem a se manifestar, em que grupos de mais de cinquenta manifestantes deveriam depositar caução de $ 350.000,00 para que fosse concedida a permissão, ou a contratação de seguro no mesmo valor; outra sobre a proibição de se reunir vestindo trajes militares e, por fim, uma terceira sobre difamação coletiva (*group libel*). No julgamento, ficou assentado que a lei que proibia a difamação coletiva, ao proibir a disseminação de materiais que promovessem o ódio contra pessoas com base em sua tradição (*heritage*) era discriminatório com relação a um ponto de vista (*viewpoint based*).[36] Apenas em alguns casos poderia se admitir uma legislação que versasse sobre conteúdo da manifestação, tais como na obscenidade, nas *fighting words* e quando haja um perigo iminente de mal substantivamente grave, ou teste de Brandenburg, sendo que nenhuma destas situações se fazia presente no caso. Nesta conexão, Skokie não esperava nenhuma violência física se a marcha tivesse lugar, o que elimina o teste de Brandenburg. As *fighting words* apenas se aplicam a expressões dirigidas individualmente e que tendem a causar violência pelos destinatários. Por fim, a falsidade do dogma nazista não justificava a sua supressão.[37]

A Corte de Apelação de Illinois (*Court of Appeals*) julgou inconstitucionais as três leis, garantindo o direito de manifestação nazista na cidade, em uma indicação do que poderia vir a ser o julgamento perante a Suprema Corte, caso fosse chamada a decidir.[38] Segundo a Corte, deve permanecer protegido não apenas aquilo que a sociedade julga aceitável, mas também aquelas ideias que ela rejeita ou despreza. Na sequência, a Suprema Corte negou o *writ of certiorari*,[39] sem opinião. Dois Jus-

---

36. KAHN, Robert A. Cross-burning, holocaust denial, and the development of hate speech Law in the United States and Germany. *Detroit Mercy Law Review*, v. 83, n. 3, 2006. p. 169-171. ESTADOS UNIDOS. 7th Cir. *Collin v. Smith*, 578 F. 2d 1197.

37. ESTADOS UNIDOS. 7th Cir. *Collin v. Smith*, 578 F.2d 1202-1203. HAUPT, Claudia E. Regulating hate speech: Damned if you do and damned if you don't: lessons learned from comparing German and U.S. approaches. *Boston University International Law Journal*, v. 23, 2005. p. 319.

38. TODD, Michael. Do we still need human dignity: a comparative analysis of the treatment of hate speech in the United States and Germany. *Journal of Media Law Ethics*, v. 1, n. 3/4, 2009. p. 283.

39. Quando o caso não comporta mais recursos nas instâncias inferiores, nas Cortes federais de Apelação, a parte vencida pode peticionar à Suprema Corte para pedir a reconsideração da decisão. Este procedimento é denominado de petição para *writ of certiorari* (*petition for writ of certiorari*). Quando a decisão não mais se sujeita a recursos nas cortes estaduais, mas envolva uma questão federal, a parte vencida pode peticionar a Suprema Corte para considerar a questão federal envolvida no caso. Este procedimento também é chamado

tices divergiram da denegação do *certiorari*. Justice Blackman, no que foi seguido pelo Justice White, fez notar que a Corte estava sendo apresentada a um caso que continha prova de uma situação perigosa e potencialmente explosiva, inflamada por lembranças que não poderiam ser esquecidas de experiências traumáticas da Segunda Guerra mundial.[40]

Ao final, como havia uma contramanifestação crescente por parte dos mais de 40.000 habitantes judeus, houve a desistência da manifestação nazista. O caso em questão levanta muitas questões, dentre elas deve ser percebido que Skokie não continha assuntos sensíveis aos americanos, como a queima de cruzes ou a negação do holocausto na Alemanha.[41] Assim, o discurso seria mais ameaçador e, por conseguinte, mais sancionável, quando a reputação da nação como uma sociedade liberal e tolerante estivessem em questão. Embora os Estados Unidos não possam ser considerados totalmente isentos em relação ao Holocausto, pois mantiveram políticas de imigração muito restritas e falharam ao não bombardear as linhas de trem até Auschwitz,[42] o país não tem uma história de assassinato de judeus.[43] Ainda, em razão da marginalidade do partido, a marcha serviu para promover seu isolamento e impotência na promoção da causa nazista. Nestas circunstâncias, a permissão para a marcha contribui muito mais para seu descrédito do que qualquer proibição, além de atuar como um lembrete de que havia pouco perigo de os Estados Unidos aderirem ao nazismo.[44] Nessa esteira, Skokie corporifica a doutrina predominante da inconstitucionalidade da discriminação em razão do ponto de vista e a prevalência da liberdade de expressão em relação a outros direitos contrapostos.

Diverso caso que expressa de forma muito eloquente o posicionamento da Suprema Corte norte-americana sobre o discurso de ódio se revela no julgamento dos casos envolvendo a queima de cruzes por membros da organização de supremacia branca Ku Klux Klan. Em *R.A.V. v. City of St. Paul* a Suprema Corte julgou a constitucionalidade de uma lei da cidade de *St. Paul,* no estado de Minnesota, que bania a queima de cruzes. A disposição da lei (*Bias- motivated crime Ordinance*) prescrevia que aquele que colocasse em propriedade pública ou privada símbolos, objetos, caracterização ou grafitti, incluindo, mas não limitado a cruzes em cha-

---

de *petition for certiorari*. A maioria das petições são rejeitadas e o poder para tal rejeição é discricionário, podendo se dar inclusive sem razões. TARUFFO, Michele; HAZARD Jr., Geoffrey C. American Civil Procedure: an introduction. New Haven: *Yale University Press*, 1993. p. 47;185.

40. REDLICH, Normam; SCHWARTZ, Bernard; ATTANASIO, John. *Constitutional Law*: casebook series. 3. ed. New York: Matthew Bender, 1996. p. 1217-1218.

41. ROSENFELD, Michel. Hate speech in constitutional jurisprudence: a comparative analysis. *Cardozo Law Review*, v. 24, n. 4, abr./2003. p. 1539.

42. Para aprofundamento na matéria: WYMAN, David. The abandonment of the Jews: America and the Holocaust. 1941-1945. New York: Pantheon Books, 1985.

43. KAHN, Robert A. Cross-burning, holocaust denial, and the development of hate speech Law in the United States and Germany. *Detroit Mercy Law Review*, v. 83, n. 3, 2006. p. 169-171.

44. ROSENFELD, Michel. Hate speech in constitutional jurisprudence: a comparative analysis. Cardozo Law Review, v. 24, n. 4, abr. 2003. p. 1538-1540.

mas ou cruzes suásticas que causem raiva, alarme ou ressentimento (*resentment*) a terceiros com base na raça, cor, credo, religião ou gênero, cometeria uma conduta ilegal e deveria ser culpado pelo cometimento de contravenção. No dia 21 de junho de 1990, um grupo de adolescentes em St. Paul, uma cidade com a maioria de sua população constituída de pessoas brancas, construiu uma cruz com restos de uma cadeira quebrada nas primeiras horas do dia. Após terem completado a tarefa, escalaram a grade da família Jones, uma família negra que vivia perto da casa de um dos adolescentes, levantaram a cruz e a incendiaram.[45]

A ação dos adolescentes poderia dar azo a ações por incêndio criminoso, ameaça ou dano à propriedade, na seara criminal, mas St. Paul processou os adolescentes por crime motivado por preconceito, que proibia a conduta que causasse raiva, alarme ou ressentimento em virtude de raça, cor, credo, religião ou gênero.[46] A Suprema Corte entendeu se tratar de uma legislação que era baseada em conteúdo (*content based*), de modo que a julgou inconstitucional. Mais do que isso, a lei em questão discriminava em razão do ponto de vista (*viewpoint-based*). O problema com a legislação se dava por apenas alguns tópicos terem sido selecionados para integrar o tipo penal.

Justice Scalia externou a opinião da Suprema Corte, afirmando que o ato estatal não poderia se restringir às *fighting words* repulsivas, ou seja, aquelas que insultassem ou provocassem violência em razão de raça, cor, credo, religião ou gênero. Mesmo que toda a categoria de *fighting words* fosse um discurso desprotegido, não se pode regulamentar apenas uma parte destas, é dizer, aquelas consideradas repulsivas. Ainda, St. Paul não havia adotado o meio menos restritivo (*least restrictive means*) para alcançar o fim almejado – impedir que minorias fossem atingidas, uma vez que as *fighting words* devem ser neutras em conteúdo. Alguns doutrinadores, analisando o caso, concordam com a inconstitucionalidade da lei, mas com base em outro argumento, de que seria demasiadamente indeterminada (*overbroad*).[47] Nessa linha é que se argumenta que o caso poderia ter sido facilmente decidido case a Corte recorresse à doutrina da indeterminação (*overbreadth doctrine*).[48-49] Em opinião

---

45. EBERLE, Edward J. Cross burning, hate speech, and free speech in America. *Arizona State Law Journal*, v. 36, n. 3, 2004. p. 971.

46. EBERLE, Edward J. Cross burning, hate speech, and free speech in America. *Arizona State Law Journal*, v. 36, n. 3, 2004. p. 972.

47. BRINK, David O. Millian principles, freedom of expression, and hate speech. *Legal Theory*, n. 7, 2001. p. 73-75.

48. EBERLE, Edward J. Cross burning, hate speech, and free speech in America. *Arizona State Law Journal*, v. 36, n. 3, 2004. p. 973.

49. Esta doutrina gestada no direito constitucional prevê que uma lei que proíba uma conduta, como no caso da liberdade de expressão, pode ser declarada inconstitucional se a ameaça tiver como efeito substancial o atingimento de uma atividade protegida constitucionalmente, ou seja, incluída no âmbito de proteção do direito em questão. Esta alegação é frequentemente levantada na seara penal pelo réu para pleitear a declaração de inconstitucionalidade da lei. OVERBREADTH. In: *Merriam-Webster's Dictionary Of Law*. Harrisonburg: Merriam-Webster, 2016.

concorrente,[50] Justice White redige seu voto neste exato sentido, de que não apenas expressões desprotegidas constitucionalmente estariam abrangidas, mas também aquelas que recebem tal proteção. Algumas queimas de cruzes podem se mostrar protegidas, como aquelas que se realizam em comícios.[51]

Em outro julgamento envolvendo a queima de cruzes pelo Ku Klux Klan, *Virginia v. Black*, a Suprema Corte foi chamada a decidir dois casos separados. O primeiro envolvia um comício da organização supremacista, em que um membro, Barry Black, conduziu trinta indivíduos para uma propriedade privada nas proximidades de uma estrada e dez casas. Durante o comício, os membros queimaram uma cruz de aproximadamente 10 metros (30 feet). O segundo incidente envolvia três pessoas, Richard Elliot, Jonathan O'Mara e uma terceira pessoa que não foi identificada, as quais incendiaram uma cruz de aproximadamente 6 metros (20 feet) no quintal de um homem afro-americano em retaliação por suas reclamações sobre tiros disparados por seu vizinho. Uma lei da Virgínia previa como ilegal a qualquer pessoa ou grupo de pessoas, com o intento de intimidar quaisquer pessoas ou grupo de pessoas, queimar uma cruz na propriedade de terceiros, em estrada ou em outros lugares públicos. A Corte julgou que a Lei do Estado, diferentemente de R.A.V, não era baseada em conteúdo e não discriminava nenhum ponto de vista.

Por outro lado, a lei foi considerada indeterminada (*overbroad*), portanto inconstitucional, em virtude de prever que qualquer queima de cruzes seria considerada intimidadora.[52] Assim, a legislação estadual permitia que o Estado presumisse aquilo que deveria ser provado, o intento de intimidar.[53] Segundo o voto da Justice O'Connor, uma cruz em chamas nem sempre transmitirá a mensagem de intimidação. Assim, se uma cruz em chamas de fato, conforme a legislação, causa um senso de raiva ou ódio, mas não intimida, não devem ser banidas todas as cruzes. Ela também descreveu que em alguns episódios, o Ku Klux Klan foi usado em um casamento e durante a campanha presidencial de 1960 houve cruzes em chamas para demonstrar apoio a Richard Nixon.[54] Por outro lado, Justice Thomas, em voto dissidente, fez constar que a legislação em análise atingia apenas condutas e não expressão, de modo que não havia razão de se recorrer à Primeira Emenda, que trata de discurso e expressão. Portanto, conclui, se alguém queima a casa de terceiros como forma de manifestação política, não pode procurar refúgio na liberdade de expressão. Na

---

50. A opinião concorrente pode ser definida como aquela que concorda no resultado, mas diverge da fundamentação. Concurrence. In: *Merriam-Webster's Dictionary Of Law*. Harrisonburg: Merriam-Webster, 2016.

51. ESTADOS UNIDOS. Suprema Corte. *R.A.V. v. St. Paul*, 505 U.S. 377, 397-403 (1997).

52. ESTADOS UNIDOS. Suprema Corte. *Virginia v. Black*, 538 U.S. 343 (2003). TODD, Michael. Do we still need human dignity: a comparative analysis of the treatment of hate speech in the United States and Germany. *Journal of Media Law Ethics*, v. 1, n. 3/4, 2009. p. 284-285.

53. EBERLE, Edward J. Cross burning, hate speech, and free speech in America. *Arizona State Law Journal*, v. 36, n. 3, 2004. p. 977.

54. ESTADOS UNIDOS. Suprema Corte *Virginia v. Black*, 538 U.S. 343, 356-357 (2003). KAHN, Robert A. Cross-burning, holocaust denial, and the development of hate speech Law in the United States and Germany. *Detroit Mercy Law Review*, v. 83, n. 3, 2006. p. 180.

cultura norte-americana, a queima de cruzes incute nas suas vítimas medo fundado de violência física. O Ku Klux Klan é descrito como uma organização terrorista que, com o propósito de intimidar ou mesmo eliminar aqueles que a organização despreza, usa o mais brutal dos métodos.[55]

Embora os dois casos possam parecer muitos similares, existem muitas diferenças entre eles. Em R.A.V., houve a declaração de inconstitucionalidade de St. Paul, em virtude de ser baseada em conteúdo e discriminar em razão do ponto de vista. Esta declaração se deu por uma aplicação de uma doutrina já estabelecida quando se trata de análise da constitucionalidade de leis que tratem da Primeira Emenda, ou seja, se tratou de seguir um procedimento (*procedural*).[56] Em *Virginia v. Black*, a Suprema Corte decidiu que a previsão da lei sobre proibição cruzes em chamas em si era constitucional, contudo, a inconstitucionalidade se dava em razão da presunção de intimidação. Convém lembrar que em R.A.V. o foco se deu no discurso e não em qualquer noção de dano em direção às minorias, de modo que foi declarado inconstitucional. Em *Virginia v. Black*, houve não apenas a análise do discurso (*speech*), mas também do dano causado pela intimidação. Esta é uma das grandes diferenças que levaram à declaração de inconstitucionalidade em R.A.V e de constitucionalidade em *Virginia v. Black*. Nessa linha, este último julgamento parece conduzir a uma direção segura na regulação do discurso de ódio, o vínculo causal entre elementos de conduta proibidos, como assédio, intimidação e ameaças e discurso de ódio. Assédio, intimidação e ameaças podem ser considerados elementos de conduta que se encontram entre discurso e conduta (*conductlike elements*). Se concretizados, podem levar a episódios de violência como agressão e lesão corporal (*assault and battery*).[57]

A melhor linha de raciocínio quando se procede a um minucioso escrutínio entre os julgados é traçar uma linha divisória entre discurso e conduta. Em razão de o discurso de ódio possuir um status de direito preferencial nos Estados Unidos, existe uma forte presunção de inconstitucionalidade de leis que o regulem. A Primeira Emenda protege o discurso, mas não a conduta, especialmente a criminal, que fica fora do seu âmbito de proteção. Por outro lado, os crimes de ódio, que se baseiam em condutas, têm suas legislações declaradas constitucionais pela Suprema Corte, como se deu em *Wiscosin v. Mitchell*. Um grupo de homens e adolescentes negros estavam discutindo uma cena do filme Mississipi em chamas. A cena retratava um homem branco agredindo um jovem negro, que estava orando. Pouco tempo após a discussão, o grupo avistou um jovem branco caminhando em direção a eles, do outro lado da rua. Quando o jovem branco passou pelo grupo, o réu, Todd Mitchell, incitou o grupo à violência, de modo que o garoto foi espancado e deixado inconsciente, tendo permanecido em

---

55. ESTADOS UNIDOS. Suprema Corte *Virginia v. Black*, 538 U.S. 343, 389-394 (2003).
56. KAHN, Robert A. Cross-burning, holocaust denial, and the development of hate speech Law in the United States and Germany. *Detroit Mercy Law Review*, v. 83, n. 3, 2006. p. 172.
57. EBERLE, Edward J. Cross burning, hate speech, and free speech in America. *Arizona State Law Journal*, v. 36, n. 3, 2004. p. 977 e ss.

coma durante vários dias. Em razão de o crime ter sido motivado por raça, o estado de Wiscosin enquadrou o caso como crime de ódio, com pena aumentada. Esta legislação foi considerada constitucional pela Suprema Corte, já que a questão central não se limitou ao discurso, mas à conduta. Em R.A.V. havia condutas que constituíam crimes, como incêndio criminoso (*arson*) e invasão à propriedade, mas St. Paul promoveu a persecução penal com base no discurso. Tivesse o processo se centrado na questão da conduta, a decisão poderia ter sido diferente.[58]

Com base nestas considerações, podem ser delineadas algumas linhas de pensamento. O discurso de ódio encontra seus limites no dano que pode ser causado a terceiros, hipótese em que passa a não mais receber a proteção constitucional. Uma das fontes para o dano é justamente a segurança pessoal do indivíduo, não apenas no que se relaciona a aspectos externos, como também não ser insultado, aspecto estes interno.[59] A proteção da segurança pessoal, aliás, encontra-se fundamentada no contrato social, pelo que os cidadãos obtêm segurança contra danos ou violência em troca de alguma medida de sacrifício de sua liberdade. Se o Estado deve assegurar proteção aos indivíduos contra ameaça de particulares, no que se revela a eficácia horizontal dos direitos fundamentais, então o discurso de ódio que envolva alguma conduta que possa levar a dano igualmente deve ser proscrita. Desta maneira, os danos podem se dar através de duas categorias: conduta e contexto. No primeiro caso, podem ser citados os crimes de ódio[60] situação em que o enfoque repousa sobre uma conduta do agente que geralmente tem sua pena aumentada em razão da motivação – ódio. Aqui, separa-se o elemento discurso, sendo trazidos apenas na sentença, depois que a conduta criminal foi devidamente provada. Tais crimes de ódio são uma demonstração de igualdade em relação à sociedade, ao garantir a igualdade de todos no que diz com a segurança pessoal e dignidade de todos os membros da sociedade.[61]

Por outro lado, os danos podem ser causados pela conexão do discurso com elementos contextuais, é dizer, pela maneira com que a expressão se efetiva. Não se trata de enquadramento em discurso ou conduta, ficando em uma categoria que se situa entre estes. O dano está localizado precisamente *na maneira da expressão* e não

---

58. EBERLE, Edward J. Cross burning, hate speech, and free speech in America. *Arizona State Law Journal*, v. 36, n. 3, 2004. p. 977 e ss.

59. Este aspecto da segurança (*assurance*) é ressaltado por Jeremy Waldron, que defende que quando uma sociedade se depara com signos antissemitas, cruzes em chamas e folhetos com insultos raciais, a segurança desaparece. Essa segurança é implícita na sociedade, devendo todos os fóruns de interação social, política e comercial ser abertos a todos. Afinal, ninguém precisa dizer "Islâmicos são bem-vindos" ou "Afro-americanos permitidos". Se alguém precisa dizer isso, é sinal de que há algo errado, agora ou em um passado recente. WALDRON, Jeremy. *The harm in hate speech*. Cambridge: Harvard, 2012. p. 85-87.

60. Segundo David O. Brink, os crimes de ódio são motivados por preconceito ou por um prejulgamento, sendo as circunstâncias agravantes aplicadas por ocasião da prolação da sentença, impondo estes, pois, penas mais severas. BRINK, David O. Millian principles, freedom of expression, and hate speech. *Legal Theory*, n. 7, 2001. p. 131.

61. EBERLE, Edward J. Cross burning, hate speech, and free speech in America. *Arizona State Law Journal*, v. 36, n. 3, 2004. p. 977 e ss.

no discurso. Esta é uma forma em que se enfoca o dano através da sua aproximação com a conduta. Nessa categoria contextual podem ser encontradas a intimidação, o assédio e a ameaça. Nestes três exemplos não existe a conduta em si, *mas a expressão se deu de forma a causar danos, majoritariamente de ordem psicológica. São expressões que causam danos e estão em processo de conduta.* Sublinhe-se, neste ponto, que em R.A.V, em que se jogou luz sobre a questão do discurso, houve a declaração de inconstitucionalidade da lei de Minessota. Em *Virginia* v. *Black*, a Suprema Corte se posicionou de modo contrastante, declarando a constitucionalidade da lei, embora por um outro elemento depois a tenha invalidado, que conjugou o discurso e o dano, pela intimidação[62] (elemento contextual, relacionado à maneira com que o indivíduo se manifesta). Estes delineamentos permitem que se elabore a seguinte conclusão: a regulação do discurso de ódio é constitucional na medida em que se identifica algum dano presente na maneira pela qual se dissemina o discurso.[63] Outros ainda identificam no julgamento de R.A.V. e *Virginia* v. *Black*, um indicativo de que a era de ouro do absolutismo da Primeira Emenda, se algum dia existiu, pode estar perto do fim.[64]

Vistos estes casos sobre as cruzes em chamas e que se mostram extremamente significativos do tratamento do discurso de ódio no sistema constitucional americano, passa-se a analisar os modelos de revisão (*standards of review*) das leis que versam sobre a Primeira Emenda. Quando a Suprema Corte considera que uma liberdade é fundamental,[65] ela define que essa liberdade e as leis que a regulam devem ser analisadas sob o mais alto patamar de revisão, o estrito escrutínio (*strict scrutiny*) ou outro comparável. Para que essa legislação esteja de acordo com a liberdade fundamental, deve adotar o *meio menos restritivo possível.* Caso a liberdade não seja considerada fundamental, ela passará a ser analisada sob outro viés, menos rigoroso,

---

62. KAHN, Robert A. Cross-burning, holocaust denial, and the development of hate speech Law in the United States and Germany. *Detroit Mercy Law Review*, v. 83, n. 3, 2006. p. 164.
63. EBERLE, Edward J. Cross burning, hate speech, and free speech in America. *Arizona State Law Journal*, v. 36, n. 3, 2004. p. 977 e ss.
64. KAHN, Robert A. Cross-burning, holocaust denial, and the development of hate speech Law in the United States and Germany. *Detroit Mercy Law Review*, v. 83, n. 3, 2006. p. 164.
65. A liberdade de expressão tem sido considerada frequentemente como uma liberdade fundamental, tendo seu marco se dado em *Gitlow v. New York*. O caso envolvia a condenação de Gitlow por uma publicação conclamando a uma ditadura revolucionária do proletariado. A maioria dos juízes, com votos dissidentes de Holmes e Brandeis, decidiu que a Décima Quarta Emenda, que versa sobre a igualdade e o devido processo legal, se aplicava aos estados membros, que deveriam também respeitar a liberdade de expressão, e não apenas o governo federal. Ainda, segundo a Suprema Corte, a liberdade de expressão e de imprensa estão entre os direitos individuais fundamentais e liberdades protegidas pela cláusula do devido processo legal da décima quarta emenda da sua violação pelos estados. Ao final, contudo, foi mantida a condenação de Gitlow, sob o fundamento de que o Estado pode punir aqueles que abusam da liberdade de expressão através de pronunciamentos inimigos do bem comum, tendentes a corromper a moral pública, incitar ao crime ou perturbar a paz pública. Apenas para que se registre o voto do Justice Holmes, nele se lê que se, a longo prazo, as crenças expressas pela ditadura do proletariado estiverem destinadas a serem aceitas pelas forças dominantes da comunidade, o único significado da liberdade de expressão é que elas devem ter sua chance e seguirem seu caminho. *Gitlow v. New York*, 268 U.S. 652, 666, 673 (1925). KELSO, R. Randall. The structure of modern free speech doctrine: strict scrutiny, intermediate review, and reasonableness balancing. *Elon Law Review*, v. 8, n. 2, maio 2016. p. 291.

como o *rational basis of review*. Este exige apenas que a lei busque *um interesse que se mostre legítimo de modo razoável*. Entretanto, as liberdades de expressão recebem tratamento conforme se trate de discurso de baixo ou alto valor. Se o discurso for de baixo valor, como aquele que envolva *fighting words* ou difamação, não precisará atender ao *strict scrutiny* ou um padrão similar de análise de constitucionalidade.

Se, por sua vez, o discurso for de alto valor, como o discurso político, então deverá satisfazer o *strict scrutiny*. Isso é justificado em razão de os discursos de baixo valor não desenvolverem valores deliberativos. Quando palavras belicosas são proferidas, não se tem como resultado uma resposta articulada por parte da vítima, que inclusive pode ser silenciada pela agressão verbal recebida. O mesmo ocorre com o discurso de ódio, que torna inviável debates mais aprofundados. Um discurso fundado em agressões acaba por ser esvaziado de conteúdo, tornando qualquer troca de ideias muito difícil ou mesmo impossível. Conforme David O. Brink, não é toda a Primeira Emenda que é considerada uma liberdade fundamental, pois a proteção central é dada aos discursos de alto valor.[66] Desta maneira, ao aplicar o *sctrict scrutiny*, há uma chance maior de o ato ser invalidado e, consequentemente, uma maior suspeição em relação à legislação. No emprego do *rational basis of review*, o ato governamental passa a ser menos suspeito e as chances de invalidação são menores. Segundo Guy E. Carmy, se os juízes são mais deferentes às leis ou às decisões governamentais, são mais propensos a aplicar o *rational basis standard of review*, ao passo que aqueles que empregarem o *strict scrutiny* tenderão a invalidar o ato.[67]

Se for considerado que os valores deliberativos guiam a classificação de discursos de alto valor, bem como que o discurso de ódio retarda valores deliberativos, então este não pode ser considerado um discurso de alto valor e não pode ser tido como uma liberdade fundamental. Isso tem como consequência a desnecessidade do *strict scrutiny*, com a consequente aplicação de um padrão menos rigoroso, como o *rational basis review*. Contudo, quando se fala em Primeira Emenda sempre há nuances que precisam ser consideradas. Alguns discursos não são considerados nem de alto e nem de baixo valor, mas intermediário, como ocorre com o discurso comercial. Isso tem como consequência um padrão intermediário. *Mesmo nesta perspectiva escalar, que foge da dualidade alto e baixo valor, o discurso de ódio poderia ser considerado de baixo valor.* Por outro lado, pode se considerar que, mesmo para aqueles que *ainda concedem importância ao discurso de ódio e que não o classificariam como de baixo valor, não seria também adequado enquadrá-lo como de alto valor.* Mais razoável seria, nesse caso, inclui-lo em um *nível intermediário de valor de discurso*. Isso significa que o padrão de revisão também deve ser intermediário, ou seja, entre o *rational basis of review* e o *strict scrutiny*. Em analogia ao discurso comercial, que

---

66. BRINK, David O. Millian principles, freedom of expression, and hate speech. *Legal Theory*, n. 7, 2001. p. 143 e ss.
67. CARMI, Guy E. Dignity versus Liberty: the two Western Cultures of free speech. *Boston University International Law Review*, v. 26, n. 02, 2008. p. 370.

é de valor intermediário, assim como poderia ser o discurso de ódio, o padrão a ser seguido atrairia a incidência da revisão intermediária (*intermediate standard of review* ou *intermediate scrutiny*).[68] Para satisfazer seus requisitos, deve haver não apenas um interesse razoável do governo, mas substancial na sua regulamentação, a ação deve estar substancialmente relacionada a seus fins e não é substancialmente mais onerosa do que o necessário para atingir seus fins.[69] Através destas considerações, é possível se concluir que a liberdade de expressão é sujeita a poucos limites nos Estados Unidos, tendo uma importância vital para o discurso político e, consequentemente, para a democracia. Para seu resguardo, houve o desenvolvimento de parâmetros de revisão constitucional, conforme se trate de discurso de alvo ou baixo valor.

Importante também se faz entender o método de categorização adotado em terras norte-americanas[70]. Em razão de as liberdades comunicativas serem altamente frágeis e sensíveis, pode ocorrer um temor pelo exercício da manifestação em sociedade pelo uso da ponderação, inclusive sobre assuntos de interesse público e político, de modo a desencorajar o próprio exercício do direito. Mesmo que exercido, esta prática pode se dar de modo temerário e tímido, evitando determinados termos e lhe faltando robustez. Nos Estados Unidos, esta ponderação de interesses, chamada de *ad hoc*, é rejeitada, apenas incidindo, quando se trata de liberdade de expressão, sobre questões envolvendo tempo, maneira, lugar ou circunstância do discurso.[71] No direito constitucional norte-americano, então, os casos envolvendo a Primeira Emenda não estão sujeitos à ponderação em cada caso, para que não haja uma deterioração da liberdade de expressão. O método empregado é o de *categorização*, o que significa afirmar que se o caso contém alguma situação que se enquadre em uma categoria que exclua o direito à livre expressão, a proteção constitucional não se aplica. Isso pode ser remetido à importância da liberdade de expressão, que atrai institutos de direito processual para a manutenção de sua vitalidade. Por outro lado, como na Europa outros valores acabam sendo priorizados, como a privacidade, igualdade, honra e dignidade, impende que a ponderação seja utilizada pelos tribunais. Ainda, a Suprema Corte norte-americana está engajada em um processo de

---

68. BRINK, David O. Millian principles, freedom of expression, and hate speech. *Legal Theory*, n. 7, 2001. p. 143 e ss.
69. KELSO, R. Randall. The structure of modern free speech doctrine: strict scrutiny, intermediate review, and reasonableness balancing. *Elon Law Review*, v. 8, n. 2, maio 2016. p. 293.
70. É necessário esclarecer que alguns autores entendem que a categorização se dá com significado diverso do aqui empregado. Segundo o doutrinador Eugênio Facchini Neto a Suprema Corte norte-americana não adota uma prévia categorização de discursos protegidos, concedendo maior proteção a alguns do que a outros. A adoção do balanceamento permite à Suprema Corte não excluir categorias de discurso forma apriorística. Assim, não apenas o discurso político é protegido, mas também a literatura pornográfica, o discurso comercial etc. FACCHINI NETO, Eugênio. A liberdade de expressão na jurisprudência da Suprema Corte norte-americana: entre a categorização e o balanceamento. In: SARLET, Ingo Wolfgang; WALDMANN, Ricardo Libel (Org.). *Direitos Humanos e fundamentais na era da informação*. Porto Alegre: Fênix, 2020. p. 127-174.
71. EBERLE, Edward J. Public discourse in contemporary Germany. *Case Western Law Review*, v. 47, n. 3, 1997. p. 825.

orientação de produção normativa (*rule-making process*), mais do que exatamente um processo adjudicatório. Esta constatação reforça o afastamento da ponderação nos casos levados a julgamento, existindo uma adaptação das instituições, processos e dos institutos de direito em relação à preservação e manutenção do vigor da Primeira Emenda. Nesse caminho, se se pudesse afirmar de forma esclarecedora as diferenças entre os sistemas de direito norte-americano e alemão, ter-se-ia a seguinte equação: enquanto nos Estados Unidos a orientação, em matéria de trânsito, seria "dirija a 100km/h", na Alemanha a mesma instrução se daria na expressão "Dirija moderadamente (*reasonably*)."[72]

Neste momento, é possível traçar uma trajetória temporal da evolução da interpretação constitucional e da doutrina que se desenvolveu em torno da Primeira Emenda. Assim, essa linha temporal é entremeada por *quatro estágios*, conforme a ênfase tenha recaído sobre a busca da democracia, o contrato social, a busca da verdade ou a autonomia pessoal. *O primeiro estágio* remonta à guerra de independência de 1776 contra a Inglaterra e se estabelece a proteção do povo contra o governo como a principal função do discurso. Após haver a consolidação da democracia, a principal ameaça passou não mais a emanar do governo, mas da tirania da maioria, no que se tem a *segunda fase*. Nesse estágio havia a preocupação de resguardar visões impopulares contra a ira da maioria. Em um *terceiro momento*, que vai de meados dos anos 1950[73] até a década de 1980, houve a consolidação dos valores da liberdade de expressão. O resultado é a retirada de obstáculos que se faziam presentes para o discurso em relação aos agentes (*speakers*), fazendo com que os ouvintes permanecessem tolerantes a qualquer tipo de discurso. Por fim, no começo dos anos 1980, com a célere expansão do movimento feminista e teoria crítica da raça,[74] que atacavam o discurso prevalente e oficial, com homens brancos dominando o discurso, surgiu uma forte crença na pluralização e na fragmentação do discurso. *Nesta quarta fase*, o foco se situa na proteção das expressões das minorias marginalizadas e oprimidas.[75]

Estes estágios também trazem em seu bojo uma fundamentação. Na primeira fase, fica subjacente a *democracia*; na segunda, o *contrato social*; na terceira, a *busca pela verdade* e, na quarta, a *autonomia individual*. A justificação pela

---

72. SCHAUER, Frederick. Freedom of expression adjudication in Europe and America: a case study in comparative constitutional architecture, Faculty Research Working Paper Series, fev. 2005. p. 18-23.

73. Cabe lembrar que, durante o curso da doutrina da liberdade de expressão, houve períodos de repressão de discursos que considerados perigosos, quando a nação estava obcecada com a subversão comunista, na década de 1950. Nas décadas seguintes, tornou-se a aplicar o status preferencial desta liberdade. Um exemplo deste período de maior restrição se deu em Dennis, em que foi sustentado que o Congresso poderia validamente proibir o discurso subversivo se a gravidade do mal justificasse tal invasão, necessária para evitar o perigo. *Dennis v. United States*, 341 U.S. 494 (1951). KOMMERS, Donald P. The jurisprudence of free speech in the United States and the Federal Republic of Germany. *Southern California Law Review*, v. 53, n. 2, jan. 1980. p. 668.

74. Para aprofundamento na matéria: LAWRENCE II, Charles R. If he hollers let him go: regulating racist speech on Campus. *Duke Law Journal*, v. 1990, n. 3, jun. 1990. p. 431-483.

75. ROSENFELD, Michel. Hate speech in constitutional jurisprudence: a comparative analysis. *Cardozo Law Review*, v. 24, n. 4, abr. 2003. p. 1531.

democracia é motivada pela convicção de que a liberdade de expressão exerce um papel fundamental para o autogoverno. Com isso, o discurso político recebe uma alta proteção constitucional, mas não todo e qualquer discurso assim adjetivado. Segundo alguns autores, nem todo discurso neste aspecto deve ser protegido, tendo em vista que, se deve ser promovida a democracia, por conseguinte, discursos antidemocráticos, odiosos e os políticos extremos recaem fora da proteção constitucional.[76] Por outro lado, Alexander Meiklejohn, acreditava que a Primeira Emenda não autorizava um direito ilimitado ao discurso, mas à *liberdade política e religiosa*. Na verdade, a Primeira Emenda não protegia o discurso, mas a liberdade política, seja na fala ou por qualquer outro meio. Caso existisse um princípio do livre discurso, este estaria sujeito a exceções. Sua convicção se assentava na imposição de uma ortodoxia religiosa e política que havia existido nos Estados Unidos. Para algumas ideias era dada um status oficial, enquanto outras eram simplesmente negadas. Para aqueles que tivessem suas ideias desaprovadas, restaria a punição e a repressão.[77]

A justificação pelo contrato social se assemelha à da democracia, pois todas as ideias devem circular livremente. A diferença para a justificação pela democracia repousa no fato de que nenhuma ideia pode ser excluída *ex ante,* mesmo que incompatível com o regime democrático. Estas podem ser úteis para aderir às instituições de uma determinada organização política ou a qualquer outra forma particular de organização política. Nesse estágio, exige-se alguma tolerância ao discurso de ódio. A justificação pela busca da verdade encontra fundamento no pensamento de John Stuart Mill, conforme esboçado. A busca da verdade encontra sua maior expressão e representação na noção de livre mercado de ideias, desenvolvido no voto dissidente do Justice Oliver Wendell Holmes em *Abrams v. United States*, em 1919. A quarta e última justificação, referente à quarta fase, respectivamente, deita raízes em uma noção da autonomia individual, no que se diferencia das demais, que são essencialmente coletivas. A autonomia individual exige proteção de uma autoexpressão irrestrita. Originalmente, a autonomia sempre esteve conectada ao agente (*speaker*), sem, contudo, conceder a mesma autonomia ao ouvinte. Tal descompasso veio a gerar uma atribuição unilateral e, consequentemente, sempre se valorizou de maneira desproporcional o discurso pelo lado do agente e não do ouvinte e de seus direitos. Essa disparidade de tratamento se mostrou insuficiente à medida em que os direitos das minorias foram sendo cada vez mais valorizados pelo ordenamento jurídico. O discurso de ódio pode também violar a autonomia e respeito daqueles que são vítimas. Atualmente, a jurisprudência americana está calcada, predominantemente,

---

76. ROSENFELD, Michel. Hate speech in constitutional jurisprudence: a comparative analysis. *Cardozo Law Review*, v. 24, n. 4, abr. 2003. p. 1532-1533.
77. MEIKLEJOHN, Alexander. What does the first Amendment mean? *The University of Chicago Law Review*, v. 20, n. 3, 1953. p. 494 e ss.

na busca da verdade e no seu livre mercado de ideias, com uma certa influência do estágio dois, que encontra sua justificação na democracia.[78]

Todas estas fases aqui analisadas fazem com que se conclua por uma constante evolução em busca de eixos discutidos ao longo deste tópico, notadamente em torno da busca da verdade, da democracia e da autonomia pessoal, no que tange aos discursos de ódio, uma vez que neste aspecto se consideram os direitos dos ouvintes/vítimas. Se, em um primeiro momento, iniciado pela leitura da inviolabilidade da Primeira Emenda e a proibição de qualquer limitação estatal, a noção de excepcionalismo[79] norte-americano parecia se consolidar, com o estudo dos casos pode ser percebido um afastamento desta ideia quando são conjugados fatores como manutenção da paz pública, incitação ao crime, agressões físicas e risco de tumultos. Com a quarta fase, a liberdade de expressão como liberdade preferencial e absoluta parece ficar ainda mais distante, com a introdução de princípios como igualdade e respeito na temática do *free speech*. Assim, é essencial que sejam estudados os fundamentos para a restrição da liberdade de expressão em favor dos direitos da personalidade, sendo um dos principais e mais frequentemente citado pela doutrina a própria existência democrática.

3.2 DISCURSO DE ÓDIO E DEMOCRACIA

Uma das maiores preocupações do discurso de ódio, além das violações aos direitos fundamentais à honra e igualdade das vítimas, bem como do valor da dignidade da pessoa humana, dá-se em relação à dimensão democrática. Conforme já se adiantou anteriormente quando se falou em relação aos danos que operam na participação das decisões coletivas, neste tópico serão abordados os danos democráticos, ou seja, com enfoque especial na democracia constitucional. Segundo Katherine Gelber, a discriminação sistemática que ocorre sobre as minorias historicamente vulneráveis acaba por ser tão danoso a ponto de afastar as vítimas da participação no processo de decisão política que os afeta. Esta seria a hipótese capaz de justificar a regulação do discurso de ódio em uma democracia.[80] Embora a autora australiana justifique a

---

78. ROSENFELD, Michel. Hate speech in constitutional jurisprudence: a comparative analysis. *Cardozo Law Review*, v. 24, n. 4, abr. 2003. p. 1535-1536.

79. Se é verdade que a noção americana sobre a liberdade de expressão pode ser vista por aqueles que adotam uma visão europeia como excepcional, também é verdade que os doutrinadores americanos tendem a chamar a visão germânica igualmente de excepcional. Segundo Guy E. Carmi, "os posicionamentos americano e alemão em relação à liberdade de expressão se encontram em dois polos diferentes. Como resultado, a abordagem americana tem recebido o rótulo de excepcionalismo americano. Entretanto, usando a mesma lógica, a abordagem alemã também pode ser considerada excepcional, e referida como excepcionalismo alemão. Esta polaridade entre Alemanha e Estados Unidos os tornam adequados para demonstrar estas diferentes tradições: eles são os melhores sistemas legais para servir como base para análise comparativa. CARMI, Guy E. Dignity versus Liberty: the two Western Cultures of free speech. *Boston University International Law Review*, v. 26, n. 02, 2008. p. 324.

80. GELBER, Katherine. Hate speech: definitions & empirical evidence. *Constitutional Commentary*, v. 32, 2017. p. 625 e ss.

regulação apenas com base em uma preocupação democrática, esta não deve ser a única hipótese de justificação, devendo ser considerados os bens individuais afetados. Contudo, este posicionamento revela a importância dos danos que ocorrem em nível democrático, o que atrai um estudo mais detido sobre a democracia e suas bases.

Uma das questões sempre levantadas quando se procede a um escrutínio sobre a democracia repousa sobre a sua legitimidade. Assim, afirma-se que a legitimidade de um governo de homens sobre homens repousa na participação e codecisão de seus cidadãos, é dizer, a maior participação possível. Sem que haja uma organização com ampla participação, a legitimação do governo seria reduzida a uma mera ficção.[81]

A democracia parte de um pressuposto real: a de que não existe uma vontade uniforme, visto que a sociedade é plural e deve conviver com a divergência de opiniões, de interesses e aspirações, o que pode levar a conflitos internos. Contudo, todos os seus membros gozam dos mesmos direitos, podendo desenvolver a sua personalidade através da participação em assuntos da vida política e comunitária, segundo os procedimentos previstos constitucionalmente. Destaca-se aqui desde já o princípio da igualdade pela expressão *one man, one vote*, ou seja, a o mesmo peso para no processo decisional para todos os membros da sociedade, sem concessão de quaisquer privilégios ou diferenciações de qualquer sorte. Este envolvimento e participação da sociedade não se limita, entretanto, aos grupos majoritários, pois a democracia também é moldada por iniciativas pluralistas.

Deste modo, as minorias devem ter seu espaço garantido, com o intuito de que possam também se tornarem maiorias em um determinado momento. Com isso, há a necessidade de interpretação de que as maiorias podem ter sido minorias anteriormente, bem como de que as minorias em um dado momento histórico podem vir a se tornar maioria. Um exemplo que pode ser dado é em relação às mulheres no processo político. Embora sejam minoria atualmente no cenário político, através da implementação de quotas de gênero podem vir a se tornar maioria.[82] Assim se dá também em decisões políticas, em que uma minoria vencida deve ter a chance de se tornar maioria em uma decisão posterior. Nestes moldes, pela possibilidade de transição entre grupos e decisões políticas, a maioria obtém legitimação democrática.[83]

Mostra-se atualmente perigosa a tentativa de agentes políticos, atuando segundo ideais populistas, de combaterem o pensamento plural e opiniões diversas, em uma tentativa de homogeneização do pensamento popular, ou seja, substituindo a lógica do plural pela unidade. Para os populistas, a contradição é ilegítima, dado que exclui

---

81. MAIHOFER, Werner. Principios de una democracia en libertad. In: BENDA, Ernest; MAIHOFER, Werner; VOGEL, Hans-Jochen; HESSE, Konrad; HEYDE, Wolfgang (Org.). *Manual de derecho constitucional*. Madrid: Marcial Pons, 2001. p. 218 e ss.

82. Conforme previsão do artigo 10, § 3º da Lei 9.504/97, que prevê a reserva de 30% das candidaturas para o gênero feminino para partidos ou coligações.

83. HESSE, Konrad. *Grundzüge des Verfassungsrechts der Bundesrepublik Deutschland*. Neudruck der 20. Auflage. Heidelberg: C.F. Müller, 1999. Rn. 143.

uma representação exclusiva. Sabendo que a opinião de todos os cidadãos, de forma plural, apenas tem valor em uma sociedade democrática, chega-se à conclusão de que governos populistas acabam por atacar os fundamentos da democracia, ao imporem uma visão de mundo e atuarem no estabelecimento de um pensamento uniforme.[84]

É possível assentar, pois, que as democracias constitucionais se assentam em valores pluralistas e consideram a diferença como inerente à divergência de pensamento. Sendo assim, as sociedades comprometidas com o pluralismo são obrigadas a resguardar a expressão individual de todos os seus membros e promover princípios de igualdade contra a violação a direitos de segurança e de dignidade. Disso se extrai que a liberdade para intimidar grupos vulneráveis pode impedir que outros gozem do igual direito à segurança pública, por exemplo, e de transitar por todos os espaços sem ser discriminado.[85] Este senso de segurança no espaço que habitamos é um bem público (*public good*), algo para o qual todos contribuímos e ao qual damos sustentação de modo instintivo e não perceptível. Ocorre que o discurso de ódio mina este espaço público, inclusive o de deliberação, de modo que cada vez se torne mais difícil e menos natural manter um espaço de tolerância, ou seja, de segurança nestes espaços.[86]

Uma participação política diminuída em virtude de preocupações com relação a sua segurança cria obstáculos para debates legislativos e políticos em geral. Tais discriminações como as que se dão pelo discurso de ódio têm por objetivo impedir o debate e participação pluralística dos grupos minoritários. Se é verdade que em uma democracia devem ser conciliados os valores de liberdade e igualdade, então a liberdade de expressão, em algumas situações, deve ceder espaço para a igualdade, a fim de que interesses contrapostos sejam conciliados. Esta conciliação, se necessária, deve ser imposta pelos poderes públicos, do que é exemplo a edição de leis penais criminalizando discursos discriminatórios. Em alguns casos, o discurso assediador pode vir disfarçado de expressão política, o que não contribui em nada para o debate democrático. Diversos exemplos podem ser citados, sendo um dos mais lembrados o discurso de ódio político empregado pela Alemanha nazista.[87]

A disseminação do discurso odioso tem como consequência a erosão da democracia. Líderes carismáticos confiam na propaganda de ódio para advogar a violência e discriminação, como no caso das cruzes em chamas do Ku Klux Klan ou da cruz suástica, dos nazistas, o que se torna mais perigoso em termos de crises econômicas, culpando alguns grupos pela perda de empregos ou instabilidade financeira. Antes

---

84. VOβKUHLE, Andreas. *Defesa do Estado Constitucional Democrático em tempos de populismo*. Trad. Peter Naumann. São Paulo: Saraiva, 2020. p. 33 e ss.
85. TSESIS, Alexander. Dignity and speech: the regulation of hate speech in a democracy. *Wake Forest Law Review*, v. 44, 2009. p. 497 e ss.
86. WALDRON, Jeremy. *The harm in hate speech*. Cambridge: Harvard, 2012. p. 4.
87. TSESIS, Alexander. Dignity and speech: the regulation of hate speech in a democracy. *Wake Forest Law Review*, v. 44, 2009. p. 505-506.

de os nazistas começarem os atos que levaram ao genocídio dos judeus, os judeus eram vistos como não dignos de vida. Nos Estados Unidos, aqueles que defendiam a manutenção do sistema escravagista largamente disseminavam afirmações de que os negros eram sub-humanos e destinados à subserviência. Estas mensagens tiveram como efeito manchar o processo político e impedir certos grupos de participar dele.[88]

Mesmo que essa visão não seja unânime, havendo autores que defendem que o discurso de ódio tenha sido um dos sintomas de diversas falhas políticas, o que deu espaço para que o partido nazista ascendesse ao poder explorando as disfuncionalidades governamentais de Weimar e as falhas econômicas,[89] é certo que a participação política é afetada, bem como a sociedade pluralística. No pós I guerra na Alemanha, Julius Streicher publicava ataques perversos contra judeus no periódico *Der Stürmer*, influenciado pelo antissemitismo do século XIX, em uma época de experiência democrática. Suas histórias tinham como intento obter apoio para difundir o preconceito contra judeus. Um de seus slogans era "os judeus são nossa desgraça" (*Die Juden sind unser Unglück*). O número de cópias para distribuição do periódico chegou em um determinado ponto a 130.000, em toda a Alemanha. Esta frase também se tornou presente em muitos dos cartazes do Terceiro Reich. Intelectuais como Heinrich von Treitschke, considerado o maior historiador alemão do século XIX, também utilizaram a expressão em suas obras, o que contribuiu para legitimar a ódio contra os judeus e a empreitada antissemita.[90]_[91]

---

88. TSESIS, Alexander. Dignity and speech: the regulation of hate speech in a democracy. *Wake Forest Law Review*, v. 44, 2009. p. 505-506.
89. TODD, Michael. Do we still need human dignity: a comparative analysis of the treatment of hate speech in the United States and Germany. *Journal of Media Law Ethics*, v. 1, n. 3/4, 2009. p. 288.
90. TSESIS, Alexander. Dignity and speech: the regulation of hate speech in a democracy. *Wake Forest Law Review*, v. 44, 2009. p. 505-507.
91. Conforme Richard D. Heideman, foram as leis nazistas que fizeram possível o holocausto. Após a tomada do poder pelos Nazistas, em 1933, os judeus foram confrontados com a discriminação levada a cabo pelo Estado, dois anos antes da edição das leis de Nuremberg. Houve campanhas de boicote contra estabelecimentos judeus, incentivando as pessoas a adquirirem produtos apenas de negócios arianos. Um mês após, os judeus foram proibidos de ocuparem cargos públicos, banidos de certas formas de profissões, dentre as quais a academia, imprensa, bancos, agricultura e aparições públicas. Os empregados judeus em famílias cristãs foram despedidos, por medo de influenciarem as crianças arianas. Judeus imigrantes tiveram sua cidadania retirada e enviados em campos de refugiados na fronteira com a Polônia. Advogados judeus foram banidos da advocacia nas cortes alemãs. A sociedade inteira foi transformada na imagem do ideal nazista e ariano. Havia um esforço para que o modo pelo qual o público geral via os judeus fosse mudado. Começaram a aparecer lojas e janelas os seguintes dizeres: Judeus não são bem-vindos, de modo que as comunidades começaram a reproduzir as mesmas frases com cartazes e banners. Este aspecto voluntário demonstra o impacto da incitação ao ódio pelos nazistas. As leis, contudo, foram muito além de coibir as atividades econômicas. Os nazistas intentavam isolar os judeus ao controlar os aspectos econômico, social, religioso, familiar e privado, através de uma série de leis opressivas que visavam a segregar, ostracizar e destruir a santidade da casa e comunidade, resultando na queima de livros, destruição da cultura e instituições religiosas, o que levou a uma transformação das comunidades judaicas em guetos e à deportação de milhões de judeus, cujas vidas e famílias foram, ao final, destruídas. Ao empreender tais ações, os nazistas segregaram as comunidades judaicas como um todo, estabelecendo o que poderiam fazer, quando o poderiam, forçando-os a viver como cidadãos de segunda classe. As Leis de Nuremberg promoveram o empobrecimento dos judeus e criaram condições de inabitabilidade, além de promover a crença de que os judeus eram maus e que a Alemanha apenas seria bem-sucedida se não houvesse judeus para enfraquecer

Como consequência destes ataques sistemáticos e difundidos largamente, dão-se os casos de genocídio e revoltas. A propaganda antissemita que perdurou setenta anos resultou nas discriminatórias Leis de Nuremberg (*Nürnberger Gesetze*) através da seguinte sequência: antilocução, definida como atos discriminatórios em relação a determinado grupo, discriminação e violência. Em verdade, podem ser destacadas cinco fases em que tais atos se desenvolvem, se estabelecem e se normalizam. A primeira fase, da antilocução, é a antipatia que se manifesta através de expressões negativas quando se fala sobre um determinado grupo. Muitas pessoas acabam revelando esta antipatia quando conversam com amigos que pensam de modo similar ao seu ou mesmo com pessoas que desconhecem. O segundo estágio é o de evitamento de membros daquele grupo, o que ainda não causa danos diretos a estes. O próximo passo é o da discriminação, fase em que ocorrem atos de exclusão em relação a oportunidades de emprego, direitos políticos, moradia e educação. A quarta etapa é a de agressão física que se dá quando sentimentos negativos crescem de forma dramática. Por fim, o último estágio é o de exterminação, por meio de linchamentos, massacres e genocídio, a expressão última do preconceito e estigma.[92]

Deste modo, as expressões discriminatórias não são apenas autoexpressivas (*self expressive*), como também influenciam comportamentos destruidores. O discurso de ódio atua fornecendo a razão ideológica para organizações fascistas e racistas.[93] Estas considerações são importantes porque não apenas demonstram uma campanha aberta contra os judeus e uma discriminação sistemática que resultou nas Leis de Nuremberg, mas também porque foi a tragédia do holocausto o que situou a dignidade humana no centro das democracias no pós-guerra e conformou a regulação sobre o discurso de ódio.[94]

Todos estes acontecimentos fizeram com que a Alemanha, conforme se verá, primasse pela dignidade da pessoa humana após o fim da Segunda Guerra Mundial, situando este valor no primeiro artigo da Lei Fundamental, em um esforço para proibir o discurso de ódio, no que se inclui a negação do holocausto, inclusive em sede criminal. Nisso foi seguida por diversos outros países, especialmente aqueles que foram atingidos pela Segunda Guerra Mundial. Assim, as democracias modernas que se alinham mais a uma visão germânica sobre o discurso de ódio tendem a limitar o proferimento de expressões que visam ao insulto, difamação e discriminação contra grupos minoritários.

---

ou sabotar a sua pureza como nação. HEIDEMAN, Richard D. Legalizing hate: the significance of the Nuremberg Laws and the Post-War Nuremberg Trials, *Loyola of Los Angeles International and Comparative Law*, v. 39, 2016-2017. p. 8 e ss.

92. MATACHE, Margareta. The deficit of EU democracies: a new cicle of violence against Roma population. *Human Rights Quarterly*, v. 36, n. 2, maio 2014. p. 327; ALLPORT, Gordon W. *The nature of prejudice*. Boston: Addison-Wesley, 1954.

93. TSESIS, Alexander. Dignity and speech: the regulation of hate speech in a democracy. *Wake Forest Law Review*, v. 44, 2009. p. 505-516.

94. GUIRAO, Rafael Alcácer. Libertad de expresión, negación del holocausto y defensa de la democracia, *Revista Española de Derecho Constitucional*, n. 97, jan.-fev. 2013. p. 312.

3 • O TRATAMENTO DO DISCURSO DE ÓDIO NO DIREITO NORTE-AMERICANO

Mesmo com todas as colocações feitas acerca do discurso de ódio e os efeitos que podem advir para as democracias, deve se ressaltar que essa visão germânica, contudo, não se aplica a todas as democracias, haja vista que países mais preocupados com os danos que podem advir com a limitação da liberdade de expressão para o regime democrático tendem a estabelecer restrições para o discurso de ódio apenas em hipóteses muito específicas, geralmente dizendo respeito ao cometimento de atos ilícitos e à quebra da paz pública, sem a preocupação em coibir violações à dignidade da pessoa humana e ao princípio da igualdade, como é o caso dos Estados Unidos.[95]

Uma das explicações pode ser vista no fato de que os dois países exibem modelos de Estado diferentes, os Estados Unidos com um modelo de Estado liberal e Alemanha com o Estado social (artigo 20 da GG), ou seja, trata-se da dicotomia entre l'état social e l'état liberal. O Estado liberal é aquele que acentua sobremodo o valor da liberdade individual, minimizando esforços redistributivos para promover a igualdade material, econômica e social, preferindo, promover uma igualdade perante a lei e o princípio da não discriminação. Quando se afirma que os Estados Unidos são um Estado liberal, não se quer dizer que o seja em termos absolutos, pois existem regulações na esfera econômica. Por outro lado, é verdade que restringe os programas de igualdade social e econômica a políticas redistributivas mínimas. Alguns exemplos são o salário mínimo e programas de seguridade social.[96]

Em sentido contrário está o Estado social, tal como desenvolvido na Europa ocidental no pós segunda guerra mundial, que atua para garantir a diminuição das desigualdades sociais através de uma maior igualdade material. Reconhecem-se então padrões mínimos de saúde, educação e formação profissional e moradia. Essa assertiva encontra respaldo, por exemplo, no fato de que todos os países são partes do Pacto Internacional sobre Direitos Econômicos, Sociais e Culturais. Por sua vez, os Estados Unidos, embora sejam signatários, nunca o ratificaram.[97] O discurso de ódio, neste contexto, através da sua regulação, *rectius*, banimento, tornou-se um meio para promover a igualdade social. Tais proibições não são vistas como um mal necessário, como nos Estados Unidos, mas, ao contrário, uma política afirmativa, que expressa de modo amplo os ideais do Estado Social.[98] Nesta linha, o Estado social opera na distribuição de bens e na construção de uma igualdade no plano fático. Esta construção, todavia, não é dada a *priori*, já que cabe ao legislador ordinário definir quais as medidas mais adequadas para o preenchimento de seu sentido, é dizer, em última instância estará disponível ao legislador, logo, abre-se um espaço

---

95. Comparando os sistemas americano e alemão: KOMMERS, Donald P. The jurisprudence of free speech in the United States and the Federal Republic of Germany. *Southern California Law Review*, v. 53, n. 2, jan. 1980. p. 657-696.
96. HEINZE, Eric. Viewpoint absolutism and hate speech. *The Modern Law Review*, v. 69, n. 4, 2006. p. 570.
97. Status das assinaturas e ratificações. Disponível em: https://treaties.un.org/Pages/ViewDetails.aspx?src=IND&mtdsg_no=IV-3&chapter=4&clang=_en. Acesso em: 27 dez. 2020.
98. HEINZE, Eric. Viewpoint absolutism and hate speech. *The Modern Law Review*, v. 69, n. 4, 2006. p. 570.

de discricionariedade legislativa. A questão que se pode levantar é sobre o fim que deve guiar a atividade legislativa, que deve ser a atividade social, empenhando-se na promoção de melhores condições de vida para os membros da sociedade. Exemplo desta atividade social é a proteção erigida pelo ordenamento jurídico em relação a grupos vulneráveis.[99]

As considerações feitas neste tópico permitem dizer que dentro de um regime democrático circundam direitos como igualdade e liberdade, os quais servem como guias para o tratamento do discurso de ódio, o que pode ser visto pelo antagonismo instaurado pelos sistemas germânico e americano. Longe de esgotar toda a problemática diferenciadora, o intuito foi demonstrar que a depender da preocupação preponderante, o tratamento será diferente. Em estados mais liberais, a liberdade de expressão tende a ser resguardada de intervenções estatais. Em sentido inverso, em Estados mais preocupados com a promoção da igualdade, haverá a preponderância de políticas voltadas para o banimento do discurso de ódio. Isso porque a promoção da igualdade não concerne apenas aspectos ligados aos direitos de segunda geração, mas também direitos negativos, de que são exemplo os direitos de primeira geração.[100]

A participação no espaço público depende da promoção da igualdade de todos os cidadãos, para que, pelos danos sofridos, não haja o afastamento da vida pública e dos processos democráticos. Isso leva à indicação de que promover proibições se transmuta na realização de uma política afirmativa de valorização de todos os cidadãos no espaço público. As gerações de direitos, neste tópico, não se tornam rígidas, pois ao promover a igualdade, promove-se também a liberdade, em um efeito recíproco. No momento em que o Estado incentiva a formação de cidadãos responsáveis e promove a igualdade de todos, os membros de grupos minoritários passam a se sentir mais livres para frequentar o espaço público sem serem discriminados. Igualdade e liberdade passam, então, a ser vistas como faces da mesma moeda.[101]

---

99. DUQUE, Marcelo Schenk. *Curso de direitos fundamentais*. São Paulo: Saraiva, 2014. p. 91 e ss.

100. As gerações de direitos foram elaboradas por Karel Vasak, por ocasião da aula inaugural do Curso do Instituto Internacional de Direitos do Homem, em Estrasburgo, em 1979. Segundo Paulo Bonavides, os direitos de primeira geração são direitos de liberdade, ou seja, são aqueles que podem ser opostos ao Estado, de que são exemplo os direitos civis e políticos, que correspondem ao primeiro momento do constitucionalismo do Ocidente. Seu titular é o indivíduo. Na classificação dos status de Jellinek, enquadram-se na categoria de *status negativus,* sendo seu traço mais marcante a subjetividade. Por sua vez, os direitos de segunda geração acabam por dominar o século XX e são direitos sociais, culturais e econômicos, aparecendo como concretização do princípio da igualdade. Os direitos de terceira geração aparecem como concretização da fraternidade e da consciência de que existem direitos que não se relacionam somente a indivíduos ou a um Estado específico, mas são universais. Seu titular é o gênero humano. São exemplos o direito ao desenvolvimento, à paz, ao meio-ambiente, à comunicação e ao patrimônio comum da humanidade. Indo mais além na classificação, que, histórica e originalmente se subsome a três, foi alargada para incluir uma quarta geração de direitos. Esta geração é reveladora da necessidade de globalizar os direitos fundamentais, o que também pode ser visto como uma institucionalização do Estado social. Podem ser citados como direitos de quarta geração o direito à democracia, à informação e ao pluralismo. BONAVIDES, Paulo. *Curso de Direito Constitucional.* 12. ed. São Paulo: Malheiros, 2001. p. 516 e ss.

101. Segundo Jorge Miranda, existe uma tensão "inelutável" entre a liberdade e a igualdade. Ao extremo, a liberdade radical anula a igualdade humana, e a igualdade igualitária destrói a autonomia pessoal. Contu-

3 • O TRATAMENTO DO DISCURSO DE ÓDIO NO DIREITO NORTE-AMERICANO

Vistas estas imbricações entre liberdade e igualdade nas democracias, impende voltar o estudo para o tratamento do discurso de ódio nos Estados Unidos, em que prepondera a liberdade de expressão.

3.3 LIMITES ESTABELECIDOS NA JURISPRUDÊNCIA NORTE-AMERICANA À LIBERDADE DE EXPRESSÃO

Ao longo de sua história, a Suprema Corte tem se deparado com diversos casos envolvendo a liberdade de expressão, o que contribuiu para que se formasse uma jurisprudência sólida, além de institutos que formam parte do direito constitucional, como os padrões de revisão, o livre mercado de ideias, a definição das liberdades fundamentais, entre outros. Assim, emergem como indispensáveis para o presente estudo os limites elaborados pela jurisprudência da Corte, que são essencialmente três: as *fighting words*, que podem ser tidas por palavras belicosas ou ameaçadoras, o perigo de dano presente e imediato também expresso por teste de Brandenburg (*Brandenburg Test*), e a difamação (*defamation law*).

3.3.1 Palavras belicosas (*Fighting words*)

As *Fighting words* podem ser consideradas como um dos grandes limites à liberdade de expressão, por diversas vezes citadas em seus julgados, tendo sido desenvolvidas a partir de *Chaplinsky v. New Hampshire*. Chaplinsky era uma testemunha de Jeová que distribuía material religioso nas vias públicas de Rochester, New Hampshire, e que se envolveu em um distúrbio e foi levado para a delegacia, aparentemente em um esforço para o proteger da multidão que ele havia formado. Isso porque houve a continuidade da distribuição de material, apesar dos avisos do delegado de que a multidão estava ficando inquieta e ele deveria diminuir o ritmo. Na delegacia, ele confrontou o delegado (*City Marshall*), com ofensas, chamando de fascista e "*God damned racketeer*", pelo que foi preso. Ele foi condenado com base em uma lei estadual que tornava ofensa se dirigir de modo ofensivo a qualquer pessoa que está legalmente em qualquer via pública ou lugar público. As palavras belicosas tomaram forma no julgamento, sendo consignado que estas podem ser definidas em relação à sua probabilidade de provocar no homem médio uma retaliação, e, por isso, causar uma quebra da paz.[102] O caso não é isento de críticas, dado que pelas circunstâncias, seria pouco provável a imediata quebra da paz pública ou a instauração de tumultos e revoltas. Em Chaplinsky não houve sequer a tentativa de tal incitação. Não havia oponentes das Testemunhas de

---

do, na realidade fática, as duas andam juntas, de modo que a realização de um direito exige o outro. Isto pode ser constatado quando é trazido à tona a problemática da liberdade religiosa e da liberdade política. MIRANDA, Jorge. *Manual de Direito Constitucional*: direitos fundamentais. 3. ed. Coimbra: Coimbra, 2000. p. 224. t. IV.

102. ESTADOS UNIDOS. Suprema Corte. *Chaplinsky v. New Hampshire*, 315 U.S. 568, 572 (1942).

Jeová armados na rua, mas a vítima era um delegado que estava na delegacia,[103] havendo poucas chances da ocorrência de tumultos e revoltas no lugar em que foram proferidos os xingamentos.

Também houve o assentamento de que as *fighting words* são subnível de discurso, o qual não recai no âmbito de proteção constitucional. Segundo a Corte, existem algumas classes de discurso que tendem à imediata quebra da paz. Estes proferimentos não são parte essencial de nenhuma exposição de ideias e não contribuem para a busca da verdade. Ainda, qualquer benefício que pode delas derivar é superado pelo interesse social na ordem e na moralidade.[104] Pode ser notado que existe novamente uma preocupação em sempre relembrar uma das justificações da liberdade de expressão, que é a busca da verdade, em tudo respeitando não a igualdade, mas a paz pública. Assim, do julgamento, podem ser extraídas algumas conclusões: (i) de que tais palavras não se constituem em discurso, não estando no âmbito de proteção da Primeira Emenda; (ii) que tais palavras são similares a agressões emocionais para a vítima e (iii) qualquer que seja seu pequeno valor social, este não supera o dano psicológico e a resposta violenta causada por elas.[105]

A doutrina das *fighting words,* consistente com o objetivo de sempre proteger a paz pública, possui requisitos que foram elaborados pela Suprema Corte para declarar as expressões como constitucionalmente desprotegidas. Em primeiro lugar, o proferimento deve constituir um insulto extremamente provocativo; segundo, as palavras devem ter a tendência direta de causar uma resposta imediata violenta por parte do homem médio; terceiro, as palavras devem ser proferidas para a vítima face a face, ou seja, diretamente, não para um grupo. Embora esta categoria ainda seja referida como um limite à liberdade de expressão, outros julgados podem fazer com que sua aplicabilidade seja comprometida. Aqui deve ser destacado que as *fighting words* são dirigidas a um indivíduo, de forma pessoal, enquanto o teste de Brandenburg tem sua aplicabilidade restrita a mais de um indivíduo ou mesmo multidões.[106]

A razão para isso está na inclusão do discurso de Chaplinsky como discurso proscrito, conhecido como *seditious libel* (difamação sediciosa), um discurso proferido contra políticas do governo e seus funcionários. Segundo esta doutrina, o governo pode defender a si mesmo e não conceder proteção ao discurso que é ameaçador, dado que pode fazer com que o Estado pareça mal perante os cidadãos.[107] Isso se faz

---

103. REDISH, Martin H. Value of free speech. *University of Pennsylvania Law Review*, v. 130, n. 3, 1981-1982. p. 626.
104. ESTADOS UNIDOS. Suprema Corte. *Chaplinsky v. New Hampshire*, 315 U.S. 568, 572 (1942).
105. GARD, Stephen W. Fighting words as free speech. *Washigton University Law Quarterly*, v. 58, n. 3, 1980. p. 534.
106. EBERLE, Edward J. Cross burning, hate speech, and free speech in America. *Arizona State Law Journal*, v. 36, n. 3, 2004. p. 963.
107. KAHN, Robert A. Cross-burning, holocaust denial, and the development of hate speech Law in the United States and Germany. *Detroit Mercy Law Review*, v. 83, n. 3, 2006. p. 166.

ver pela última frase de Chaplinsky, em que condena não apenas o delegado, mas todos, afirmando que o governo de Rochester era fascista ou agentes de fascistas.[108] O *seditious libel* foi abandonado em *New York Times v. Sullivan*, atualmente sendo constitucionalmente tutelado.[109] Aliás, uma das maiores falhas em Chaplisnky foi não ter explorado a relação entre a punição de palavras desonrosas dirigidas a um policial e o crime infame constitucionalmente de *seditious libel*. Mesmo se se deixasse esta questão de lado na discussão da necessidade de respeito pelo agente público, promovida pelo crime em questão, basta pensar que mesmo as palavras mais ofensivas não tenderão a fazer com que um policial, treinado para manter a paz, reaja contra o cidadão violentamente.[110]

Esse raciocínio se estendeu ao longo do tempo e foi adotado em outras decisões, como R.A.V. Justice Scalia enfatiza que características desprotegidas das *fighting words* são essencialmente um não discurso (*non-speech*). Ainda, esse julgamento é importante porque houve uma distinção dentro da categoria de *fighting words*. Segundo se extrai do julgamento, esta categoria não pode ser regulada baseada na hostilidade ou favoritismo em relação à mensagem expressada. Em sentido contrário, esta categoria poderia ser admitida se as expressões de hostilidade e o uso das *fighting words* fossem dirigidas a categorias variadas como afiliação política, vinculação a sindicato ou homossexualidade, mas não em relação a tópicos específicos desaprovados.[111] Outras manifestações que revelam a força e o vigor do free speech contra a alegação de *fighting words* se revelam importantes no campo do discurso político, como se dá nas situações envolvendo símbolos nacionais, mais precisamente, a bandeira nacional. No final dos anos 60, os tempos haviam mudado e, por muitas razões, houve um afrouxamento das regras presentes na sociedade em relação à linguagem obscena.[112] Em *Cohen v. California,* o réu, Paul Robert Cohen, vestia uma jaqueta com as palavras *"Fuck the draft"*, plenamente visíveis, em um corredor de um tribunal. Ele foi condenado por conduta ofensiva, tendo o tribunal estadual afirmado que seu comportamento incitava os demais à violência ou perturbação da paz pública. Revertendo a condenação, a Suprema Corte assentou que a Primeira Emenda proíbe os Estados de legislarem para tornar ilegais ofensas julgadas vulgares ou ofensivas. A Corte também excluiu a categoria das *fighting words*, porque não

---

108. ESTADOS UNIDOS. Suprema Corte. *Chaplinsky v. New Hampshire*, 315 U.S. 568, 569 (1942).
109. GARD, Stephen W. Fighting words as free speech. *Washington University Law Quarterly*, v. 58, n. 3, 1980. p. 542-543.
110. GARD, Stephen W. Fighting words as free speech. *Washington University Law Quarterly*, v. 58, n. 3, 1980. p. 557.
111. HAUPT, Claudia E. Regulating hate speech- Damned if you do and damned if you don't: lessons learned from comparing German and U.S. approaches. *Boston University International Law Journal*, v. 23, 2005. p. 320. *R.A.V. v. St. Paul*, 505 U.S.377, 291 (1992).
112. KAHN, Robert A. Cross-burning, holocaust denial, and the development of hate speech Law in the United States and Germany. *Detroit Mercy Law Review*, v. 83, n. 3, 2006. p. 166.

DISCURSO DE ÓDIO NO DIREITO COMPARADO • Graziela Harff

se poderia interpretar a frase como um insulto pessoal direto.[113] Segundo Justice Harlan, a vulgaridade de um homem pode ser poesia para outro.[114]

Um caso abrangendo igualmente a bandeira nacional foi decidido em *Texas v. Johnson*. Em 1984, durante a Convenção National Republicana, o acusado Johnson participava de uma manifestação política em protesto contra as políticas de governo da administração Regan e algumas corporações baseadas em Dallas. Após a marcha pelas ruas da cidade, Johnson queimou a bandeira americana, enquanto os manifestantes cantavam. Ninguém ficou ferido ou foi ameaçado, mas muitos se sentiram ofendidos com a queima da bandeira. Johnson foi condenado por profanação de um objeto sagrado, em violação a uma lei do Texas. Em segunda instância, o Tribunal (*Texas Court of Criminal Appeals*) reverteu a decisão, decidindo que o Estado não poderia punir a conduta de Johnson. A Suprema Corte decidiu que o interesse na preservação da bandeira é baseado em conteúdo (*content-based*). O governo não pode impedir a expressão verbal ou não verbal de uma ideia só porque a sociedade acha isso ofensivo ou desagradável, mesmo quando a bandeira está envolvida. Em relação às *fighting words*, a Corte afastou sua incidência, ao argumento de que não havia um insulto direto pessoal. Não havia a proibição, ainda segundo a Corte, de punir a ação ilegal iminente, inclusive tendo o Estado do Texas uma lei a prevendo, mas essa lei não foi aplicada ao caso.[115] O posicionamento da Corte revela seu entendimento consolidado de proteção às expressões políticas.

Na verdade, mesma que as *fighting words* e sua *ratio* tenham sido mencionadas em outros julgados, Chaplinsky permanece o único julgamento em que a doutrina foi utilizada até hoje pela Suprema Corte para sustentar uma condenação.[116] Em mais de quarenta anos, a Suprema Corte não manteve uma condenação pelo emprego das *fighting words*.[117]

3.3.2 Ação ilegal e iminente (*imminent lawless action*) ou teste de Brandenburg (*Brandenburg test*)

Para que se entenda este limite, é necessário, em um primeiro momento, uma breve incursão em *Schenck v. United States*. Em 1919, o secretário geral do Partido Socialista havia enviado panfletos para aqueles que haviam sido recentemente convocados para servirem na Primeira Guerra Mundial, argumentando que havia um direito constitucional de contrariar a convocação, devendo todos colaborar para

---

113. GARD, Stephen W. Fighting words as free speech. *Washington University Law Quarterly*, v. 58, n. 3, 1980. p. 545.
114. ESTADOS UNIDOS. Suprema Corte. *Cohen v. California*, 403 U.S. 15, 25 (1971).
115. ESTADOS UNIDOS. Suprema Corte. *Texas v. Johnson*, U.S. 491, 397, 491-492 (1989).
116. GARD, Stephen W. Fighting words as free speech. *Washington University Law Quarterly*, v. 58, n. 3, 1980. p. 531.
117. GARD, Stephen W. Fighting words as free speech. *Washington University Law Quarterly*, v. 58, n. 3, 1980. p. 534,580.

manter os direitos dos cidadãos americanos. Justice Holmes, em julgamento unânime, reafirmou a condenação de Schenck sob o *Espionage Act*, de modo a formular o *clear and present danger test*.[118] Segundo ele, a questão seria se as palavras usadas em tais circunstâncias são de tal natureza a criar um perigo claro e presente que trarão danos substantivos que o Congresso tem o direito de prevenir. Como exemplo de discurso que conteria um dano claro e presente, Holmes cita o caso de alguém que falsamente grita fogo no cinema, causando pânico.[119]

Esta doutrina do dano claro e presente, ao longo do tempo, se provou inadequada para avaliar a constitucionalidade de atos governamentais que regulavam a promoção de atos políticos que defendiam uma profunda mudança política ou mesmo revolucionária, como no caso do comunismo. O interesse central no *clear and present danger test* repousava exclusivamente no interesse do governo em suprimir discursos e ignorar o valor social subjacente. Em resumo, o teste consistia em perscrutar apenas se havia alguma boa razão para censurar o discurso, sem que nunca se examinasse se a expressão deveria ser constitucionalmente protegida. Como resultado, a fórmula se mostrou não neutra, sob a qual os dissidentes políticos eram invariavelmente condenados à prisão.[120] Esta fórmula só foi revista em *Brandenburg v. Ohio*.

Este caso remete novamente à velha questão já enfrentada pela Suprema Corte em julgados anteriores sobre a liberdade de expressão da organização supremacista branca Ku Klux Klan. O apelante – Brandenburg – era líder de uma célula da organização em Ohio e convidou um repórter televisivo para participar de um comício da organização. O vídeo gravado pelo jornalista, que foi ao ar mais tarde na televisão, mostrava indivíduos encapuzados incendiando uma cruz e gritando frases nacionalistas e em detrimento de judeus e negros. Em uma parte do vídeo, o apelante afirmava: Nós não somos uma organização vingativa, mas se o nosso Presidente, nosso Congresso e nossa Suprema Corte continuarem a suprimir os indivíduos brancos e a raça caucasiana, é possível que algum ato de vingança seja praticado. Ao reverter a condenação em Brandenburg e invalidar a lei de Ohio, a Suprema Corte decidiu que as garantias do livre discurso e da liberdade de imprensa não permitem que um estado possa tornar ilegal a advocacia do uso da força ou da violação da lei, *exceto quando tal advocacia é dirigida para incitar ou produzir uma ação ilegal iminente e que é suscetível de incitar ou produzir tal ação*.[121] Há no caso mais ênfase na conduta do que no discurso, que tem a função de preparar a ação. Verifica-se, então, um

---

118. HAUPT, Claudia E. Regulating hate speech: Damned if you do and damned if you don't: lessons learned from comparing German and U.S. approaches. *Boston University International Law Journal*, v. 23, 2005. p. 317.

119. DOW, David R; SHIELDES, R. Scott. Rethinking the clear and present danger test. *Indiana Law Journal*, v. 73, n. 4, 1998. p. 1221.

120. GARD, Stephen W. Fighting words as free speech. *Washington University Law Quarterly*, v. 58, n. 3, 1980. p. 539.

121. ESTADOS UNIDOS. Suprema Corte. *Brandenburg v. Ohio*, 395 U.S, 447 (1969).

posicionamento que situa as ameaças e intimidação entre o discurso e a conduta, ou, nas palavras de Justice Douglas, um discurso que vem acompanhado de ação.[122]

Em relação à lei (*Ohio Criminal Syndicalism Statute*), editada em 1919, havia a previsão de que era crime "advogar o dever, necessidade ou conveniência de crime, sabotagem, violência ou métodos ilegais de terrorismo como um meio de alcançar a reforma industrial ou política"; não havia uma diferenciação em sua redação quanto à mera advocacia e incitação a uma ação ilegal iminente. Houve dois votos dissidentes, dos Justices Douglas e Black, que entendiam que esse teste não poderia servir como padrão de revisão constitucional (*standard of review*), em razão de seu caráter flexível. Segundo os Justices, a Primeira Emenda não estabelece uma linha entre advocacia de ideias e de ação.[123]

Desta maneira, *não basta a advocacia da violação da lei ou da ação ilegal, mas estas ações devem ter a probabilidade real de acontecer*. Com este teste, tornou-se mais difícil haver condenações com base pura e simplesmente na alegação de um governo na supressão do discurso,[124] o que demanda também a prova da provável ocorrência de atos violentos.

3.3.3 Difamação (*defamation*)

Distinto limite que foi construído pela jurisprudência norte-americana se refere à difamação (*defamation*). Esta pode ser considerada como uma afirmação de fato sobre uma pessoa ou alguma empresa (*business entity*) que tenda a causar dano à reputação do autor. Esta pode ocorrer por meio de imagem, gestos ou insinuações. Nada impede também que se dê de forma indireta. Do mesmo modo, atribuir a alguém a autoria de algum fato também pode ser tido como difamatório. Para que o dano seja devidamente reparado, as leis relacionadas à difamação têm por objetivo restaurar o bom nome ou obter compensação e reparação pelos danos advindos das afirmações difamatórias. Embora tradicionalmente estes danos estejam ligados a pessoas, tem-se admitido nos Estados Unidos que também corporações sejam vítimas de difamação e possam ser reparadas segundo os prejuízos que advierem da ação difamatória.[125]

Alguns elementos têm sido elencados pela doutrina para que seja configurada a difamação, as quais podem ser assim elencadas: (i) a afirmação de fato deve ter sido publicada por um terceiro, ou seja, excluindo-se a vítima; (ii) deve ser falsa; (iii) a declaração deve causar danos à reputação do ofendido; (iv) deve haver indícios de

---

122. SUPREMA CORTE. Suprema Corte. *Brandenburg v. Ohio*, 395 U.S, 444, 456 (1969). EBERLE, Edward J. Cross burning, hate speech, and free speech in America. *Arizona State Law Journal*, v. 36, n. 3, 2004. p. 993.

123. KOMMERS, Donald P. The jurisprudence of free speech in the United States and the Federal Republic of Germany. *Southern California Law Review*, v. 53, n. 2, jan. 1980. p. 668-669.

124. DOW, David R; SHIELDES, R. Scott. Rethinking the clear and present danger test, Indiana Law Journal, v. 73, n. 4, 1998. p. 1233.

125. VILLIERS, Meiring de. Substantial Truth in Defamation Law. *American Journal of Trial Advocacy*, v. 32, n. 1, 2008. p. 94-96.

3 • O TRATAMENTO DO DISCURSO DE ÓDIO NO DIREITO NORTE-AMERICANO

ter sido dirigido a determinada pessoa; (v) deve o agente ter efetuado as declarações com algum grau de culpa, o que dependerá do status do ofendido, conforme se verá abaixo; (vi) o proferimento deve ser objetivamente capaz de ser provado materialmente falso; (vii) a declaração deve causar dano de fato ao ofendido; (viii) a declaração não pode ter sido feita quando se tratar de uma relação que envolva a imunidade. Por exemplo, juízes, advogados, jurados e legisladores possuem imunidade no exercício profissional e em razão da função, de modo que tais ações não são justiciáveis. Através dos requisitos listados, nota-se que o ofendido (autor da ação) deve provar a falsidade da alegada difamação.[126]

Se, por outro lado, as afirmações forem verdadeiras, mesmo que venham a causar dano à reputação da vítima, não será o caso de difamação e da consequente reparação pecuniária. A razão reside no fato de que a informação verdadeira provoca um benefício público que supera, em geral, o interesse do ofendido na supressão da informação inconveniente. *Contudo, se for demonstrado que uma afirmação se mostrou verdadeira em uma parte substancial, não restará configurada a difamação.* O caso pode ser exemplificado da seguinte maneira, em exemplo fornecido pelo Justice Scalia: se um jornal publicar a informação de que determinado indivíduo cometeu trinta e cinco roubos, quando o correto seria 24, não haverá direito à reparação por difamação. Isso porque é substancialmente verdade que se trata de um ladrão habitual e que o reportado número de roubos é um detalhe insignificante.[127]

O marco para o instituto da difamação se deu em *New York v. Sullivan,* em que a Suprema Corte impôs severas limitações ao poder dos Estados para concederem reparação em ações cíveis de difamação ajuizada por um agente público, contra críticas relativas à sua conduta. Este caso é considerado um marco no direito norte-americano por ter iniciado a constitucionalização do instituto da difamação.[128] O impacto da decisão se eleva a tal monta que a doutrina chega a duvidar que investigações como Watergate teriam sido possíveis sem o precedente estabelecido.[129] Em 30 de Março de 1960, o jornal *New York Times* imprimiu uma página de um anúncio condenando uma onda de terror sem precedentes causada pela polícia de Montgomery, Alabama, contra manifestações dos defensores dos direitos civis que buscavam exercer seus direitos constitucionais. O anúncio, assinado por sessenta e quatro pessoas reconhecidas, contudo, baseou-se em falsas acusações, conforme se demonstrou posteriormente. O responsável das relações públicas de Montgomery, que estava encarregado do departamento de polícia, processou o periódico pela publicação, com base na lei estadual do Alabama sobre

---

126. VILLIERS, Meiring de. Substantial Truth in Defamation Law. *American Journal of Trial Advocacy*, v. 32, n. 1, 2008. p. 96-98.
127. ESTADOS UNIDOS. Court of Appeals for the DC Circuit. *Liberty Lobby v. Anderson* – 746 F.2d 1563.
128. JOHNSON, Vincent R. Comparative Defamation Law: England and the United States. *University of Miami International and Comparative Law Review*, v. 24, n. 1, 2016. p. 24.
129. DWORKIN, Ronald. *Freedom's Law*: the moral Reading of the Constitution. New York: Oxford University Press, 2005. p. 195-196.

difamação. Revertendo uma decisão da Suprema Corte do Alabama, que concedia uma reparação de $500.000,00, a Suprema Corte julgou que o direito aplicável não correspondia aos critérios da Primeira Emenda da Constituição.[130] Conforme a decisão exarada, o debate sobre assuntos públicos deve ser desinibido, robusto e aberto, englobando ataques veementes, incisivos e, por vezes, desagradáveis, em relação ao governo e agentes públicos. Neste regime, afirmações errôneas são inevitáveis e tudo o que é adicionado à difamação é retirado do livre debate.[131] Conforme a Corte, em uma ação por difamação contra agentes públicos deve ser provada a malícia real (*actual malice*), ou seja, que as declarações se *deram com conhecimento da falsidade ou com desprezo negligente sobre a falsidade ou não dos proferimentos.*[132] Transpondo estas noções para o direito brasileiro, tem-se que o conhecimento da falsidade pode ser reconduzido ao dolo direto, enquanto o desprezo negligente se encontra vinculado ao dolo eventual.[133]

Três anos após Sullivan, a Suprema Corte estendeu o padrão de malícia real para os casos envolvendo difamação de figuras públicas.[134] Contudo, em *Gertz v. Robert Welch, Inc.*, houve um profundo desenvolvimento da matéria envolvendo privados. O autor da ação, Elmer Gertz, ajuizou uma ação de difamação em desfavor de uma revista que havia feito diversas afirmações falsas sobre sua pessoa, o que incluía uma acusação de que era um oficial de uma organização comunista que pregava a destituição violenta do governo dos Estados Unidos. O tribunal reverteu a condenação do júri e afirmou que, embora o autor fosse uma figura privada, deveria ser lhe aplicado o padrão da malícia real, dado que a ação estava envolta em fatos de interesse público. Como não havia sido provado o desprezo negligente ou o conhecimento da falsidade, a ação foi julgada improcedente. *Por ocasião do julgamento do caso pela Suprema Corte, esta afirmou que o padrão da malícia real*[135] *era muito severo para uma figura privada, a qual merecia maior proteção em relação à sua reputação.*

Sendo assim, os estados estavam autorizados a definir o padrão de culpa, desde que não fosse estabelecido uma responsabilidade sem aquela. Um indivíduo privado deve, ao menos, provar que o réu agiu de forma negligente.[136] A razão para isso se dá

---

130. KOMMERS, Donald P. The jurisprudence of free speech in the United States and the Federal Republic of Germany. *Southern California Law Review*, v. 53, n. 2, jan. 1980. p. 671-672.
131. ESTADOS UNIDOS. Suprema Corte. *New York Times Co. v. Sullivan*, 376 U.S, 270-272 (1964).
132. ESTADOS UNIDOS. Suprema Corte. *New York Times Co. v. Sullivan*, 376 U.S, 279-280 (1964).
133. MACHADO, Jonatas E. M. Liberdade de expressão, interesse público e figuras públicas equiparadas. *Boletim da Faculdade de Direito da Universidade de Coimbra*, v. 85, 2009. p. 78.
134. ESTADOS UNIDOS. Suprema Corte. *Curtis Publishing Co. v. Butts*, 388 U.S. 130 (1967)
135. A malícia real exige uma prova clara e convincente (*clear and convincing*), ou seja, um padrão maior do que a preponderância da prova, indicando que o fato é muito provável de ter ocorrido. JOHNSON, Vincent R. Comparative Defamation Law: England and the United States. *University of Miami International and Comparative Law Review*, v. 24, n. 1, 2016. p. 31. EVIDENCE. In: Merriam-*Webster's Dictionary Of Law*. Harrisonburg: Merriam-Webster, 2016.
136. Uma figura privada deve provar negligência através da preponderância da prova (*preponderance of evidence*), é dizer, deve demonstrar que o réu não teve um cuidado razoável para avaliar a verdade da declaração. A

de forma a considerar os meios disponíveis para os agentes públicos e figuras públicas e as figuras privadas. Segundo anotou a Corte, aqueles possuem maior acesso aos meios de imprensa para responder publicamente às declarações difamatórias do que um privado. Se uma figura pública se mostra aos olhos públicos e possui um papel de proeminência na sociedade, tendo benefícios por isso, deve assumir também os riscos da avaliação pública.[137] *Continua a Corte ressaltando que a sociedade tem um legítimo interesse em aspectos privados das figuras públicas, como honestidade e integridade.* Indivíduos privados, em contrapartida, não procuram nem se beneficiam da exposição pública, o que os torna mais vulneráveis e, por conseguinte, mais merecedores de proteção.[138]_[139] Em relações a privados que defendam interesses particulares nas ações que ajuizarem, na falta de orientação da Suprema Corte sobre o tema, muitos Estados exigem em suas respectivas legislações que se prove a negligência. Na prática, contudo, o que se constata é que tanto no *standard* da malícia real quanto na negligência o autor acaba tendo que alegar e provar a falsidade da comunicação e, de um ponto de vista mais realista, tem-se atribuído o ônus de provar a falsidade ao autor.[140]

Diferente de outros países como a Alemanha, conforme se verá, e mesmo na Inglaterra,[141] que atribuem grande peso à honra e à dignidade da pessoa humana, os Estados Unidos, quando se trata de difamação, tendem a ser coerentes com a doutrina já estabelecida sobre liberdade de expressão, atribuindo grande peso ao discurso público e exigindo a comprovação da malícia real, que demanda do ofendido um *standard* de prova que tende a dificultar sobremaneira a comprovação do exigido. Em questões de interesse público, parece que este entendimento parece adequado à sua proteção, o qual refoge aos domínios privado e individual. Outro benefício está na maior liberdade investigativa para os veículos de comunicação na consecução de sua atividade informacional, sem que sejam inibidos em suas análises e críticas.[142] Seu mérito se centra na maximização da liberdade de expressão, mormente quanto aos discursos públicos, bem como na minimização do acionamento do juízo penal para

---

preponderância da evidência é o standard probatório aplicado na maioria dos casos cíveis, nos quais a parte deve provar que o fato apresenta elementos probatórios mais credíveis e convincentes que a outra parte ou que o fato é mais provável de ter ocorrido. VILLIERS, Meiring de. Substantial Truth in Defamation Law. *American Journal of Trial Advocacy*, v. 32, n. 1, 2008. p. 116. Preponderance Of Evidence. In: *Merriam-Webster's Dictionary Of Law*. Harrisonburg: Merriam-Webster, 2016.

137. ESTADOS UNIDOS. Suprema Corte. *Gertz v. Robert Welch, Inc.*, 418 U.S. 344 (1974).
138. ESTADOS UNIDOS. Suprema Corte. *Gertz v. Robert Welch, Inc.*, 418 U.S. 344-345 (1974).
139. VILLIERS, Meiring de. Substantial Truth in Defamation Law. *American Journal of Trial Advocacy*, v. 32, n. 1, 2008. p. 113-116.
140. JOHNSON, Vincent R. Comparative Defamation Law: England and the United States. *University of Miami International and Comparative Law Review*, v. 24, n. 1, 2016. p. 31.
141. Apenas a efeito comparativo, neste país a falsidade da declaração difamatória é presumida, ou seja, presume-se que os fatos alegados são verdadeiramente falsos, o que realça a proteção do ordenamento jurídico inglês do ofendido, fazendo com que a verdade tenha que ser alegada e provada pelo réu. JOHNSON, Vincent R. Comparative Defamation Law: England and the United States. *University of Miami International and Comparative Law Review*, v. 24, n. 1, 2016. p. 21.
142. MACHADO, Jonatas E. M. Liberdade de expressão, interesse público e figuras públicas equiparadas. *Boletim da Faculdade de Direito da Universidade de Coimbra*, v. 85, 2009. p. 88.

tentativas de assédio, intimidação ou mesmo retaliação a órgãos de imprensa; isso evita uma espécie de autocensura,[143] ou seja, o temor e o evitamento de conteúdos que se mostrem críticos a agentes políticos ou figuras públicas com elevado poder econômico ou social. Nos Estados Unidos, então, há uma presunção da proteção de tais discursos, através do entendimento adotado pelo *actual malice*.

3.3.4 Inflição intencional de sofrimento emocional e o caso Snyder v. Phelps[144]

A inflição intencional de sofrimento emocional, em inglês *intentional inflicted emotional distress* (IIED) foi enfrentada no contexto do discurso em caso julgado pela Suprema Corte norte-americana, em 2016. Apenas para que se apresente o instituto da IIED, este pode dar azo à reparação quando haja uma conduta que produza sofrimento tão severo que não se poderia esperar que nenhum homem médio o suportaria. No caso em apreço, um pastor de uma igreja Batista de Westboro, Fred Phelps, se dirigiu até o funeral de Matthew Snyder, soldado americano que faleceu enquanto lutava no Iraque. Com cartazes que continham expressões como "Obrigado, Deus, pelos soldados mortos" (*Thank God for dead soldiers*); "Homossexuais arruínam a nação" (*Fags Doom Nations*) e "Sacerdotes estupram meninos" (*Priests rape boys*), o pastor e fiéis de sua igreja se dirigiram até o local do funeral do soldado e passaram a atrair a atenção da mídia com sua manifestação. Por esta razão, o pai de Mathew Snyder ajuizou ação contra Phelps, suas filhas e a igreja de Westboro, alegando difamação, publicidade à vida privada, IIED, intrusão em isolamento e conspiração civil. Em primeiro grau, os réus foram condenados ao pagamento de $ 2.9 milhões de dólares em danos compensatórios e $ 8 milhões em danos punitivos. O tribunal distrital reduziu os danos punitivos para $ 2.1, mas o julgamento do júri restou intacto. Em recurso à corte de apelação, ficou assentado que as manifestações estavam cobertas pela Primeira Emenda, uma vez que (i) tratavam de assuntos de interesse público, (ii) não eram comprovadamente falsos e (iii) foram empregados termos hiperbólicos.

Como fundador da igreja, Phelps acredita que Deus pune os Estados Unidos pela sua tolerância à homossexualidade. Assim, para chamar a atenção da sociedade, de modo especial no Exército, frequentemente a igreja realiza manifestações em funerais, o que, nos últimos vinte anos, já ocorreu mais de 600 vezes. A igreja, anteriormente, havia notificado as autoridades sobre a manifestação, que ocorreu próximo a um terreno público adjacente a uma rua, não tendo ocorrido durante seu transcurso qualquer ato violento. Conforme a maioria da Suprema Corte, o discurso da igreja era de interesse público e não meramente privado, pelo que sua expressão deveria ser colocada a salvo de qualquer repressão. O requisito para se decidir se

---

143. MACHADO, Jonatas E. M. Liberdade de expressão, interesse público e figuras públicas equiparadas. *Boletim da Faculdade de Direito da Universidade de Coimbra*, v. 85, 2009. p. 89.

144. SUPREME COURT. *Snyder v. Phelps*, 562 U.S. 443 (2011).

um discurso alcança interesses públicos ou privados deve considerar o conteúdo, forma e o contexto. Em relação ao conteúdo, a conduta política e moral dos Estados Unidos e seus cidadãos, o destino da Nação, a homossexualidade no Exército e os escândalos envolvendo a Igreja Católica deveriam ser considerados como sendo de interesse público. Sobre o segundo requisito, a forma, os materiais usados para a comunicação do conteúdo (cartazes) pretenderam alcançar o maior número de pessoas possível. Por fim, o contexto se deu próximo a ruas e em um terreno público, não sendo o fato de haver a ocorrência de um funeral que o transformaria em discurso privado, como alegava a família Snyder. Ainda, não havia um prévio conflito entre Snyder e a igreja de Westboro que poderia encobrir algum conflito privado. Conforme prossegue a Suprema Corte, as vias públicas constituem uma posição especial na proteção da Primeira Emenda, de acordo com a doutrina do fórum público. Deste modo, a Igreja estava em um local público protestando de modo pacífico, tendo havido inclusive notificação prévia às autoridades locais, veiculando uma manifestação com conteúdo de interesse público, pelo que não poderia haver a sua responsabilidade. A expressão, mesmo que perturbadora e que desperte desprezo, não pode ser restringida. Ao final, a decisão ressalta que o país havia feito a escolha de proteção de discursos que pudessem causar dor sobre assuntos públicos para que o debate público não fosse sufocado.

Contudo, deve ser ressaltado igualmente o voto dissidente do Justice Samuel Alito, para quem o compromisso com o debate livre e aberto não é licença para a ofensa verbal que ocorreu no caso. Isso porque o pai do militar morto não era uma figura pública, não podendo a igreja privar a família do momento de enterrar seus familiares em paz. Primeiramente, houve a divulgação na imprensa, o que fez com que a funeral se tornasse um evento midiático tumultuoso. Não bastasse isso, a igreja ainda lança ataques verbais contra a família em um momento de extrema vulnerabilidade, adicionado-se a este cenário a proteção da Primeira Emenda decidida pela maioria em relação ao direito de brutalizar o pai do militar. Da proteção da Primeira Emenda às mais diversas manifestações, não se segue que haja o direito de infligir dano emocional a privados em um tempo de sensibilidade emocional intensa ao se proferir ataques verbais que em nada contribuem para o debate público. Continua o voto sublinhando que o grupo poderia ter protestado em qualquer outro lugar, mas não seria tão noticiado como o foi por ocasião do funeral. Esta estratégia de protesto em funerais tem atraído publicidade e a atenção da mídia. Os ataques, muito além de servirem ao debate público, se deram por ser o militar morto católico e militar. Sendo, então, uma pessoa privada, bem como seu pai, não há que se falar em matéria de interesse público. Por fim, conclui que a promoção do debate público aberto e vigoroso não precisa se dar com a brutalização de vítimas inocentes.

Este julgado da Suprema Corte pode ser tido como significativo da jurisprudência norte-americana de proteção aos discursos que envolvam debates públicos, que são definidos pelo conteúdo, forma e contexto. Danos emocionais sozinhos não recaem nas categorias que tornam o discurso justiciável. Na decisão, é possível perceber que não são criadas novas categorias de discurso não protegidas, ao contrário, reafirma categorias desprotegidas. Assim, é fundamental reconhecer categorias históricas que podem dar causa à responsabilidade, como assédio ou incitação à violência, o que não ocorreu. O desfecho teria sido diferente caso fosse adotada a tese do Justice Samuel Alito, que registra que a natureza abusiva do protesto supera as preocupações com o fato de ter se dado em um fórum público. Suas conclusões, assim, poderiam levado ao reconhecimento da inflição intencional de sofrimento emocional.[145]

Feitas estas considerações sobre a liberdade de expressão nos Estados Unidos, importa haver o aprofundamento a partir deste momento da liberdade de expressão em um ordenamento jurídico que pode ser considerado seu oposto. Como visto, se em território norte-americano a liberdade de expressão merece tratamento especial pelo ordenamento jurídico, pelo que é seguido pela jurisprudência, na Alemanha não se pode afirmar que a tal liberdade possa ser elencada como liberdade preferencial, ou tendo uma posição preferencial frente aos demais direitos, haja vista a interpretação que tem sido dada pelo TCF às disposições constitucionais pertinentes.

---

145. HOOPER, Heath. Sticks and Stones: IIED and speech after Snyder v. Phelps. *Missouri Law Review*, v. 4, 2011. p. 1228 e ss.

4
O TRATAMENTO DO DISCURSO DE ÓDIO NO DIREITO ALEMÃO

A partir deste capítulo será estudada a liberdade de expressão na Alemanha, de modo a serem contempladas não apenas as principais características atribuídas a este direito fundamental, mas em um contraponto essencial com relação à dignidade da pessoa humana. Ainda, diferentemente do que se passa nos Estados Unidos, em que se tem a categorização, ou seja, os limites são estabelecidos por categorias pela Suprema Corte, na Alemanha será feito a análise jurisprudencial essencialmente pelo estudo de casos, uma vez que a análise são se subjaz a categorias, mas à ponderação, realizada em cada caso concreto. Nessa linha, serão feitas referências a alguns casos julgados ela Corte Europeia de Direitos Humanos (CEDH), a fim de que seja traçado um panorama, ainda que sem maiores aprofundamentos, no nível europeu.

4.1 LIBERDADE DE EXPRESSÃO NA LEI FUNDAMENTAL

Conforme já esposado alhures, o modelo alemão pode ser usado como um bom exemplo no combate ao discurso de ódio e à imposição de limites à liberdade de expressão. Em primeiro lugar, pode-se justificar pelo fato de a República Federativa da Alemanha ter se formado após a Segunda Guerra Mundial, a qual foi marcada pelos crimes cometidos pelo nacional-socialismo, além de intensas campanhas marcadas pelo discurso de ódio. Soma-se a isso o fato de a Lei Fundamental (*Grundgesetz*) ter adquirido grande respeito internacional, o que se estende ao domínio da liberdade de expressão.

Impende trazer à lume algumas observações sobre o constitucionalismo alemão que se fazem importantes para a compreensão do seu sistema jurídico e de suas peculiaridades. A Lei Fundamental de 1949 retrata a experiência constitucional de mais de um século – motivo pelo qual se remete à Constituição de Frankfurt (*Paulskirchenverfassung*)[1] e a Constituição de 1918, de Weimar, assentando-se sobre

---

1. A Constituição de Frankfurt, muito influenciada por lideranças acadêmicas, nunca entrou em vigor. A primeira Constituição nacional a entrar em vigor foi a de Weimar, em 1918. Segundo Konrad Hesse, essa constituição do Reich logo fracassou, pois, na sequência, fundou-se o império alemão, que não se fundava nos direitos do povo, mas nos direitos dos príncipes. Um catálogo de direitos fundamentais havia sido redigido pela Assembleia Nacional, por ocasião da redação da Constituição de Frankfurt, tendo entrado em vigor em dezembro de 1848, antes da edição da Constituição em si, mas revogado em 1851, depois da vitória da Restauração. EBERLE, Edward J. Public discourse in contemporary Germany. *Case Western Law*

bases liberais, democráticas e sociais das constituições anteriores.[2] Neste ponto, a Lei Fundamental alemã difere da Constituição americana: enquanto aquela adveio das tradições do liberalismo clássico, do socialismo democrático e do direito natural cristão,[3] esta teve uma inspiração liberal e do direito natural. Nesse sentido, esse país possui uma Constituição de um valor neutro (*value-neutral*), diferentemente da Alemanha que possui como valor fundante, e que perpassa todo o ordenamento jurídico, a dignidade da pessoa humana, o que a insere no grupo de constituições, neste caso uma Lei Fundamental, que declaram um valor, não pretendendo ser neutra. Pelo contrário, com a consagração da dignidade da pessoa humana abrindo a Lei Fundamental, além do amplo rol de direitos fundamentais, forma-se uma *ordem axiológica objetiva*, de nenhum modo neutra, o que contribui ao fim de robustecer a força normativa dos direitos fundamentais, de modo a influenciar todos os Poderes constituídos e relações privadas.[4] Estas assertivas atuam em um contraste quase absoluto com os Estados Unidos, que, além de possuírem uma Constituição neutra em valores, ainda persegue um esquema de liberdades negativas, sem enumerar deveres dos cidadãos ou valores a serem realizados pelo governo.[5]

Após os crimes perpetrados durante o período do nacional-socialismo, e como resultado da política de informação totalitária de Josef Goebbels, firmou-se uma preocupação em inscrever na Lei Fundamental distintas previsões sobre liberdade de informação e de expressão, a fim de prevenir qualquer recorrência totalitária.[6] Além do artigo 5°, que prescreve algumas liberdades comunicativas, o artigo 8° prevê a liberdade de reunião e o artigo 21 garante os direitos dos partidos políticos.

    Review, v. 47, n. 3, 1997. p. 800. HESSE, Konrad. Significado de los derechos fundamentales. In: BENDA, Ernest; MAIHOFER, Werner; VOGEL, Hans-Jochen; HESSE, Konrad; HEYDE, Wolfgang (Org.). *Manual de derecho constitucional*. Madrid: Marcial Pons, 2001. p. 85; GRIMM, Dieter. The role of fundamental rights after sixty-five years of constitutional jurisprudence in Germany. *International Journal of Constitutional Law*, v. 13, n. 01, p. 11.

2. Nesse sentido também Konrad Hesse, para quem a lei Fundamental absorveu as tradições da democracia parlamentar liberal-representativa, do estado de direito liberal e do estado federal, com a junção de novos princípios, especialmente o do Estado Social, o que contribui para a formação de uma ordem de valores, afastando uma ideia de que o Estado possa ser neutro em valores (*wertneutral*), mesmo que neutro ideologicamente (*weltanschaulich neutral*). HESSE, Konrad. *Grundzüge des Verfassungsrechts der Bundesrepublik Deutschland. Neudruck der 20. Auflage*. Heidelberg: C.F. Müller, 1999. Rn. 3.

3. Na Constituinte alemã de 1949, o liberalismo clássico estava representado pelo Partido Democrático Livre (*Freie Demokratische Partei* – FDP), a tradição democrática social pelo Partido Democrático Social, (*Sozialdemokratische Partei* – SPD) e o direito natural cristão pela União Democrática Cristã (*Christlich Demokratische Union Deutschlands* – CDU). A tradição liberal foi responsável pelos artigos 1° a 19; a socialista, pelas cláusulas de bem-estar social; a cristã, pelas previsões sobre moralidade, família, educação e consagração das igrejas estabelecidas institucionalmente. EBERLE, Edward J. Public discourse in contemporary Germany. *Case Western Law Review*, v. 47, n. 3, 1997. p. 801.

4. HESSE, Konrad. Significado de los derechos fundamentales. In: BENDA, Ernest; MAIHOFER, Werner; VOGEL, Hans-Jochen; HESSE, Konrad; HEYDE, Wolfgang (Org.). *Manual de derecho constitucional*. Madrid: Marcial Pons, 2001. p. 92. Ver decisão BVerfGE 7, 198 (205).

5. EBERLE, Edward J. Public discourse in contemporary Germany. *Case Western Law Review*, v. 47, n. 3, 1997. p. 801.

6. EBERLE, Edward J. Public discourse in contemporary Germany. *Case Western Law Review*, v. 47, n. 3, 1997. p. 801.

Esses vários artigos dispersos ao longo da Lei Fundamental levam à conclusão de que devam ser considerados como tendo abordagens analíticas diferentes, ou seja, peculiares na extensão e conteúdo em relação aos demais direitos inseridos no mesmo domínio das liberdades comunicativas.[7]

Se na Alemanha a dignidade da pessoa humana pode ser considerada o princípio supremo da Lei Fundamental, sendo também uma barreira absoluta a toda ação do Estado,[8] nos Estados Unidos a liberdade prepondera sobre demais valores caros ao sistema jurídico-constitucional germânico, como a honra, igualdade e a própria dignidade. Segundo a jurisprudência do Tribunal Constitucional, quando se encontram em conflito a liberdade de expressão e outros valores constitucionais como a dignidade da pessoa humana, honra e igualdade, estes tendem a prevalecer no caso concreto. Outro elemento que pode ser encontrado na doutrina sobre liberdade de expressão é a noção de democracia militante (*streitbare Demokratie*), através da qual o discurso pode ser proscrito se ameaçar a estabilidade da sociedade, seu bem-estar e a ordem democrática. Não se pode conceber que em um Estado democrático os inimigos da Constituição violem, coloquem em perigo ou destruam a existência do Estado, sob a alegação de exercício dos direitos fundamentais concedidos pela mesma Constituição.[9]

Tais discursos que visem a desestabilizar o sistema democrático e suas instituições podem se dar não apenas através de indivíduos, mas também de partidos. Segundo o art. 21, aquelas associações que tenham por objetivo desestabilizar o autogoverno democrático são proibidas, devendo sua dissolução ser declarada pelo TCF, conforme se verá mais abaixo. O contraste com o sistema americano neste ponto é claro: enquanto os limites da liberdade de expressão na GG estão no próprio texto, a Constituição americana, além de não prever limites expressos na Primeira Emenda, proíbe leis que visem a limitar tal direito, o que torna algo estranho a este sistema constitucional noções como democracia militante. Conforme será visto ao longo deste capítulo, as visões americanas e alemã refletem as significativas diferenças entre os ordenamentos jurídicos de liberdade de expressão, mesmo que os dois partam de premissas substancialmente idênticas. Expressões que possam parecer muito caras à liberdade de expressão nos Estados Unidos têm um alcance muito limitado no sistema germânico, o que se dá com o ideal holmesiano de livre mercado de ideias.[10]

---

7. QUINT, Peter. Free speech and Private Law in German Constitutional Theory. *Maryland Law Review*, v. 48, n. 2, 1989. p. 250.

8. BENDA, Ernest. Dignidad humana y derechos de la personalidad. In: BENDA, Ernest; MAIHOFER, Werner; VOGEL, Hans-Jochen; HESSE, Konrad; HEYDE, Wolfgang (Org.). *Manual de derecho constitucional*. Madrid: Marcial Pons, 2001. p. 117-120.

9. EBERLE, Edward J. Public discourse in contemporary Germany. *Case Western Law Review*, v. 47, n. 3, 1997. p. 825; Ver também BVerfGE 30, 1, 19-20 (1970).

10. KROTOSZYNSKI JR, Ronald. A comparative perspective on the first amendment: free speech, militant democracy, and the primacy of dignity as a preferred constitutional value in Germany. *Tulane Law Review*, v. 78, n. 05, maio 2004. p. 1551 e ss.

As liberdades de comunicação são garantidas por diversos artigos na GG, contudo, seu ponto central está situado no art. 5º, que é a norma mais importante sobre a matéria e versa especificamente sobre tais liberdades.[11] A liberdade de expressão encontra limites na proteção da honra, da juventude e nas leis gerais (art. 5º (2)). Tais limites são aplicáveis aos direitos que não encontram expressos limites na Lei Fundamental, a fim de que sejam garantidas a existência e manutenção de bens coletivos que possuam estatura constitucional.[12] Por sua vez, a liberdade de ensino e de arte não está sujeita a restrições (art. 5º, (3)). Conforme explicitou o TCF no caso Mephisto, a liberdade de arte e ciência não são derivações da liberdade de opinião, do mesmo modo que os limites das leis gerais, da proteção da honra e da juventude não lhes são aplicáveis.[13]

Uma das disposições mais caras à liberdade de expressão está centrada na figura da proibição de censura, plasmada no art. 5º, (1) da Lei Fundamental, a qual pode ser considerada um limite dos limites (*Schranke-Schranke*). A ideia por trás dos limites dos limites é que algo deve sobrar do direito que fora limitado, impondo barreiras ao legislador em seu trabalho de estabelecer fronteiras ao exercício dos direitos fundamentais. Estas reservas de lei procuram agir para que bens de natureza constitucional não sejam desfigurados, a ponto de restarem aniquilados. Uma vez que o legislador atua em um quadro estabelecido constitucionalmente, e a ele se vincula, a atuação legiferante não pode ser ilimitada e, portanto, arbitrária. Esta limitação estatal abrange a censura prévia, pois as medidas que a *posteriori* venham a ser tomadas para o resguardo dos direitos fundamentais de terceiros, ou seja, após a publicação do conteúdo, são admitidas, mas devem observados os limites do art. 5º (2) da GG.[14] Pela sua importância para o desenvolvimento da liberdade de expressão, alguns autores consideram que a proibição da censura se trata de uma verdadeira garantia extra do direito em questão, que remonta ao século XIX e a luta para uma imprensa livre. Não se admite que o governo possa atuar como guardião da liberdade

---

11. Assim prevê o artigo 5º (Liberdade de opinião, de arte e ciência): (1) Todos têm o direito de expressar e divulgar livremente o seu pensamento por via oral, por escrito e por imagem, bem como de informar-se, sem impedimentos, em fontes de acesso geral. A liberdade de imprensa e a liberdade de informar através da radiodifusão e do filme ficam garantidas. Não será exercida censura. (2) Estes direitos têm por limites as disposições das leis gerais, os regulamentos legais para a proteção da juventude e o direito da honra pessoal. (3) A arte e a ciência, a pesquisa e o ensino são livres. A liberdade de ensino não dispensa da fidelidade à Constituição. LEI FUNDAMENTAL. Disponível em: https://www.btg-bestellservice.de/pdf/80208000.pdf. Acesso em: 19 jan. 2021.

12. BRUGGER, Winfried. The treatment of hate speech in German Constitutional Law (Part I), German Law Journal, n. 4, 2003. p. 1-8; DUQUE, Marcelo Schenk. *Eficácia horizontal dos direitos fundamentais e jurisdição constitucional*. 2. ed. São Paulo: Editora dos Editores, 2019. p. 126; PIEROTH, Bodo; SCHLINK, Bernhard. *Direitos fundamentais*. Trad. António Francisco de Sousa e António Franco. São Paulo: Saraiva, 2012. p. 174.

13. JOUANJAN, Olivier. Freedom of expression in the Federal Republic of Germany. *Indiana Law Journal*, v. 84, n. 3, 2009. p. 868.

14. PIEROTH, Bodo; SCHLINK, Bernhard. *Direitos fundamentais*. Trad. António Francisco de Sousa e António Franco. São Paulo: Saraiva, 2012. p. 137-138;289. DUQUE, Marcelo Schenk. Curso de direitos fundamentais: teoria e prática. São Paulo: Ed. RT, 2014. p. 282; 288.

de expressão, devendo ser incentivada uma cidadania responsável que julgue por si mesma a adequação dos conteúdos e seu respectivo valor.[15]

Em uma visão mais dogmática da liberdade de expressão, é possível notar vinculadas a este direito três dimensões – interna, externa e comunicativa. A dimensão interna se refere à formação da opinião e das ideias artísticas e de ensino; a comunicativa, à expressão da opinião e da criação de trabalhos de arte ou de ciência; por fim, a dimensão externa se liga ao efeito das opiniões, arte ou ciência sobre a audiência ou o receptor da comunicação. Quando se fala em discurso de ódio, todas estas dimensões formam um círculo de atuação. Outros aspectos que incidem sobre a liberdade de expressão dizem respeito às teorias que explicam a arquitetura dos direitos comunicativos, quais sejam, (i) a teoria processual ou holística; (ii) a teoria baseada na análise da função e (iii) aquela que enfatiza a interdependência do orador e da plateia.[16]

Para entender a teoria processual, ou holística, os direitos de expressão não existem independentemente dos demais, mas acabam por formar um sistema holístico, o qual tem por finalidade a comunicação exitosa de determinada informação. Em uma de suas decisões que versavam sobre a imprensa, o Tribunal ressaltou que, dado que o artigo 5º (1) garante a liberdade de se expressar e disseminar opiniões e a liberdade de informação como direitos humanos, também procura proteger este processo constitucionalmente. Logo, a transmissão de notícias é um meio e um fator deste processo constitucionalmente protegido de livre formação da opinião.[17] Por sua vez, as funções das liberdades comunicativas repousam sobre uma justificativa que pode ser chamada de dual: a ênfase se coloca tanto na *autonomia do orador*,[18] como um desdobramento da personalidade humana, como na *avaliação das consequências das declarações proferidas*. Esta clarificação foi transposta no caso Lüth. Segundo o entendimento do Tribunal, a liberdade de expressão seria a expressão mais direta da personalidade humana na sociedade, e um dos mais importantes direitos humanos. Em um Estado democrático, é a condição de constituição deste, pelo que somente se faz possível através do constante debate intelectual e do embate de opiniões, sendo também seu elemento vital. Ainda, a liberdade de expressão seria a matriz, a condição indispensável de quase todas as outras formas de expressão.[19]

Assim, entram em conta na decisão citada o desenvolvimento pessoal, que é somente possível através da liberdade de expressão, independentemente dos efeitos

---

15. KARPEN, Ulrich. Freedom of expression as a basic right: a german view. *The American Journal of Comparative Law*, v. 37, n. 2, 1989. p. 398.
16. BRUGGER, Winfried. The treatment of hate speech in German Constitutional Law (Part I). *German Law Journal*, n. 4, 2003. p. 1-8.
17. BVerfGE 57, 295 (319).
18. EBERLE, Edward J. Public discourse in contemporary Germany. *Case Western Law Review*, v. 47, n. 3, 1997. p. 805.
19. BRUGGER, Winfried. The treatment of hate speech in German Constitutional Law (Part I). *German Law Journal*, n. 4, 2003, p. 1-9; BVerfGE 7, 198 (208).

das declarações sobre os destinatários. Em relação à avaliação das consequências, analisa-se as razões para a proteção do discurso. Um dos objetivos se aproxima do conceito americano, ou seja, a (i) busca da verdade, que é possibilitada pela troca de ideias, além de assuntos de (ii) interesse geral ou (iii) políticos, que entram neste campo.[20] Entretanto, a própria noção de quais seriam os discursos que ensejariam um enquadramento de interesse geral é problemática, quando feita *a priori*, revelando-se mais apropriada uma análise casuística no âmbito dos tribunais. Implicada nesta ideia, encontra-se uma função *estabilizadora*, que atua sobre a sociedade em geral e é possibilitada pela discussão de assuntos que não são pacíficos e ensejam diferentes visões, o que tem como resultado uma diminuição de prováveis recursos à violência, tanto física como verbal.[21]

Em relação à interrelação entre o orador e a audiência, é preciso ressaltar que a GG protege não apenas a declaração, como também os efeitos que podem se produzir como consequência daquela. Os destinatários que podem sofrer os efeitos podem ser tanto pessoas individualmente consideradas ou grupos, que veem direitos como honra, dignidade e igualdade afetados. Assim, quanto mais inflamados forem os proferimentos, maior perigo se revelará para os direitos das partes afetadas. Além dos limites das leis gerais, da proteção da juventude e da honra, o artigo 5º (3), que não possui limites em seu texto, faz atrair a aplicação dos limites imanentes, anteriormente comentados, que são reservas legais implícitas.[22] Nos casos de proferimentos odiosos, vexatórios e humilhantes, o TCF decide quais direitos devem prevalecer quando em face da liberdade de expressão.[23] Esta interrelação entre orador e plateia pode ser visto no julgamento do caso do Romance Esra (*Roman Esra*),[24] que versava sobre um caso de afronta a direitos da personalidade pela publicação de obra literária em que o autor apresentava traços autobiográficos desonrosos que incluíam outras pessoas, como sua ex-mulher e sogra. Segundo o TCF, no âmbito da liberdade da obra artística (*Werkbereich*) deve ser incluído também o efeito sobre o público (*Wirkbereich*), podendo, então, os atingidos obter uma tutela efetiva contra as violações a seus direitos.[25] Isso porque a liberdade artística se evidencia na apresentação e difusão ao público.[26]

---

20. PIEROTH, Bodo; SCHLINK, Bernhard. *Direitos fundamentais*. Trad. António Francisco de Sousa e António Franco. São Paulo: Saraiva, 2012. p. 286.
21. BRUGGER, Winfried. The treatment of hate speech in German Constitutional Law (Part I). *German Law Journal*, n. 4, 2003, p. 1-9; BVerfGE 69, 315 (347).
22. DUQUE, Marcelo Schenk. *Curso de direitos fundamentais*: teoria e prática. São Paulo: ED. RT, 2014. p. 353.
23. BRUGGER, Winfried. The treatment of hate speech in German Constitutional Law (Part I). *German Law Journal*, n. 4, 2003. p. 1-9.
24. BVerfGE 119, 1.
25. MARTINS, Leonardo. *Tribunal Constitucional Federal alemão*: decisões anotadas sobre direitos fundamentais. Volume I: dignidade humana, livre desenvolvimento da personalidade, direito fundamental à vida e à integridade física, igualdade. São Paulo: Konrad Adenauer Stiftung, 2018. p. 109.
26. IPSEN, Jörn. *Staatsrecht II*:Grundrechte. 9.überarbeitete Auflage. Neuwied: Luchterhand, 2006. p. 146.

4 • O TRATAMENTO DO DISCURSO DE ÓDIO NO DIREITO ALEMÃO

Não se pode olvidar também que existe um interesse por parte desta audiência em um direito a se informar, o que pode ser visto pelo caso Blinkfüer, conforme será analisado mais abaixo. Esta conclusão deriva da redação do artigo 5º da GG, que protege o direito de obter informações de fontes variadas e disponíveis, o que vem a gerar um direito informacional, que não se confunde com a liberdade de opinião. Seu âmbito recai justamente na possibilidade de as pessoas livremente determinarem de quais informações precisam e como as utilizar. Sua gênese pode ser encontrada no caso Leipzig, em que agentes da aduana confiscaram cópias do jornal Leipzig Tageszeitung, editado na então República Oriental Alemã (*Deutsche Demokratische Republik* – DDR), ao argumento de que se acreditava que contivesse propaganda comunista. Um assinante do jornal ajuizou uma ação judicial contra o confisco, sendo seu pleito procedente. O TCF, em suas razões, expôs que *um direito geral de se informar é um dos fundamentos da liberdade de expressão*. Este direito não estava presente na Constituição de Weimar, pois reflete a reação ao controle totalitário nazista da informação.[27]

Em relação ao discurso de ódio, a legislação penal alemã prevê que pode haver a punição pela difamação coletiva (*Kollektivbeleidigung*), que ocorre quando o objetivo é o ataque de membros de organizações específicas (Conselho da Daimler-Chrysler), ou, na forma mais típica, quando se ataca um grupo pelos seus traços característicos (*Sammelbeleidigung or Beleidigung von Einzelpersonen unter einer Kollektivbezeichnung*), mas deve estar fora de dúvida que cada membro fora um alvo da ofensa. Essa exigência, além de inclusão de grandes grupos, ainda é motivo de controvérsia. Em outra via, encontra-se já estabelecido, não havendo controvérsias, que grupos que representem uma minoria social com alegadas características que são vistas como negativas podem sofrer discurso se ódio e se enquadrarem no tipo supracitado. Outras disposições do StGB protegem bens coletivos. Exemplo disso são os §§ 84 a 91 que dispõem sobre as ameaças ao Estado Constitucional Democrático, com tipos penais proscrevendo a disseminação e uso de propaganda por organizações ligadas ao nacional-socialismo (§§ 86 e 86a). Em complemento a estas previsões, o § 130 versa sobre a incitação ao ódio e violência contra grupos minoritários. O item 3 prevê que aquele que, em público ou em algum grupo, aprovar, negar ou minimizar os atos cometidos durante o período do nacional-socialismo, de maneira a causar distúrbios à paz pública, estará sujeito a prisão, não excedente a cinco anos ou multa. Já o item 4 prevê que aquele que publicamente ou em grupo turbar a paz pública de maneira a violar a dignidade das vítimas através da aprovação, glorificação ou justificando a tirania e governo arbitrário do nacional-socialismo, incorre em pena de prisão não excedente a cinco anos ou multa.[28]

---

27. BVerfGE 27, 71; EBERLE, Edward J. Public discourse in contemporary Germany. *Case Western Law Review*, v. 47, n. 3, 1997. p. 832-833.

28. BRUGGER, Winfried. The treatment of hate speech in German Constitutional Law (Part I). *German Law Journal*, n. 4, 2003. p. 16-17.

Conexas a estas disposições, o BGB possui várias previsões que versam sobre discurso de ódio. A responsabilização civil é estabelecida no § 823 (2), em combinação com o § 185 do SttGB, ou pelo § 823 (1)[29] do BGB, que prevê uma cláusula geral que atua na proteção de outros direitos, no que se inclui o direito geral de personalidade (*allgemeines Persönlichkeitsrecht*). O § 824 dispõe sobre a responsabilidade civil daquele que for condenado pela disseminação de declarações de fato falsas sobre outra pessoa e que venham a causar dano para sua reputação. O § 826 complementa a previsão antecedente prescrevendo que a obrigação de indenizar pode sobrevir se o discurso de ódio afrontar os bons costumes (*gute Sitten*). Se as declarações se mostrarem realmente inverídicas, pode haver o pedido para que o réu se abstenha de praticar o ato (*Unterlassung*) ou demandar a retratação (*Widerruf*), com fundamento no § 1004. Estas prescrições civis não são aplicáveis quando se tratar de julgamentos de valor, é dizer, opiniões, porque as categorias de falso e verdadeiro remetem a fatos. Em relação à imprensa, garante-se o direito de resposta, se os fatos afirmados forem danosos e forem veiculados por jornais, rádio ou televisão.[30]

Um dos limites mais controvertidos no direito constitucional alemão certamente são as denominadas leis gerais, as quais não podem ser consideradas como inovação constitucional na GG, pois já previstas no artigo 118 da Constituição de Weimar, que garantia a liberdade de opinião no quadro das leis gerais.[31] Em 24 de maio de 1930, em julgado exarado pela quarta câmara criminal do *Reichsgericht*, ou Corte do Império Germânico, seu significado foi definido. Assim, seriam gerais aquelas leis que não se dirigissem a uma determinada opinião, não devendo, pois, se voltar a uma opinião específica.[32] Como forma de definir o que seria uma lei com conteúdo específico, ou especial, cunhou-se o termo *Sonderrecht,* ou seja, leis de exceção ou especiais e que têm por função prevenir, proibir ou tornar especialmente difícil a expressão de uma opinião em particular, conforme definição que pode ser atribuída a Kurt Häntzschel.[33] Ao tempo em que foi emanada, a lei visava especialmente os discursos fascistas e comunistas. Assim, a liberdade de opinião apenas pode ser limitada quando se converter em ações com efeitos materiais que ponham em risco a

---

29. Assim prescreve o artigo § 823: 1. Quem, com dolo ou negligência, ofender ilicitamente a vida, o corpo, a saúde, a liberdade, a propriedade ou outro direito de outra pessoa fica obrigado a indenizar a esta pelos resultados da ofensa. 2. A mesma obrigação recai sobre a pessoa que violar uma lei que vise proteger outra pessoa. Se, segundo o conteúdo da lei, for possível uma ofensa contra ela mesmo sem culpa, a obrigação de indenizar só existe em caso de culpa. CANARIS, Claus-Wilhelm. *Direitos fundamentais e direito privado*. Coimbra: Almedina, 2003. p. 153-154.
30. BRUGGER, Winfried. The treatment of hate speech in German Constitutional Law (Part I). *German Law Journal*, n. 4, 2003. p. 16-19.
31. PIEROTH, Bodo; SCHLINK, Bernhard. *Direitos fundamentais*. Trad. António Francisco de Sousa e António Franco. São Paulo: Saraiva, 2012. p. 282-285.
32. Reichtsgericht (RG) 59 (1930). Citado por: JOUANJAN, Olivier. Freedom of expression in the Federal Republic of Germany. *Indiana Law Journal*, v. 84, n. 3, 2009. p. 874.
33. PAYANDEH, Mehrdad. The limits of freedom od expression in the *Wunsiedel* Decision of the German Federal Constitucional Court. *German Law Journal*, v. 11, n. 08, 2010. p. 932.

4 • O TRATAMENTO DO DISCURSO DE ÓDIO NO DIREITO ALEMÃO

segurança pessoal ou a ordem pública. Contudo, esta noção sofreu severas críticas, em especial de Rudolf Smend, que a considerava deveras formalística e insuficiente ao fim a que se destinava. Segundo o autor, o termo geral (*Allgemeinheit*) deve ser entendido como um conjunto de condições que permitam a vida em comunidade de indivíduos livres possível, tais como os valores da segurança, ordem pública e direitos de terceiros, o que remete à coletividade. Isto leva à conclusão de que leis gerais são assim possíveis ao combinarem comunidade e valores coletivos. Em havendo um confronto de valores individuais e coletivos, deve-se proceder a uma ponderação dos valores individuais e coletivos para averiguar casuisticamente qual deve prevalecer.[34] Estes valores segundo a doutrina alemã, são mais bens especificados quando ligados aos limites imanentes da Lei Fundamental, o que contribuiria uma proteção mais específica à liberdade de expressão.[35]

Atualmente, estas posições em parte acabaram prevalecendo na interpretação das leis gerais, unindo as noções de *Sonderrecht* com a teoria axiológica de Smend. As leis gerais, segundo o artigo 5º (2) não podem ser dirigidas à proibição de uma expressão em especial, mas, conforme firmado em Lüth, podem preservar um interesse público preponderante ao defender um bem comum que prevaleça sobre a liberdade de expressão.[36] A solução, então, acaba por ser encontrada apenas pragmaticamente, pela ponderação de interesses.[37] Sua generalidade deve ser auferida na medida em que não compreenda nenhuma discriminação de opiniões (*Sonderrechtslehre*) e limite a expressão e sua disseminação apenas na medida necessária para fazer frente a interesses públicos (*Abwägungslehre*). Embora tenha havido um esforço por parte do Tribunal Constitucional ao tentar clarificar o alcance das leis gerais, a verdade é que, na prática, o método de qualificação ficou tão ampliado e vago a ponto de ser praticamente impossível diferenciar uma lei geral de uma simples norma geral e que seja impessoal e abstrata, característica das leis.[38]

Em relação às leis de discurso de ódio, acabam por incidir na proibição de leis gerais, sendo, pois, baseadas em conteúdos e em pontos de vista (*Sonderrecht gegen Meinung*), o que, como visto, mostra-se proibido no sistema constitucional norte-americano. Na engrenagem alemã, entretanto, mesmo que suspeitas, são tidas por constitucionais. Tal se passa quando uma lei vem a proteger um direito que é

---

34. JOUANJAN, Olivier. Freedom of expression in the Federal Republic of Germany. *Indiana Law Journal*, v. 84, n. 3, 2009. p. 874-875; PIEROTH, Bodo; SCHLINK, Bernhard. *Direitos fundamentais*. Trad. António Francisco de Sousa e António Franco. São Paulo: Saraiva, 2012. p. 282-285.
35. MORLOK, Martin. MICHAEL, Lothar. *Direitos fundamentais*. Trad. António Francisco de Sousa e António Franco. São Paulo: Saraiva, 2016. p. 518.
36. BVerfGE 7, 198 (209).
37. MORLOK, Martin. MICHAEL, Lothar. *Direitos fundamentais*. Trad. António Francisco de Sousa e António Franco. São Paulo: Saraiva, 2016. p. 516.
38. JOUANJAN, Olivier. Freedom of expression in the Federal Republic of Germany. *Indiana Law Journal*, v. 84, n. 3, 2009. p. 875-876; PIEROTH, Bodo; SCHLINK, Bernhard. *Direitos fundamentais*. Trad. António Francisco de Sousa e António Franco. São Paulo: Saraiva, 2012. p. 282-285.

tido por maior merecedor de tutela que a liberdade de expressão,[39] como é o caso das disposições do StGB que regulam a negação do holocausto.[40] Tomadas em seu sentido literal e aplicando-se a teoria da lei especial, a consequência seria que não apenas a negação do holocausto, mas diversas outras disposições seriam contrárias à GG, como a propaganda inconstitucional, nos termos do § 86 do StGB. Assim, tais dispositivos, *a priori*, não poderiam ser reputados legítimos dentro do marco constitucional que exige a observância das leis gerais. No caso Wunsiedel, o Tribunal Constitucional Federal conclui que o art. 130 (4) não é uma lei geral, mas não declara a inconstitucionalidade da norma,[41] o que pode ser explicado com base no percurso histórico alemão e a singularidade do Holocausto. Uma parte da doutrina é crítica quanto a esta disposição. Segundo o TCF, os redatores da GG empenharam esforços para proibir a negação do holocausto. Contudo, se os constituintes realmente assim o quisessem, segundo alguns autores, teriam incluído tal previsão em seu texto, como foi feito com as demais disposições.[42] Ainda, a exigência que se faz quanto às leis gerais é que sejam neutras, a fim de que não haja a conversão das pessoas a um determinado conteúdo e nem que a sociedade seja dissuadida de uma determinada ideia. Essa neutralidade sofrerá escrutínio no controle de proporcionalidade, devendo a lei ser apta e necessária para a prossecução de um fim tido por legítimo.[43]

Tendo sido feitas estas observações, impende destacar alguns dos valores que se encontram subjacentes à liberdade de expressão, sendo os mais desenvolvidos os princípios democráticos e a dignidade da pessoa humana.

4.2 DEMOCRACIA E LIBERDADE DE EXPRESSÃO NA JURISPRUDÊNCIA DO TRIBUNAL CONSTITUCIONAL FEDERAL

Essencialmente, a liberdade de expressão é um direito individual, que serve como defesa contra atos arbitrários praticados pelo Estado, de forma que se torna um meio para o autodescobrimento, *rectius*, para seu livre desenvolvimento da personalidade, além de ser uma condição necessária para a busca da verdade de forma pessoal.[44] O que denota ainda mais este caráter individual, como autêntico direito subjetivo de defesa, segundo outros autores, é uma das expressões deste direito: a

---

39. BRUGGER, Winfried. The treatment of hate speech in German Constitutional Law (Part I). *German Law Journal*, n. 4, 2003. p. 20.
40. PAYANDEH, Mehrdad. The limits of freedom od expression in the *Wunsiedel* Decision of the German Federal Constitucional Court. *German Law Journal*, v. 11, n. 08, 2010. p. 933.
41. MORLOK, Martin. MICHAEL, Lothar. *Direitos fundamentais*. Trad. António Francisco de Sousa e António Franco. São Paulo: Saraiva, 2016. p. 515.
42. PIEROTH, Bodo; SCHLINK, Bernhard. *Direitos fundamentais*. Trad. António Francisco de Sousa e António Franco. São Paulo: Saraiva, 2012. p. 286.
43. PIEROTH, Bodo; SCHLINK, Bernhard. *Direitos fundamentais*. Trad. António Francisco de Sousa e António Franco. São Paulo: Saraiva, 2012. p. 283.
44. KOMMERS, Donald P. The jurisprudence of free speech in the United States and the Federal Republic of Germany, *Southern California Law Review*, v. 53, n. 2, jan. 1980. p. 678.

liberdade de se informar, havendo uma precedência da perspectiva como direito individual sobre aquela fundamentada no princípio democrático.[45]

Nos Estados Unidos, a democracia é o fundamento tanto para os absolutistas da liberdade de expressão, que defendem que em uma ordem democrática todas as ideias devem ser admitidas, mesmo as consideradas preconceituosas e abomináveis, como para aqueles que defendem a regulação do discurso de ódio. Na primeira visão, o desenvolvimento da autonomia seria essencial para a democracia. Edwin Baker, por exemplo, discorda daqueles que colocam o *free speech* no centro da democracia, preferindo localizá-la como uma derivação do respeito pelo livre discurso ou, mais especificamente, pela autonomia individual. Mais do que entender que democracia e livre discurso operam em conjunto, condiciona a liberdade de expressão quase ilimitada à configuração democrática.[46] Em uma segunda visão, a democracia não pode admitir discursos discriminatórios, em nome da dignidade da pessoa humana e da promoção de uma sociedade pluralista.[47] Segundo Dieter Grimm, não é apenas a liberdade de expressão que se liga à democracia, bem como os direitos da personalidade, que se encontram, mais precisamente, intrinsicamente conectados. Igualdade e dignidade são valores democráticos, o que leva à conclusão de a proteção dos direitos da personalidade contra os discursos ofensivos é uma causa legítima no âmbito democrático, para o que se impõem limitações à liberdade de expressão.[48]

Em uma série de casos levados a julgamento perante o TCF, este afirmou que um dos objetivos da Lei Fundamental é a salvaguarda dos processos democráticos e das instituições. Esta perspectiva revela a faceta do direito como consequência da ordem objetiva de valores baseada na Lei Fundamental, tendo em vista que os direitos fundamentais irradiam seus efeitos para além da relação entre Estado e administrado, mas para todos os setores da sociedade e domínios jurídicos. Esta visão democrática, porém, é válida à medida que sirvam de apoio à realização de direitos individuais.[49]

Segundo o TCF, o processo de opinião envolve duas etapas, uma vez que deve ser entendido que existe um estágio anterior à expressão, de *formação preliminar da opinião*, envolvendo o direito e responsabilidade de indivíduos, imprensa e associações. Em razão de serem influenciadores de opinião, são elementos constituintes do sistema político e essenciais ao funcionamento da democracia, do que decorre um direito a não interferência estatal em suas atividades. Entretanto, como as liberdades não podem ser vistas como ilimitadas, a atuação destes órgãos possui limites, pois

---

45. KARPEN, Ulrich. Freedom of expression as a basic right: a german view. *The American Journal of Comparative Law*, v. 37, n. 2, 1989. p. 396.
46. BAKER, Edwin. Hate speech. *Journal of Media Law and Ethics*, v. 1, n. 3/4, set. 2009. p. 9.
47. TSESIS, Alexander. Dignity and speech: the regulation of hate speech in a democracy. *Wake Forest Law Review*, v. 44, 2009. p. 508 e ss.
48. GRIMM, Dieter. Freedom of speech in a globalized world. In: HARE, Ivan; WEINSTEIN, James (ed). *Extreme speech and democracy*. New York: Oxford University Press, 2010. p. 21.
49. KARPEN, Ulrich. Freedom of expression as a basic right: a german view. *The American Journal of Comparative Law*, v. 37, n. 2, 1989. p. 3967.

não podem defender ou promover atividades que visem a violar a Constituição. Assim, a Alemanha adotou um modelo de democracia militante, que visa a defender a GG dos seus inimigos. Uma das maiores expressões desta noção é a possibilidade de declarar a inconstitucionalidade de partidos que "tentarem prejudicar ou eliminar a ordem fundamental livre e democrática ou pôr em perigo a existência da República Federal da Alemanha", elencado no artigo 21. Conjugada a esta previsão, o artigo 9º prescreve que as associações que se voltarem contra a ordem constitucional são proibidas. A *ratio* da adoção deste pensamento é que não deve haver liberdade para os seus inimigos, sob pena de a própria GG e a ordem democrática serem aniquiladas.[50]

Esta relação de democracia e liberdade de expressão pode ser muito bem notada pela leitura do acórdão Lüth. A decisão sublinha que apenas em um sistema democrático livre pode haver a divergência de opiniões e as controvérsias intelectuais, o que torna a liberdade de expressão uma condição indispensável de quase todas as demais formas de liberdade.[51] Este acento mais específico trouxe uma série de questões a reboque, como, por exemplo, a eficácia dos direitos fundamentais nas relações privadas, a teoria recíproca e a ordem objetiva de valores, ideias que foram desenvolvidas no referido acórdão e que se incorporaram aos demais institutos do direito constitucional alemão e, por conseguinte, de sua dogmática dos direitos fundamentais. Estes desenvolvimentos se mostram igualmente importantes para a interpretação de casos envolvendo colisões de direitos fundamentais que digam respeito à liberdade de expressão.

4.2.1 Lüth

Lüth é o caso de maior relevância quando o assunto é liberdade de expressão, envolvendo dois particulares, Erich Lüth e Veit Harlan, conforme já esposado e para onde se remete o leitor.[52] O processo teve como fundamento o § 826 do Código Civil, que é uma cláusula geral e prevê que é obrigado a indenizar aquele que causa danos a terceiros de maneira contrária aos bons costumes.[53] Em razão de este ter sido

---

50. KOMMERS, Donald P. The jurisprudence of free speech in the United States and the Federal Republic of Germany. *Southern California Law Review*, v. 53, n. 2, jan. 1980. p. 680-681.

51. KROTOSZYNSKI JR, Ronald. A comparative perspective on the first amendment: free speech, militant democracy, and the primacy of dignity as a preferred constitutional value in Germany. *Tulane Law Review*, v. 78, n. 05, maio 2004. p. 1583; BVerfGE 7, 198 (208).

52. Para detalhes pormenorizados sobre a decisão: DUQUE, Marcelo Schenk. *Eficácia horizontal dos direitos fundamentais e jurisdição constitucional*. São Paulo: Editora dos Editores, 2019. p. 26 e ss.

53. Segundo Marcelo Schenk Duque, "as cláusulas gerais descrevem prescrições jurídicas nas quais os conceitos jurídicos empregados pelo legislador para a fixação da hipótese de incidência são caracterizados por um grau de abstração e indeterminação de conteúdo tão elevado ao ponto de não lhes permitir um conceito unívoco de conteúdo. É por isso que ao se analisar seu papel, se costuma por regra fazer referência às cláusulas gerais como normas carentes de precisão (*präzisierungsbedürftige*), que contêm para determinados âmbitos uma indicação para o fim perseguido, fornecendo linhas diretivas, sem, contudo, fixar uma aplicação precisa para o conjunto de fatos, aspecto que atrai o debate em torno das cláusulas gerais à problemática da sua concretização. DUQUE, Marcelo Schenk. *Eficácia horizontal dos direitos fundamentais e jurisdição constitucional*. São Paulo: Editora dos Editores, 2019. p. 267.

um dos primeiros casos sobre liberdade de expressão, e ainda entre particulares, o Tribunal Constitucional foi obrigado a confrontar diversas questões fundamentais. Além disso, pode ser considerado o caso fundante da moderna disciplina da liberdade de expressão na Alemanha.[54] Uma das primeiras questões diz respeito ao fato de que havia uma relação entre particulares, de modo que não deveria ser aplicada a constituição diretamente. Nos anos que precederam o caso, vários doutrinadores defendiam a não aplicação da Lei Fundamental para as relações entre privados. Sendo assim, a liberdade de expressão não poderia proteger Lüth. As normas de direito privado foram desenhadas para assegurar mais liberdade e autonomia para os indivíduos, sem que o Estado pudesse interferir.

Em sua decisão, o Tribunal asseverou que alguns direitos constitucionais são tão importantes que devem ser vistos como regras gerais que se aplicam à sociedade, no que se incluem os indivíduos e grupos privados. Em analisando as diferentes doutrinas que versavam sobre a eficácia dos direitos fundamentais nas relações privadas, a Corte afastou os extremos, nem uma aplicação direta e nem uma não aplicação para as relações privadas. Suas considerações indicam que a GG estabelece uma ordem de valores objetiva. Isso significa que as disposições constitucionais se aplicam em geral e em abstrato e não se cingem a uma relação específica. Em contraste, tem-se os direitos subjetivos, que são direitos aplicáveis a um indivíduo contra outra parte específica. Assim, estes direitos fundamentais que constituem a ordem de valores são tão importantes que devem ser considerados à parte de qualquer relação específica, é dizer, entre o indivíduo e o Estado. Se estes direitos formam parte dos valores objetivos, podem ser também violados em circunstâncias que não envolvam o Estado. Sendo a um cidadão garantida a liberdade de expressão, pode haver uma pressão externa que torne impossível o seu exercício. Na prática, isso significaria que pouco importa se a ameaça decorre de um particular ou do Estado, pois em jogo estaria o livre exercício dos direitos fundamentais. Esta assertiva, contudo, não implica dizer que o impacto dos direitos constitucionais nas relações que envolvem privados e Estado seja o mesmo, ou seja, quando em causa dispositivos do direito público e do direito privado.[55]

Neste quadro, ficou assentada a doutrina do efeito indireto dos direitos fundamentais nas relações privadas. Em outras palavras, os direitos constitucionais têm a função de influenciar o direito privado, não se falando, neste ponto, em superação das normas de direito privado, o que seria aniquilar as suas disposições, as quais são o suporte da autonomia privada e das relações estabelecidas neste domínio. O eixo que se estabeleceu foi de que existe um conteúdo que emana ou irradia

---

54. KROTOSZYNSKI JR, Ronald. A comparative perspective on the first amendment: free speech, militant democracy, and the primacy of dignity as a preferred constitutional value in Germany. *Tulane Law Review*, v. 78, n. 05, maio 2004. p. 1585.

55. DUQUE, Marcelo Schenk. *Eficácia horizontal dos direitos fundamentais e jurisdição constitucional*. São Paulo: Editora dos Editores, 2019. p. 61 e ss; QUINT, Peter. Free speech and Private Law in German Constitutional Theory. *Maryland Law Review*, v. 48, n. 2, 1989. p. 250 e ss.

do direito constitucional para as normas de direito civil, o que acaba por afetar a interpretação das normas civilistas aplicáveis. Isso, ao fim e ao cabo, importa em manter a relação civil da causa com o influxo das normas constitucionais, o que se dá em grande parte através das cláusulas gerais e dos conceitos indeterminados, que formam pontos de irradiação para a entrada dos valores constitucionais no ordenamento jurídico-privado. Existe um exercício prévio de análise deste fluxo que emana das normas de direito constitucional e que deve ser observado no quadro decisório judicial. Através desse efeito de irradiação e da adjetivação da ordem de valores como objetiva, noções que se complementam, surgiu um impulso de grande significado para o reconhecimento da eficácia dos direitos fundamentais nas relações privadas (*Drittwirkung*). Em se tratando de liberdade de expressão, dá-se uma simbiose entre a norma de direito civil e a liberdade de expressão. Se a norma civil deve receber os influxos do direito privado, através das cláusulas gerais ou dos conceitos indeterminados, deve-se perceber que esta influência deve ser controlada pelo Tribunal, de modo a não aniquilar as disposições de direito civil, inclusive de modo a desfigurá-las como tal.[56]

Um segundo passo se deu ao analisar as leis gerais, uma vez que, segundo o art. 5º (2) da GG, a liberdade de expressão pode encontrar seus limites nas leis gerais. Contudo, havia um desafio a ser enfrentado, qual seja, se o § 826 do BGB pode ser considerado como tal. Desta maneira, firmou-se o entendimento de que os legisladores e juízes estão vinculados aos direitos fundamentais, de forma que qualquer lei geral que for editada ou interpretada deva, por sua vez, ser limitada pelo direito fundamental. O que deve ser entendido é que existe um efeito recíproco (*Wechselwirkung*) entre a lei geral e o direito fundamental em questão.[57] Neste ponto reside igualmente um dos grandes eixos da decisão e uma diretriz construída para as relações privadas que envolvam direitos fundamentais. A razão se remete à própria eficácia horizontal. Se é certo afirmar que as relações privadas, a fim de guardarem sua autonomia e liberdade no marco das mais diversas áreas do direito civil, devem ser guiadas, essencialmente, pelas normas do direito ordinário, também não se pode olvidar que sua interpretação exige remissão aos direitos fundamentais, para a efetivação de um exame da norma aos olhos da constituição, é dizer, uma análise civil-constitucional e vice-versa. Por seu turno, as normas constitucionais também são complementadas pelas normas de direito civil, o que revela uma atividade de mão dupla. A ideia é que a livre expressão, conforme previsto na GG, não desconsidere os preceitos de natureza civil, nem que as normas do direito ordinário formem um ordenamento à parte e separado da Constituição. Há, então, uma dupla limitação.

---

56. DUQUE, Marcelo Schenk. *Eficácia horizontal dos direitos fundamentais e jurisdição constitucional*. São Paulo: Editora dos Editores, 2019. p. 30 e ss.

57. QUINT, Peter. Free speech and Private Law in German Constitutional Theory. *Maryland Law Review*, v. 48, n. 2, 1989. p. 250 e ss.

Se o direito ordinário deve ser interpretado conforme a Constituição, também a Constituição limita as disposições do direito ordinário.[58]

Em relação ao conflito de interesses no caso, a liberdade de expressão artística de Harlan e a liberdade de expressão de Lüth, a Corte reconheceu uma presunção em favor do livre discurso. Não havia apenas interesses privados na relação em análise, mas também públicos. Basta lembrar que a Alemanha ainda estava se reerguendo como uma democracia e o boicote de Lüth estava ligado a um temor de recrudescimento dos ideais nacionais-socialistas. Assim, existia nas expressões de Lüth um nítido interesse público e que diziam respeito diretamente ao povo alemão – a reputação da vida cultural alemã após os eventos que marcaram a Segunda Guerra Mundial. Segundo expressou a Corte, Lüth havia agido de boa-fé e exprimia uma sincera convicção política, pois agia na tentativa de evitar a aparência de que nada havia mudado na Alemanha em comparação com o período nacional-socialista, com Harlan novamente como representante do cinema alemão.[59]

Outro fator relevante é que o autor do boicote estava engajado em atividades de entendimento entre cristãos e judeus, além do trabalho desenvolvido na seara cinematográfica. Com essas atividades sendo levadas a cabo, era natural que a sociedade esperasse um posicionamento dele sobre a questão. Em relação à Harlan, o Tribunal considerou que não houve uma violação à sua dignidade, da mesma forma que os ataques não teriam o condão de o afastar da carreira no cinema. Como resultado do sopesamento, ficou decidido que entre os direitos constitucionalmente protegidos de Lüth e os interesses econômicos de Harlan, tutelados pelo direito privado, os direitos (constitucionais) daquele prevaleceriam sobre os interesses (privados) deste.[60]

As observações da Corte recaíram mais no contradiscurso que este poderia promover em razão dos danos causados a seus interesses. Isso significa dizer que a comunicação é avaliada na medida em que aperfeiçoe e promova a livre discussão de ideias (*Meinungskampf*) sobre matérias de interesse público, ou seja, sobre questões que versem sobre questões essenciais (*wesentliche berührende Frage*).[61] Essa livre discussão de ideias sobre interesse público atrai a incidência de uma presunção em seu favor (*Vermutungprinzip*), ou seja, questões desse jaez recebem proteção especial

---

58. DUQUE, Marcelo Schenk. *Eficácia horizontal dos direitos fundamentais e jurisdição constitucional*. São Paulo: Editora dos Editores, 2019. p. 32 ss. Impende ressaltar que sob Weimar, a Constituição não poderia limitar as normas infraconstitucionais, mas estas poderiam restringir os direitos fundamentais. GRIMM, Dieter. The role of fundamental rights after sixty-five years of constitutional jurisprudence in Germany. *International Journal of Constitutional Law*, v. 13, n. 01, p. 12.

59. KROTOSZYNSKI JR, Ronald. A comparative perspective on the first amendment: free speech, militant democracy, and the primacy of dignity as a preferred constitutional value in Germany. *Tulane Law Review*, v. 78, n. 05, maio 2004. p. 1587.

60. QUINT, Peter. Free speech and Private Law in German Constitutional Theory. *Maryland Law Review*, v. 48, n. 2, 1989. p. 250 e ss.

61. BVerfGE 7, 198 (208); EBERLE, Edward J. Public discourse in contemporary Germany. *Case Western Law Review*, v. 47, n. 3, 1997. p. 805.

do ordenamento jurídico.[62] Neste ponto, então, pode ser notado que a Alemanha possui seu próprio mercado de ideias, distinto substancialmente do mercado de ideias americano. Segundo a Corte, apenas em uma igual competição de pontos de vista pode a opinião pública ser realizada, bem como os indivíduos podem formar suas convicções pessoais.[63]

Outro ponto a ser perscrutado é se houve o intento de influenciar o público, o que agregará mais valor à expressão do que uma motivação privada. No direito americano, este intento não é considerado para traçar as linhas diretoras do discurso público.[64] Não apenas os discursos públicos recebem matizes distintas a depender do sistema jurídico, mas também o discurso privado possui diferenciações. Este, na Alemanha, persegue um propósito privado ou interesse próprio. Ainda, nos Estados Unidos o discurso privado é aquele que não é proferido publicamente, mas de forma reservada e em um fórum privado (*nonpublic forum*).[65]

Vários questionamentos podem ser feitos a partir da decisão. A liberdade de expressão é um direito constitutivo da democracia, razão pela qual o TCF adota um entendimento *consequencialista*. Quanto mais o discurso servir para a formação da opinião pública e versar sobre um tema de interesse público, maior será o valor que lhe será atribuído no sopesamento. Ainda, discursos públicos têm a seu favor uma presunção de proteção. Outras ponderações versam sobre a essencialidade do direito fundamental para o sistema de direitos fundamentais, sendo a base de todos os demais direitos, conforme afirmou o Tribunal. Este se revela como um dos motivos pelos quais se tornou o caso que erigiu conceitos-chave para a dogmática dos direitos fundamentais. Contudo, essa importância e proeminência da liberdade de expressão teve elementos que vieram a fomentar o seu resultado. Um deles se centra na imagem internacional da Alemanha, dadas as atrocidades cometidas durante o nacional-socialismo, mas também perante a própria sociedade. Assim, é inegável que o contexto histórico exerceu grande influência sobre sua sorte. Seu resultado foi moldado pelo balanceamento feito entre os interesses das partes, o que é altamente criticado em outros sistemas, como o americano, por trazer consigo uma alta insegurança sobre seu resultado.

Tecidas estas considerações acerca do caso que inaugurou a moderna doutrina sobre a liberdade de expressão e inseriu na dogmática dos direitos fundamentais importantes noções e institutos, cabe analisar neste momento algumas condições

---

62. EBERLE, Edward J. Public discourse in contemporary Germany. *Case Western Law Review*, v. 47, n. 3, 1997. p. 806.
63. BVerfGE 7, 198 (219); EBERLE, Edward J. Public discourse in contemporary Germany. *Case Western Law Review*, v. 47, n. 3, 1997. p. 806.
64. EBERLE, Edward J. Public discourse in contemporary Germany. *Case Western Law Review*, v. 47, n. 3, 1997. p. 820.
65. EBERLE, Edward J. Public discourse in contemporary Germany. *Case Western Law Review*, v. 47, n. 3, 1997. p. 820.

para a prática da liberdade de expressão que se materializa em chamadas ao boicote, cujas diretrizes se deram no caso Blinkfüer.

4.2.2 Blinkfüer

O caso Blinkfüer frequentemente é vinculado à Lüth, dado que versam sobre a liberdade de expressão e o direito à promoção de um boicote, sendo que aqui se trata uma empresa com forte poder econômico e social. Blinkfüer era um pequeno jornal distribuído principalmente em Hamburgo, que editava informações sobre a vida cultural da Alemanha Oriental. Um grande grupo editorial alemão, Axel Springer e Die Welt, em 1961, distribuiu uma carta aos pontos de revenda de seus produtos conclamando ao boicote da Blinkfüer, ao argumento de que estaria este a serviço da propaganda da República Democrática Alemã (DDR), contra os alemães que viviam no ocidente, o que se passou no ano da construção do Muro de Berlim. O editor do periódico Blinkfüer ajuizou uma ação alegando concorrência desleal e requereu a condenação do grupo editorial em perdas e danos. Após ter sido condenado nas cortes ordinárias,[66] a editora Springer impetrou uma reclamação constitucional perante o TCF. Em suas razões, os juízes entenderam que o boicote se deu por um grande grupo editorial, detentor de grande poder econômico e social, o que acabou por não deixar escolha aos seus parceiros comerciais que revendiam seus produtos. Assim, a única opção seria, obrigatoriamente, deixar de vender o periódico Blinkfüer. Ainda, houve um cotejo com o caso Lüth, em que também houve a convocação ao boicote do filme de Veit Harlan, mas este se deu essencialmente quanto a uma questão que interessava ao público. No caso do grupo editorial, o boicote não se deu com base em argumentos, mas com base na força econômica, enquanto Lüth não possuía meios coercitivos, havendo, então, margem de decisão para seus destinatários. Por fim, o TCF destaca que a liberdade de imprensa necessita ser protegida contra pressões econômicas.[67] O resultado poderia ter sido diferente caso não houvesse uma pressão sobre os comerciantes, mas se tratasse de um apelo ao boicote geral, dirigido ao público indistintamente.[68]

Em seu julgamento, o TCF afirmou se tratar do direito de imprensa de Blinkfüer, o que pode ser visto como resultado do efeito recíproco entre o direito ordinário e

---

66. O julgamento pelo TCF se deu em 1969. Desde a data do ajuizamento da ação até o julgamento por aquela Corte, a Springer havia retomado a impressão da programação de TV da Alemanha Oriental e também havia sido alvo de boicote ela mesma no contexto dos movimentos de protesto de 1968. Quanto ao periódico Blinkfüer, este acabou por vir à falência. SELDMAIER, Alexander. Boycott campaigns of the radical left in Cold-war West Germany. In: FELDMAN, D. (ed.). *Boycotts Past and Present*. Londres: Palgrave Macmillan, 2019. p. 119.
67. EBERLE, Edward J. Public discourse in contemporary Germany. *Case Western Law Review*, v. 47, n. 3, 1997. p. 830. SCHWABE, Jürgen. *Cinquenta anos de jurisprudência do Tribunal Constitucional Federal Alemão*. Berlin: Konrad Adenauer Stiftung, 2005. p. 400-408.
68. QUINT, Peter. Free speech and Private Law in German Constitutional Theory. *Maryland Law Review*, v. 48, n. 2, 1989. p. 276.

a GG, possibilitando ao periódico da Alemanha Oriental alegar seus direitos constitucionais contra a Editora Springer. A teoria do efeito recíproco e seu emprego no julgado em questão gerou uma causa autorizadora para que particulares exigissem a observância de direitos constitucionais perante outros agentes privados. Este efeito irradiante (*Ausstrahlungswirkung*) das normas constitucionais sobre as relações privadas encontrou na espécie solo fértil para desenvolvimento, sendo confirmado em julgado posterior, Soraya.[69] Ainda, o caso revelou que o impacto das normas constitucionais sobre o direito privado não se resume a um direito de defesa, mas cria causas justificadoras para o exercício do direito de ação.[70]

Nesta decisão, o TCF contorna de forma mais clara os limites da liberdade de expressão entre particulares. O conflito envolvia o § 823 do BGB,[71] o qual, segundo o Tribunal, deveria ser lido à luz das normas constitucionais. Assim, fazia-se necessária uma conjugação da liberdade de imprensa do reclamante (editor da Blinkfüer) e da liberdade de expressão do grupo editorial. Contudo, o boicote, inerente à liberdade de expressão conforme expressado na sentença Lüth, é legítimo quando traz em seu bojo uma preocupação com problemas políticos, econômicos, sociais ou culturais. Esse debate pode ser promovido mesmo por atores sociais poderosos, visto que não há impedimento para que estes promovam campanhas intelectuais. O impedimento a que o boicote fosse promovido se encerrava na questão dos meios utilizados, que se mostraram ilícitos e geraram ameaça aos revendedores dos produtos.

Outro argumento empregado pelo Tribunal Constitucional chama a sua atenção por invocar o direito à igualdade de oportunidades necessário para a formação livre da opinião pública, que o boicote estaria violando.[72] Esta assertiva se encontra em conformidade com a vinculação feita com o Estado Social, no sentido de promoção da igualdade de oportunidades em uma seara que, predominantemente, engloba direitos de primeira geração, tipicamente atribuídos ao Estado Liberal e considerados direitos de defesa contra os poderes estatais. Nesta decisão esta conjugação é feita para que a liberdade seja exercida em observância à igualdade, pressuposto básico na formação da opinião pública. Pressões econômicas como verificadas no caso não podem contribuir nesse ponto, afastando-as do âmbito de proteção constitucional. Por outro ângulo, a necessidade de observância da igualdade é concretização da

---

69. EBERLE, Edward J. Public discourse in contemporary Germany. *Case Western Law Review*, v. 47, n. 3, 1997. p. 830-832.

70. QUINT, Peter. Free speech and Private Law in German Constitutional Theory. *Maryland Law Review*, v. 48, n. 2, 1989. p. 276.

71. Assim prescreve o artigo § 823: 1. Quem, com dolo ou negligência, ofender ilicitamente a vida, o corpo, a saúde, a liberdade, a propriedade ou outro direito de outra pessoa fica obrigado a indenizar a esta pelos resultados da ofensa. 2. A mesma obrigação recai sobre a pessoa que violar uma lei que vise proteger outra pessoa. Se, segundo o conteúdo da lei, for possível uma ofensa contra ela mesmo sem culpa, a obrigação de indenizar só existe em caso de culpa. CANARIS, Claus-Wilhelm. *Direitos fundamentais e direito privado*. Coimbra: Almedina, 2003. p. 153-154.

72. BVerfGE 25, 256 (264-265).

ordem objetiva de valores,[73] que determina a vigência dos direitos fundamentais em todos os âmbitos da vida em sociedade, ou seja, como realidade inescapável.

Aqui cabe destacar que mesmo o grande poder social e econômico de uma das partes (Springer) não levou ao reconhecimento de uma eficácia direta na relação privada da empresa com os comerciantes. Isso porque os grandes conglomerados empresariais podem exercer um poder comparável ao do Estado, no sentido de se configurar como uma real ameaça à realização de direitos fundamentais. São exemplos dessa situação o monopólio, oligopólio e poder privado em geral. Assim, a autonomia privada, que seria a marca das relações entre os privados em geral, pode vir a mascarar situações de submissão e abuso no exercício de direitos. Estas considerações consolidam a relevância do caso em questão, tendo em vista que apenas reforçou o entendimento de que mesmo em relações que possuam em um dos polos uma parte com significativo poder social e econômico, não se pode derivar daí, de forma apressada, uma eficácia direta dos direitos fundamentais. A ordem de valores da lei fundamental atua no sentido de guiar a interpretação dos dispositivos da legislação infraconstitucional, sem a ela se substituir.[74]

Outros conceitos importantes e que atinem à democracia dizem respeito à liberdade de discussão intelectual, que é um pressuposto para o funcionamento de uma democracia livre. Mais adiante, o Tribunal faz menção ao mercado de ideias na acepção alemã para afirmar que a posição econômica da corporação não é um impeditivo por si só para a proibição do boicote, mas o fato de ter se valido efetivamente desta posição, exercendo uma espécie de coerção sobre os comerciantes. Ainda, embora envolvesse um meio de comunicação, o processo não se deu em virtude de alguma matéria publicada e uma possível censura, mas sim sobre um ato alheio à atividade de comunicação e difusão de conteúdo jornalístico. Portanto, na visão do Tribunal, mesmo os economicamente mais fortes podem expressar suas opiniões e se engajar em uma campanha intelectual (*Meinungskampf*).[75]

4.2.3 Schmid-Spiegel

Em Schmid-Spiegel, um juiz de alto escalão (Schmid), comparou a reportagem política da revista Der Spiegel à pornografia, depois que a publicação o tinha acusado de ter expressas simpatias comunistas em seus julgamentos. Depois de ter sido condenado por difamação, o TCF reverteu a decisão, assentando que as normas de direito ordinário são influenciadas pelas normas constitucionais, e estas, por seu turno, recebem influxos do direito ordinário, pelo que aplicou a teoria do efeito re-

---

73. EBERLE, Edward J. Public discourse in contemporary Germany. *Case Western Law Review*, v. 47, n. 3, 1997. p. 830.
74. DUQUE, Marcelo Schenk. *Eficácia horizontal dos direitos fundamentais e jurisdição constitucional*. São Paulo: Editora dos Editores, 2019. p. 291-295.
75. BVerfGE 25, 256 (264 e ss).

cíproco (*Wechselwirkungstheorie*).[76] Após afirmar que o valor da discussão pública livre, formula um novo conceito, o de contra-ataque (*Gegenschlag*), é dizer, uma crítica pública incisiva pode ser rebatida por uma, igualmente, dura resposta. Nesse caso, em razão de se tratar de um juiz de alto escalão, o que envolvia sua reputação perante a sociedade, o discurso da revista estava coberto pela presunção de proteção (*Vermutungsprinzip*), de modo a haver um profundo significado público. Tal presunção vem a complementar a ideia de contra-ataque, por envolver um discurso de interesse público.

Pode-se pensar que o efeito de censura poderia ser muito mais prejudicial ao mercado de ideias alemão do que sua manutenção, por privar o público de uma opinião jornalística, como também de efeito intimidador causado sobre os órgãos de imprensa. Assim, o caso, em grande medida, possui elementos de identificação com o direito norte-americano e o livre mercado de ideias, pois ideias combatem outras ideias, sem intervenções e medidas de censura governamentais, o que inclui o Poder Judiciário. Em havendo uma crítica áspera, nada impede que a resposta também o seja, o que atrai a aplicação do preceito da proporcionalidade. Sabendo ainda que o ataque de Schmid inclui a afirmação de que a reportagem mentia sobre os fatos, tal ataque à reputação do periódico se constituiu em maior defesa do que a negação dos fatos publicados por si só, de modo que Der Spiegel proporcionou a abertura para tais réplicas, tendo em vista o tratamento não confiável dos fatos do caso.[77]

Embora o caso enseje comparações com os Estados Unidos, dada a ênfase em torno da importância do discurso e da manutenção no mercado de ideias mesmo aquelas mais duras e incisivas, este país não possui um direito à réplica por parte das pessoas ofendidas em razão de matérias publicadas. Em *Miami Herald Publishing Co. v. Tornillo*, a Suprema Corte declarou inconstitucional lei da Flórida que garantia o direito à resposta, pois este inevitavelmente diminuiria o vigor e limitaria a variedade do debate público. Como forma de rebater o argumento de que a informação seria transmitida ao público de forma mais apropriada, em virtude do monopólio dos meios de comunicação, a Corte sublinhou que qualquer coação nesta área confrontaria as previsões da Primeira Emenda e a doutrina construída sobre ela. Afirmou ainda que a Constituição não possui uma reserva legal e também não a regula, pelo que não pode ser legislada.[78] O direito de resposta em Tornillo ressaltou a inconsti-

---

76. HAUPT, Claudia E. Regulating hate speech- Damned if you do and damned if you don't: lessons learned from comparing German. *Boston University International Law Journal*, v. 23, 2005. p. 324.

77. CURRIE, David P. *The Constitution of the Federal Republic of Germany*. Chicago: The University of Chicago Press, 1994. p. 190.

78. ESTADOS UNIDOS. Suprema Corte. 418 U.S. 241, 256; KOMMERS, Donald P. The jurisprudence of free speech in the United States and the Federal Republic of Germany. *Southern California Law Review*, v. 53, n. 2, jan. 1980. p. 672.

4 • O TRATAMENTO DO DISCURSO DE ÓDIO NO DIREITO ALEMÃO

tucionalidade de uma obrigação de resposta pelo mesmo meio, o que não implica qualquer impedimento para seu exercício por outros.[79]

4.2.4 Banimento dos partidos Socialista e Comunista: a democracia militante

A democracia militante é um dos institutos que mais diferenciam o sistema americano do alemão, o que pode ser explicado, em boa parte, pela experiência histórica da Alemanha, tendo em vista os crimes cometidos durante o período de governo do nacional-socialismo. Esta pode ser definida como a democracia que é capaz de se defender (*wehrhafte Demokratie* ou *streitbare Demokratie*), de modo a não serem conferidos direitos aos inimigos das liberdades. Ainda, a noção de democracia militante difere de forma radical do que tem sido denominado de neutralidade de valor da Constituição de Weimar. A liberdade e democracia são valores proeminentes e sua defesa deve ser exercida pelo Estado e seus agentes. Em uma das suas declarações, Joseph Goebbels ridicularizou o sistema, afirmando que uma das maiores piadas da democracia se constituiu no fato de que entregou a seus inimigos mortais os meios pelos quais foi ela mesma destruída.[80] Nesse sentido, deve ser sublinhado que deve haver um cultivo por parte de todos os membros da sociedade daquilo que se convencionou chamar de patriotismo constitucional (*Verfassungspatriotismus*), dado que todos devem atuar na defesa da Constituição. Essa forma de patriotismo, conforme Dieter Grimm, pode explicar o sucesso da GG, considerando que nenhuma outra Constituição teve tamanho apreço pelo público, bem como obteve significado tal para o processo político e a ordem social.[81]

O responsável por cunhar o termo democracia militante foi Karl Loewenstein, um cientista político de origem judia que imigrou para os Estados Unidos, em 1933. Em 1937, publicou dois artigos na *The American Political Science Review*, intitulados *Militant Democracy and Fundamental Rights I* e *Militant Democracy and Fundamental Rights II*. Em uma das passagens do primeiro artigo, afirma que a democracia e a tolerância democrática têm sido usadas para a sua própria destruição. Sob a proteção dos direitos fundamentais, prossegue o autor, a máquina antidemocrática pode ser construída e posta em prática legalmente. Ao final, conclui que se a democracia acredita na superioridade de seus valores absolutos sobre as banalidades oportunistas do fascismo, deve estar à altura das demandas atuais e todo esforço possível

---

79. EBERLE, Edward J. Public discourse in contemporary Germany. *Case Western Law Review*, v. 47, n. 3, 1997. p. 829.
80. KOMMERS, Donald; Miller, Russel A. *The Constitutional jurisprudence of the Federal Republic of Germany*. 3. ed. Durham: Duke University Press, 2012. p. 52.
81. GRIMM, Dieter. The role of fundamental rights after sixty-five years of constitutional jurisprudence in Germany. *International Journal of Constitutional Law*, v. 13, n. 01, 2015. p. 14. Para um estudo mais aprofundado do patriotismo constitucional: MÜLLER, Jan-Werner. Constitutional Patriotism. Princeton: Princeton University Press, 2007.

deve ser feito para seu resgate, mesmo que ao risco e custo de violação de princípios fundamentais.[82]

Algumas disposições da GG dão conta dessa proteção constitucional. O artigo 9º protege, de forma geral, a liberdade de associação, não sendo aquela estendida para aquelas cujos propósitos sejam dirigidos contra a ordem constitucional. Nessa mesma linha, o artigo 18 declara a perda de direitos fundamentais para aqueles que abusarem da liberdade de opinião, imprensa, ensino, reunião, associação, sigilo de correspondência, das comunicações postais e das telecomunicações, do direito de propriedade ou do direito de asilo.[83] Uma das previsões mais significativas para a noção de democracia militante se encontra no artigo 21, que, depois de prever o privilégio do partido na alínea 1 (*Parteienprivileg*), proíbe a existência de partidos políticos que, em razão de seus objetivos ou do comportamento de seus adeptos, busquem prejudicar ou abolir a ordem fundamental democrática livre ou colocar em perigo a existência da República Federal da Alemanha (alínea 2). Nesse caminho, importa salientar que mesmo a rejeição do sistema democrático é permitida; o que não se admite é a tentativa de derrubar o sistema democrático, não sendo suficiente o discurso.[84]

A *ratio* da democracia militante repousa no fato de que aqueles que visam à eliminação da democracia não merecem a proteção dos institutos constitucionais. É dizer, a democracia adota meios para se defender daqueles que, ao argumento de exercícios de direitos fundamentais garantidos em um Estado Democrático, pretendem derrubá-lo. Isso leva à conclusão de que democracia militante salvaguarda a identidade de um Estado com determinadas características, sendo um dos mais proeminentes a garantia dos direitos fundamentais. Embora possa parecer um paradoxo, a democracia assim adjetivada passa a não mais aceitar toda e qualquer corrente política, o que, na prática, conduz a uma limitação da liberdade política em relação à defesa da implantação de determinadas ideologias, como o nacional-socialismo. Contudo, conforme afirmado pela doutrina, deve haver uma interpretação restritiva do artigo 21 (2) da GG, pelo significado da vida política para uma democracia, dado que o banimento de partidos pode se revelar um elemento de retrocesso do engajamento político, de perda de impulsos e dinâmica democrática.[85] Ainda, esta disposição constitucional é vista pela doutrina como um acerto com o passado

---

82. LOEWENSTEIN, Karl. Militant Democracy and Fundamental Rights I. *The American Political Science Review*, v. 23, n. 3. p. 423 e ss.
83. KROTOSZYNSKI JR, Ronald. A comparative perspective on the first amendment: free speech, militant democracy, and the primacy of dignity as a preferred constitutional value in Germany. *Tulane Law Review*, v. 78, n. 05, maio 2004. p. 1590.
84. GRIMM, Dieter. Freedom of speech in a globalized world. In: HARE, Ivan; WEINSTEIN, James (ed). *Extreme speech and democracy*. New York: Oxford University Press, 2010. p. 14.
85. HESSE, Konrad. *Grundzüge des Verfassungsrechts der Bundesrepublik Deutschland*. Neudruck der 20. Auflage. Heidelberg: C.F. Müller, 1999. Rn. 715.

(*Vergangenheitsbewältigung*), para que os mesmos erros não sejam cometidos e a democracia seja preservada.[86]

Segundo o TCF, quando o partido busca por meios legais combater determinadas previsões ou instituições, sua dissolução não se mostra devida. Em havendo uma transmutação da dimensão do combate travado pelo partido, ou seja, quando se verifica a luta pela abolição de valores fundamentais supremos que a GG refere como ordem constitucional democrática livre, sua dissolução encontra amparo. Na sentença que decretou a inconstitucionalidade do Partido Socialista, foram delineados os seguintes valores supremos: direitos humanos, soberania popular, separação dos poderes, transparência governamental, a legalidade do executivo, independência judicial e o sistema pluripartidário, incluindo o direito a formar e exercer a oposição.[87]

Não só os partidos estão sujeitos à sua proibição pela prática de atividades consideradas inconstitucionais, como também as associações. Entre estas duas espécies de proibições, há, contudo, diferenças consideráveis. Pela importância dos partidos políticos em uma sociedade democrática, sua dissolução apenas pode ser declarada pelo TCF, ou seja, sem qualquer intervenção na declaração dos Poderes Executivo e Legislativo. A sentença possui eficácia constitutiva, só produzindo efeitos a partir da data da sentença do Tribunal. Com a declaração de inconstitucionalidade, são proibidas as organizações substitutivas do partido, ocorrendo também a perda automática do mandato dos representantes eleitos pelo partido.[88]

Feitas estas considerações, importa discutir os dois únicos casos em que houve a declaração de inconstitucionalidade de partidos. O primeiro deles se refere ao Partido Socialista do *Reich* (SRP),[89] em 1952. Este havia sido fundado em 1949, como sucessor do Partido Imperial alemão. Através de suas publicações, apelos de campanha e lideranças, muitos foram convencidos de que se tratava de orientações neonazistas. Convencido de que o Partido buscava prejudicar a ordem democrática liberal, o governo federal peticionou ao TCF, requerendo a declaração de sua inconstitucionalidade, na forma do artigo 21(2) da GG. Em sua decisão, a Corte assenta que os membros eram ex-integrantes do Partido Nacional-Socialista e permaneciam fiéis a suas ideologias, tendo sido integrados ao SRP, os quais assim o foram para que pudessem preservar e propagar os ideias nacionais-socialistas. Ainda, o SRP sistematicamente os buscava e os inscrevia como membros, sendo também seus dirigentes. Isso fez com que o Tribunal notasse muitas similaridades na organização da SRP à

---

86. THIEL, Markus. Comparative aspects. In: THIEL, Markus (Ed.). *The "Militant Democracy" in Modern Democracies*. Burlington: Ashgate, 2009. p. 383.
87. BVerfGE 2, 1 (13); HAUPT, Claudia E. The scope of democratic public discourse: defending democracy, tolerating intolerance, and the problem of neo-nazi demonstrations in Germany. *Florida Journal of International Law*, n. 2, ago. 2008. p. 179.
88. HESSE, Konrad. *Grundzüge des Verfassungsrechts der Bundesrepublik Deutschland*. Neudruck der 20. Auflage. Heidelberg: C.F. Müller, 1999. Rn. 717.
89. BVerfGE 2, 1.

do Partido Nacional-Socialista. Outras organizações afiliadas como o *Reichsfront* (frente imperial), o *Reichsjugend* (juventude nazista) e *Frauenbund* (associação de mulheres) se assemelhavam às instituições nazistas. O *Reichsfront* estaria alinhado com o que havia sido a SA e a SS, com estrutura semelhante, o *Reichsjugend* inclusive com o mesmo uniforme da Juventude Hitlerista, apenas com mudança de cor.[90]

Outro sério problema verificado pela Corte seria pelo fato de o Partido selecionar rigorosamente seus membros, sem que houvesse permissão para ingresso de membros de tribunais, perseguidos políticos, pessoas com condenações criminais graves e aqueles envolvidos no ataque de 20 de julho a Hitler, conduzido pelo Coronel Claus Graf Schenk von Stauffenberg. Os perseguidos políticos se constituíam de membros da Resistência e de partidos de oposição perseguidos pelos nazistas, enquanto estavam no poder. Sua configuração estrutural estava toda baseada na absoluta obediência dos membros do partido a seus dirigentes. Outros fatos dão conta da crença da superioridade racial germânica, além do reavivamento de noções místicas como a indestrutibilidade do Reich. Por todos estes motivos, a Corte concluiu que o SRP estava disposto a impor sua própria estrutura organizacional assim que estivesse no poder, assim como havia feito o Partido Nacional-Socialista, bem como suas crenças refletiam as ideologias nazistas. Portanto, o partido deveria ser dissolvido, dado que inconstitucional.[91]

Em 1956, portanto, após a dissolução do SRP, que se deu em 1952, o TCF se confrontou com um novo pedido de declaração de inconstitucionalidade de um partido, dessa vez em relação ao Partido Comunista (KPD).[92] O governo do Chanceler Adenauer ajuizou uma ação de dissolução do Partido mencionado, em 1951. O caso demorou quatro anos para ser julgado, o que refletia o sentimento de alguns Juízes do Tribunal de que a ação seria desnecessária ou prematura. Contudo, neste ínterim houve o aumento das tensões entre Estados Unidos e a União Soviética, o que era exacerbado pela divisão e rearmamento da Alemanha. Em 1954, o presidente da Corte interpelou o Chanceler Konrad Adenauer sobre a manutenção da ação, o que foi amplamente visto como um incentivo à desistência da ação.[93] Como a Corte se convenceu de que o governo não iria proceder à sua desistência, em 1956 houve o seu julgamento, que declarou a inconstitucionalidade do partido, tendo 308 páginas, a decisão mais extensa do Tribunal até então.

A decisão fez uma longa análise do Marxismo-Leninismo e o comunismo na Alemanha, o que abrangeu a estrutura do KPD, sua liderança, literatura de campa-

---

90. KOMMERS, Donald; Miller, Russel A. *The Constitutional jurisprudence of the Federal Republic of Germany*. 3. ed. Durham: Duke University Press, 2012. p. 289.
91. KOMMERS, Donald; Miller, Russel A. *The Constitutional jurisprudence of the Federal Republic of Germany*. 3. ed. Durham: Duke University Press, 2012. p. 288-289.
92. BVerfGE 5, 85.
93. THIEL, Markus. Germany. In: THIEL, Markus (Ed.). *The "Militant Democracy" in Modern Democracies*. Burlington: Ashgate, 2009. p. 121.

nha e seu estilo político em geral. Sua estrutura estava toda voltada contra o sistema constitucional existente. Por outro lado, é insuficiente para extinguir um partido a advocacia da queda da ordem constitucional, devendo ser analisado se este tem um propósito firme e constante de resolutamente combater a ordem democrática livre, além de manifestar seu propósito em ação política de acordo com um plano fixo. A democracia militante é expressamente mencionada na sentença, pelo fato de ter sido criada pela GG, sendo uma decisão de valor constitucional que vincula a Corte. Deste modo, concluiu-se pela dissolução do Partido e confisco da sua propriedade. Os mandatos nos parlamentos federal e dos *Länder* foram perdidos.[94]

Os dois casos aqui relatados demonstram a intolerância tanto pelos partidos de esquerda, como por aqueles de direita que visem a ameaçar as instituições democráticas. Contudo, os julgados são criticados pela inexpressividade dos partidos nas urnas. Por exemplo, nas eleições estaduais de 1951, o SRP obteve apenas 11% dos votos e quatro mandatos, muito menos do que se temia. Por seu turno, o KPD, em 1953, obteve 2,3% dos votos nas eleições federais. Quando do julgamento deste, em 1956, seu apoio havia quase totalmente desaparecido. Mais do que atribuir ao banimento dos partidos a estabilidade política e segurança, devem sê-lo ao renascimento econômico robusto e rápido do país. A recuperação econômica obtida no pós-guerra se revelou essencial para a paz, estabilidade e segurança. Basta lembrar que ao fim da guerra a Alemanha estava dizimada, sem moradia, transporte público ou alimentação. *As autoridades dos Aliados temiam que a nostalgia dos tempos do Nazismo, aliado ao racionamento de comida pudessem favorecer os neonazistas ou os soviéticos, o que exigia uma célere recuperação econômica.*[95]

Recentemente, houve tentativas de dissolução do partido NPD (*Nationaldemokratische Partei Deutschlands*), sendo talvez o partido de extrema-direita mais ativo na Alemanha atualmente. Em 2003, o governo federal, o legislativo federal (*Bundestag*) e a Câmara dos Representantes (*Bundesrat*)[96] ajuizaram uma ação perante o TCF para banimento do NPD, contudo, o caso foi julgado rejeitado em virtude de ter havido a infiltração de agentes estatais em elevadas posições do Partido, o que acarretou inevitável influência no processo de formação de opinião da organização. Ainda, nos processos de dissolução de partidos, é necessário que o partido se apre-

---

94. KOMMERS, Donald; Miller, Russel A. *The Constitutional jurisprudence of the Federal Republic of Germany*. 3. ed. Durham: Duke University Press, 2012. p. 290-291.

95. JUDT, Tony. Postwar: A History of Europe Since 1945. New York: Random House, 2007. p. 82; KOMMERS, Donald; Miller, Russel A. *The Constitutional jurisprudence of the Federal Republic of Germany*. 3. ed. Durham: Duke University Press, 2012. p. 290-292.

96. Conforme lecionam Eugênio Facchini Neto e Mártin P. Haeberlin, a Alemanha é organizada como uma democracia parlamentar, na qual os cidadãos escolhem, por voto universal, direto, livre, igual e secreto (art. 38 (1) da GG), o Parlamento Federal (*Bundestag*), a cada quatro anos. Os *Länder* (estados) participam da legislação e também da administração federal através do Conselho Federal (*Bundesrat*), que possui na sua composição membros dos governos dos *Länder*. FACCHINI NETO, Eugênio; HAEBERLIN, Mártin P. O "estilo" jurídico alemão: breves considerações sobre alguns de seus fatores determinantes. *Revista da Ajuris*, v. 42, n. 133, mar. 2014. p. 271.

sente tal como se determinou, livre da influência estatal. Em razão de não ter sido atingida a maioria qualificada de 2/3, o caso não foi admitido para julgamento de mérito[97] de modo que outra ação pode ser ajuizada com o mesmo objeto.[98]

Em 2017, houve outra tentativa de extinção do NPD[99]que, contudo, foi julgada improcedente. Segundo o TCF, a Partido advoga a abolição da ordem fundamental democrática livre, de modo a substituir o sistema constitucional existente por um estado nacional autoritário que adere a uma ideia etnicamente definida de comunidade do povo (*Volksgemeinschaft*). Ao negar o direito ao respeito que deriva da dignidade humana e levar à negação da igualdade a quem não pertença a uma determinada e definição étnica, o partido viola a dignidade humana. Essa atitude se assemelha ao pensamento nacional-socialista, o que é corroborado pela escolha de textos, músicas, símbolos e afirmações negacionistas da história. Essas fundações desrespeitam a dignidade humana e são incompatíveis com o princípio democrático. Contudo, mesmo que ele aja sistematicamente e com intensidade suficiente para atingir a sua meta, existe uma falta de especificidade de indicações substanciais indicadoras de que esta empreitada será atingida.

Conforme assentado no julgamento, o Partido possui apenas um representante no Parlamento Europeu. Em mais de cinquenta anos, o NPD nunca foi representado no Parlamento de um *Land* de modo permanente. O seu número total de membros – 6.000, limita de modo considerável as suas possibilidades de ação. Em relação a ameaças e o potencial cometimento de crimes, deve ser acionado o aparato estatal policial, a fim de que sejam protegidos o processo político e os indivíduos afetados. Por esses motivos, o Segundo Senado, de forma unânime, rejeitou como infundada a ação do *Bundesrat* contra o NPD e suas suborganizações. Essa decisão do TCF demonstra que existe uma grande preocupação em não sufocar o debate político, a fim de que as ideias extremistas e ligadas ao passado nacional-socialista possam circular em um ambiente controlado pelo Estado. Quando da proibição de partidos políticos, é importante notar que as ideias extremistas, conectadas à ideologia partidária, não deixarão de circular no mercado, mas serão de modo que dificulte o controle da sociedade e do Estado, através do que se chamou de patriotismo constitucional e de democracia militante. Assim, a Alemanha constitui-se em uma democracia estável, que concebe que ideias que remetem a um passado totalitário possam ser admitidas, já que, em última linha, são ideias ultrapassadas e que não adquirem aderência no atual estágio democrático.[100]

---

97. KOMMERS, Donald; Miller, Russel A. *The Constitutional jurisprudence of the Federal Republic of Germany*. 3. ed. Durham: Duke University Press, 2012. p. 297-298.
98. THIEL, Markus. Germany. In: THIEL, Markus (Ed.). *The "Militant Democracy" in Modern Democracies*. Burlington: Ashgate, 2009. p. 123.
99. BvB 1/13.
100. BOURNE, Angela K; BERTOA, Fernando Casal. Mapping militant democracy: variation in party practices ban in European democracies (1945-2015). *European Constitutional Law Review*, v. 13, n. 02, 2017. p. 243.

Os casos apresentados revelam que a aplicação do artigo 21 (2) da GG tem declinado o longo do tempo, o que se pode creditar, em grande parte ao menos, na confiança e amadurecimento da democracia alemã e de suas instituições. Como é observado na doutrina, tem havido um declínio na importância da democracia militante nas decisões do TCF em relação às decisões anteriores, o que pode ser explicado pela situação política do país. Atualmente, o risco de abolição da ordem fundamental democrática livre é baixo, o que mostra o valor da GG. Contudo, com a verificação de novas ameaças que podem, de forma concreta, ameaçar a democracia, revigora-se sua aplicação. A noção de democracia militante não pode ser ignorada, apenas moldada às novas exigências que se fizerem quanto às ameaças que surgirem. Se no passado, é bom sublinhar, as ameaças eram mais publicizadas e se faziam de modo mais aberto, como ocorreu com o SRP e o KPD, com as proibições prescritas na Lei Penal de glorificação dos atos nazistas, as ameaças atualmente passam a ser mais veladas. Como observam alguns autores, se antes eram proferidas declarações como *"Deutschland den Deutschen, Ausländer raus!"* (Alemanha para os alemães, para fora os estrangeiros), o que era considerado incitação ao ódio segundo § 130 do StGB, atualmente, as frases são mais sutis e contidas. Podem, então, ser encontradas manifestações como *"Gegen Arbeitslosigkeit – mehr Arbeitsplätze für Deutsche"* (contra o desemprego, mais postos de trabalho para os alemães), ou *"Für Meinungsfreiheit gegen Vereinsverbote"* (pela liberdade de expressão, contra a proibição de associações).[101] Essa mudança de postura dos partidos pode ser chamado de paradigma da legitimidade, sem um comprometimento com ideias violentas, mas com ameaças a alguns elementos da ordem constitucional liberal, como o comprometimento com a igualdade e não discriminação, o que, segundo alguns autores, poderia justificar o banimento de alguns partidos.[102]

Declarações menos contundentes por grupos extremistas acabam dificultando sua identificação, o que não os torna menos perigosos. O risco é a incorporação de discursos de ódio que acabam por se tornar menos aparentes aos olhos da sociedade. Nessa linha, os partidos políticos podem ser grandes *reservoirs* de extremistas, que utilizam a estrutura partidária para propagar suas ideias inconstitucionais, em tudo tendo como objetivo disseminar a intolerância e discriminação contra minorias e grupos vulneráveis, ao mesmo tempo em que é afirmada a supremacia de um determinado grupo. Essas observações remetem ao trabalho de Loewenstein, para quem a democracia é instrumentalizada pelos seus inimigos para entrar na cidade pelo

---

101. HAUPT, Claudia E. The scope of democratic public discourse: defending democracy, tolerating intolerance, and the problem of neo-nazi demonstrations in Germany. *Florida Journal of International Law*, n. 2, ago. 2008. p. 198.

102. BOURNE, Angela K; BERTOA, Fernando Casal. Mapping militant democracy: variation in party practices ban in European democracies (1945-2015). *European Constitutional Law Review*, v. 13, n. 02, 2017. p. 243.

cavalo de Troia, valendo-se de partidos políticos reconhecidos legalmente, sendo-lhes concedidos todos os benefícios das instituições democráticas.[103]

Para o controle das atividades extremistas em território alemão, foi criado o Departamento Federal para a Proteção da Constituição (*Bundesamt für Verfassungss-chutz*, BfV), o qual tem, entre suas tarefas, recolher informações sobre atividades destinadas a ameaçar a ordem fundamental democrática. Anualmente, o departamento publica um relatório sobre atividades extremistas, terrorismo e sobre associações e partidos extremistas. Apenas para que se tenha noção, o Relatório de 2019 informa que houve 41.177 ofensas politicamente motivadas, um aumento de 14,2 % em relação ao ano anterior (36.062). Desse total, 31.472, ou 76,4%tiveram um pano de fundo extremista, contra 27.656 em 2018, ou 76,7%. O número total de ofensas advindas da extrema-direita aumentou 9,7%. *Entre os crimes praticados por membros da extrema-direita, 21.290 tiveram um fundo extremista. Dentre aqueles praticados pela extrema-esquerda, 6.449 tiveram um fundo extremista.* Quando se analisam os dados, chama a atenção o crescimento do número de crimes motivados pelos extremistas de esquerda e de direita. Em 2018, o número de crimes da extrema-direita havia sido de 19.409, portanto, um crescimento de 9,7%, enquanto aqueles perpetrados pela extrema-esquerda tiveram um aumento de 40% em 2019, dado o número anterior de 2018 – 4.622.

Em relação aos membros da extrema-direita, nota-se que a maioria deles não se encontra afiliada a nenhum partido. Em 2019, por exemplo, o número total de membros da extrema-direita foi de 32.080, sendo 13.300 pertencentes a partidos políticos, dentre os quais: (i) 3.600 do NPD; (ii) 550 do partido DIE RECHTE (a direita); 580 do Der III. Weg (a terceira via); 8.600 de outros partidos de extrema--direita; 6.600 de organizações independentes. *O grande número – 13.500, refere-se a integrantes de nenhum partido ou organização.* Por sua vez, o número de membros da extrema-esquerda é maior do que o número de membros da extrema-direita, com 33.500 membros, no total.[104] Portanto, quando se analisam os dados, chama a atenção o crescimento do número de crimes motivados pelos extremistas de esquerda e de direita e o número crescente de membros extremistas. Isso demonstra que apenas o controle de partidos políticos e associações não basta, devendo haver uma implementação do que foi citado, de um patriotismo constitucional, inclusive com ações educativas escolares.[105]

---

103. LOEWENSTEIN, Karl. Militant Democracy and Fundamental Rights I. *The American Political Science Review*, v. 23, n. 3. p. 424.

104. BUNDESMINISTERIUM DES INNERN, FÜR BAU UND HEIMAT. *Brief summary 2019 Report on the Protection of the Constitution*: facts and trends. Disponível em https://www.bmi.bund.de/SharedDocs/downloads/EN/publikationen/2020/vsb-2019-en.html. Acesso em: 1º fev. 2021.

105. THIEL, Markus. Germany. In: THIEL, Markus (Ed.). *The "Militant Democracy" in Modern Democracies*. Burlington: Ashgate, 2009. p. 116.

Não apenas através destes instrumentos pode ser operacionalizada a democracia militante, como também pela perda de direitos fundamentais, elencada no artigo 18 da GG. Embora seja um paradoxo a limitação da liberdade para o exercício da liberdade, não é contraditório, o que pode se justificar pela consagração da ordem de valores e sua limitação ao espírito de abertura.[106] Este artigo incorpora a noção de abuso de direito, já consagrado no direito civil, ao direito constitucional.[107] O completo esclarecimento desta previsão deve ter por base a premissa de que os inimigos da constituição podem se apoiar nestes para implementar sua luta contra os objetivos jurídico-constitucionais. Uma luta contra a ordem fundamental livre e democrática deve ser travada, além de se apresentar como agressiva, persistente e sistemática.[108] Os titulares de direitos fundamentais devem sempre buscar exercê--los de modo a não contrariar o seu espírito. Conforme Konrad Hesse, a oposição ao ordenamento jurídico impõe que se faça uma distinção entre oposição legítima e ilegítima. A primeira é protegida pelos direitos fundamentais, enquanto a segunda se vale da legalidade, mas almeja alcançar objetivos inconstitucionais. Contudo, corre-se o risco de que grupos que, de modo legítimo, protestem contra disposições governamentais, de forma a se configurarem como oposição ao governo em exercício, serem acusados de exercício de atividades inconstitucionais. Neste ponto pode ser visto que a disposição sobre abuso de direitos fundamentais também pode vir a ser abusada. Essa é uma das razões pelas quais é previsto que apenas pode se dar a perda de direitos fundamentais por decisão do TCF, que poderá fixar seu tempo.[109]

Este abuso de direitos fundamentais tem um objetivo definido, a proteção da ordem fundamental liberal democrática, o que significa que apenas quando tiver por finalidade sua violação ou destruição poderá haver o acionamento do artigo 18. Caso seja assim decidido pelo Tribunal, sentença de decretação de perda de algum direito fundamental pode ser substituída pela imposição de restrições, as quais devem ser especificadas na sentença, de modo a não atingir outros direitos fundamentais além daquele em questão. Outras restrições podem ser citadas, como a perda dos direitos políticos ativo e passivo, bem como o impedimento de desempenho de cargos públicos. Esta disposição da GG, é bom salientar, até o presente momento não mostrou efetividade, dado que permanece sem nenhuma aplicação na jurisprudência do TCF. Um dos casos referia-se ao editor-chefe da *Deutsche NationalZeitung*, um jornal considerado pelo governo como nacionalista, antissemita e racista, julgado em 1974. A decisão da Corte se desenvolveu com base na falta de fundamentação

---

106. MORLOK, Martin. MICHAEL, Lothar. *Direitos fundamentais*. Trad. António Francisco de Sousa e António Franco. São Paulo: Saraiva, 2016. p. 440-441.
107. MORLOK, Martin. MICHAEL, Lothar. *Direitos fundamentais*. Trad. António Francisco de Sousa e António Franco. São Paulo: Saraiva, 2016. p. 442.
108. MORLOK, Martin. MICHAEL, Lothar. *Direitos fundamentais*. Trad. António Francisco de Sousa e António Franco. São Paulo: Saraiva, 2016. p. 442.
109. HESSE, Konrad. *Grundzüge des Verfassungsrechts der Bundesrepublik Deutschland*. Neudruck der 20. Auflage. Heidelberg: C.F. Müller, 1999. Rn. 709-710.

adequada da ação ajuizada pelo governo. Em relação ao seu mérito, delineou que o perigo que poderia ser causado pelo indivíduo era fulcral para a aplicação do art. 18. Contudo, o jornal editado pelo réu não poderia ser tido como um sério risco para a ordem livre e democrática.[110] Esta inaplicabilidade do dispositivo constitucional não tem escapado a críticas,[111] principalmente após o assassinato do parlamentar Walter Lübcke, um político da cidade de Kassel, conhecido por sua defesa da política de imigração, em junho de 2019, por um neonazista, recentemente condenado à prisão perpétua.[112]

4.2.5 A exibição de símbolos nazistas

A exibição de símbolos nazistas é proibida na Alemanha, conforme prevê o § 86 do StGB. Contudo, não são todas as exibições de tais símbolos que são proscritas pela lei, *mas aquelas que demonstrarem apoio ou simpatia com o Terceiro Reich e suas políticas antissemitas e racistas*. O que importa na análise do âmbito de proteção constitucional será a atitude da pessoa que emprega a imagem. No caso da camiseta de Hitler (*Hitler T-Shirt*),[113] os reclamantes haviam produzido camisetas com a imagem de Hitler. As jurisdições ordinárias condenaram a utilização da imagem, ao argumento de que o homem médio não saberia distinguir a intenção das imagens que, em verdade, se voltava a promover uma sátira,[114] pelo que foram condenados segundo o § 86 do StGB, além do pagamento de multa. O TCF reverteu a condenação, fundamentando-a em uma violação do artigo 5º (1) e (3) da GG. No acórdão, foi sublinhado que as cortes não apreciaram o conteúdo artístico das figuras. A proteção destas, contudo, não se deu com base no discurso político ou de opinião, mas como liberdade artística. Nesse ponto, pode ser lembrado o filme de Charles Chaplin, o grande ditador (*The Great Dictator*), que realizou uma sátira política de Hitler. Isso demonstra que não é o fato de realizar uma caricatura que baseará, *a priori*, a definição de apologia ao nazismo. A sátira tem uma função de manifestação política em relação à história e às atrocidades cometidas. Há, através das imagens, uma diferente forma de exposição em relação às mesmas críticas que podem ser feitas de forma escrita e que podem parecer mais aceitáveis.[115] A Corte

---

110. BVerfGE 38, 23; FROWEIN, Jochen A. How to save a democracy from itself. In: DINSTEIN, Y.; DOMB, F (Eds.). *The progression of Internacional Law*. Leiden: Brill, 2011.

111. Disponível em: https://www.dw.com/en/could-violators-of-germanys-constitution-forfeit-basic-rights/a-49285894. Acesso em: 29 jan. 2021.

112. Disponível em: https://www.dw.com/en/neo-nazi-convicted-of-murder-of-german-regional-governor/a-56366905. Acesso em: 29 jan. 2021.

113. BVerfGE 82, 1; para a questão circundando a análise da apreciação racional levada a cabo pelo TCF: DUQUE, Marcelo Schenk. *Eficácia horizontal dos direitos fundamentais e jurisdição constitucional*. 2. ed. São Paulo: Editora dos Editores, 2019. p. 253.

114. EBERLE, Edward J. Public discourse in contemporary Germany. *Case Western Law Review*, v. 47, n. 3, 1997. p. 875.

115. Conforme reportagem da BBC de 05 de fevereiro de 2021, Charles Chaplin foi advertido de que seu filme poderia ser censurado, pois jamais seria exibido nos Estados Unidos ou na Inglaterra. Disponível em:

Europeia de Direitos Humanos (CEDH) observa também que a sátira é uma forma de expressão artística que tem como inerentes o exagero e a distorção da realidade e naturalmente visa a provocar e agitar.[116]

Na decisão do TCF ficou claro que a intenção das reclamantes ao proceder à confecção das camisetas não era apoiar a ideologia nacional-socialista, mas promover a sátira, mesmo que com um discurso proscrito. A liberdade artística, neste caso, prevaleceu sobre as prescrições penais. Se, contudo, o NPD confeccionasse camisetas com a imagem de Hitler, a decisão não teria sido a mesma, pois, além da imagem, decisivo seria a intenção daquele que a produziu e a mensagem que tensiona transmitir. Em se tratando de um partido com tendências antidemocráticas, haveria a análise da vinculação da disseminação da ideologia partidária defendida às imagens, além da propagação dos ideais do nacional-socialismo.[117] Portanto, o caso é exemplificativo da necessidade de proteção da liberdade de expressão, máxime quando se verificar a incidência do âmbito de proteção da liberdade de artística, pois a ingerência nesse direito deve permanecer como *exceção*.[118] Assim, deve permanecer protegida, a despeito de chocar, causar reprovação ou mesmo ferir.[119]

Estas considerações sobre a democracia militante ressaltam a importância da defesa e proteção da ordem liberal livre e democrática e a necessidade de o ordenamento jurídico prover instrumentos para tanto. Ao lado das limitações democráticas, o ordenamento jurídico-constitucional alemão considera também a dignidade da pessoa humana e seus consectários na sua hermenêutica jurisprudencial sobre a liberdade de expressão, conforme passará a ser visto.

4.3 DIGNIDADE DA PESSOA HUMANA E LIBERDADE DE EXPRESSÃO NA JURISPRUDÊNCIA DO TRIBUNAL CONSTITUCIONAL FEDERAL

A dignidade da pessoa humana pode ser considerada como um dos grandes limites da liberdade de expressão no sistema jurídico-constitucional alemão. Consagrada no artigo 1º da GG, trata-se de um conceito dotado de alta abstração e vagueza,

---

https://www.bbc.com/culture/article/20210204-the-great-dictator-the-film-that-dared-to-laugh-at-hitler. Acesso em: 06 fev. 2021.

116. COUNCIL OF EUROPE. *European Court of Human Rights*. Guide on Article 10 of the European Convention on Human Rights: freedom of expression. 2020. Disponível em: https://www.echr.coe.int/Documents/Guide_Art_10_ENG.pdf. Acesso em: 15 fev. 2021.

117. KROTOSZYNSKI JR, Ronald. A comparative perspective on the first amendment: free speech, militant democracy, and the primacy of dignity as a preferred constitutional value in Germany. *Tulane Law Review*, v. 78, n. 05, maio 2004. p. 1596.

118. PIEROTH, Bodo; SCHLINK, Bernhard. *Direitos fundamentais*. Trad. António Francisco de Sousa e António Franco. São Paulo: Saraiva, 2012. p. 155-156.

119. KÜBLER, Friedrich. How much freedom for racist speech? Transnational aspects of a conflict of human rights. *Hofstra Law Review*, v. 27, n. 2, 1998. p. 365.

de modo que seu significado tem sido discutido na doutrina, sem, contudo, que se chegue a um consenso. Simultaneamente, seu conteúdo remete ao passado e visa o futuro, em razão de refletir os horrores perpetrados pelo nacional-socialismo e não permitir mais quaisquer violações desta espécie.[120] Ainda, a dignidade, enquanto direito subjetivo, termina necessariamente com a morte. O que prevalece para depois da morte é uma observância da dignidade pelos demais membros da sociedade,[121] dado que existe um interesse jurídico a ser protegido, mais frequentemente na forma de direitos como a honra.

Em relação à significação da dignidade, tem-se procedido a uma conceituação que considere os casos concretos e sua análise. Uma das explicações está no fato que a dignidade da pessoa humana forma o cerne da personalidade, não sendo possível, pois, elencar as suas partes integrantes. Por outro lado, importa relevar que a própria redação do art. 1º menciona a sua intangibilidade, razão pela qual chega-se à conclusão de que pode ser violada, o que tem como consequência a necessidade do acionamento dos deveres de proteção estatais.[122] Trata-se, na dicção de Ernst Benda, uma barreira absoluta a toda ação estatal. Cada vez que a dignidade resulte violada ou mesmo ameaçada, deve o Estado intervir para garantir sua intangibilidade, independentemente se a ameaça possui uma origem pública ou privada. Assim, pode-se afirmar que respeito e proteção podem ser firmados como diretrizes vinculantes para toda e qualquer atividade desenvolvida pelo Estado.[123]

Nessa senda, impende registrar que a dignidade não pode ser confundida com direitos fundamentais. Um dos indicativos aparece quando se analisa a estrutura e topologia da GG, que refere no artigo 1º (3) que são direitos fundamentais aqueles discriminados a partir do artigo 2º, o que exclui a dignidade da pessoa humana, alçada ao artigo de abertura da GG. Daí se dizer que quando se afirma um direito à dignidade, tal assertiva deve ser lida no sentido de que existe um direito a reconhecimento, respeito, proteção, promoção e desenvolvimento da dignidade.[124]A GG forma um ordenamento que se compromete com valores, reconhecendo na proteção da dignidade da pessoa humana e na liberdade os fins supremos de todo o Direito. A esta ponderação pode ser relacionada a direta vinculação entre liberdade e dignidade, pois além de terem sido elevados a fins do ordenamento jurídico-constitucional, podem ser vistos como imbricados. Assim, as manifestações da liberdade de opinião revelam a necessidade de realização de um desígnio

---

120. IPSEN, Jörn. *Staatsrecht II*:Grundrechte. 9.überarbeitete Auflage. Neuwied: Luchterhand, 2006. p. 65.

121. IPSEN, Jörn. *Staatsrecht II*:Grundrechte. 9.überarbeitete Auflage. Neuwied: Luchterhand, 2006. p. 66.

122. DUQUE, Marcelo Schenk. *Curso de direitos fundamentais*: teoria e prática. São Paulo: Ed. RT, 2014. p. 239 e ss.

123. BENDA, Ernest. Dignidad humana y derechos de la personalidad. In: BENDA, Ernest; MAIHOFER, Werner; VOGEL, Hans-Jochen; HESSE, Konrad; HEYDE, Wolfgang (Org.). *Manual de derecho constitucional*. Madrid: Marcial Pons, 2001. p. 120.

124. SARLET, Ingo. *Dignidade (da pessoa) humana e direitos fundamentais na Constituição Federal de 1988*. 10. ed. Porto Alegre: Livraria do Advogado, 2019. p. 82.

pessoal, em outras palavras, de sua autonomia, em uma ordem livre. Não apenas isso, mas os direitos fundamentais podem ser considerados porções autônomas que derivam da dignidade humana.[125]

Portanto, tem-se que o Estado, por todos os seus órgãos, está vinculado não somente ao respeito, mas também à proteção da dignidade da pessoa humana, o que se dá pela necessidade de se abster de promover ingerências no âmbito de tal valor, como no dever de protegê-la quando reste ameaçada ou violada por privados.[126] Nesta esteira, pode ser percebido que as violações à dignidade ocorrem tanto pelo Estado, quanto por privados, mas resta assaz problemática a tarefa de observância da dignidade da pessoa humana, ou seja, uma aplicabilidade direta, à semelhança dos direitos fundamentais, nas relações privadas, dada a falta de clareza e de parâmetros mínimos que sirvam de diretrizes para tais relações.[127] Isso porque o conteúdo de uma norma deve servir de parâmetro para a análise da sua vigência nas relações privadas, o que encerra a conclusão de que à medida que a norma se torna mais abstrata e dotada de vagueza, maior a impossibilidade de viger as relações efetuadas no tráfego jurídico-privado. A determinação e certeza da lei permanecem como diretrizes aptas a garantir a segurança jurídica necessária nas relações entre privados. A indeterminabilidade constante deste valor acaba por refutar uma aplicabilidade imediata. Esta afirmação não afasta a necessidade de respeito por particulares da dignidade da pessoa humana, mas apenas reforça a necessidade de uma atuação legislativa estatal, para que a vagueza e abstração sejam transmutadas em normas determinadas para os privados.[128]

A jurisprudência do TCF tem se mantido firme na sua tarefa de proteção à dignidade humana, o que pode ser especialmente notado quando se joga luz sobre os conflitos de direitos fundamentais envolvendo a liberdade de expressão. Enquanto em alguns casos houve a prevalência da liberdade de expressão, em outros pode se notar que, como resultado da ponderação levada a cabo entre os interesses em causa, acabou por dar proeminência à dignidade humana e direitos fundamentais daí derivados, como a honra e igualdade. Para que se tenha uma noção mais precisa do discurso de ódio e das premissas que guiam os conflitos de bens jurídico-constitucionais, impende fazer uma análise da casos em que tal preponderância teve lugar.

---

125. BENDA, Ernest. Dignidad humana y derechos de la personalidad. In: BENDA, Ernest; MAIHOFER, Werner; VOGEL, Hans-Jochen; HESSE, Konrad; HEYDE, Wolfgang (Org.). *Manual de derecho constitucional*. Madrid: Marcial Pons, 2001. p. 122-123.
126. SARLET, Ingo. *Dignidade (da pessoa) humana e direitos fundamentais na Constituição Federal de 1988*. 10. ed. Porto Alegre: Livraria do Advogado, 2019. p. 89.
127. DUQUE, Marcelo Schenk. *Curso de direitos fundamentais*: teoria e prática. São Paulo: Ed. RT, 2014. p. 268.
128. DUQUE, Marcelo Schenk. *Curso de direitos fundamentais*: teoria e prática. São Paulo: Ed. RT, 2014. p. 268.

4.3.1 Mephisto

No célebre caso Mephisto,[129] julgado em 1971, houve a ponderação de direitos da personalidade de pessoas já falecidas em face da liberdade artística e de imprensa. O autor Klaus Mann, filho do também escritor, Thomas Mann, tornou-se amigo de Gustaf Gründgens, que acabou por se casar com a irmã de Mann. Com a ascensão de Hitler ao poder, em 1933, a família Mann é forçada a deixar a Alemanha. Gründgens, contudo, permaneceu na Alemanha e alcançou fama como ator em Hamburgo e Berlim. Ao final, foi indicado como diretor do teatro da Prússia como protegido (*protégé*) de Herman Göring, comandante da Luftwaffe e amante de artes. O papel mais proeminente de Gründgens fora no papel de Mephistopheles, da obra Fausto, escrita por Goethe. Em 1936, Mann completa a escrita da obra Mephisto, que foi publicada em Amsterdam. Em 1956, portanto, após a morte de Mann, o romance é publicado na Alemanha, pela casa editorial *Aufbauverlag*, sediada na Berlim Oriental.[130] Na obra *"Der Wendepunkt"* (ponto de viragem), o autor explica que, mesmo que tivesse sido baseado em fatos da vida de Gründgens, a pretensão era de descrever um indivíduo intelectual oportunista do Terceiro Reich, e não uma pessoa específica. Em 1963, uma editora anunciou planos de publicar a obra. No mesmo ano, Gründgens morreu, de modo que seu filho adotivo ajuizou uma ação com base no § 823 (1) do BGB, requerendo a tutela contra a publicação do livro.[131]

Nas instâncias ordinárias, foi decidido que a dignidade da pessoa humana e o direito à personalidade deveriam prevalecer sobre a liberdade de expressão de Mann. Assim, a editora ajuizou reclamação constitucional perante o TCF, sob o fundamento de que a decisão violaria o direito à liberdade de imprensa (art. 5º (1)) e liberdade artística (art. 5º (3)) da GG. A Corte iniciou a análise do caso estabelecendo os direitos e valores em conflito: de um lado, a liberdade de imprensa e artística de Mann e, de outro, a dignidade da pessoa humana e os direitos da personalidade de Gründgens. Os Ministros assentaram que a produção da obra (*Werkbereich*) constitui arte para fins do art. 5º (3), bem como que sua distribuição (*Wirkbereich*) também gozava de proteção constitucional. Assim, as pessoas engajadas na atividade de mediação para divulgação da arte também estão protegidas pela liberdade artística. As limitações do artigo 5º (2) (leis gerais, proteção da juventude e honra) não são aplicáveis à liberdade de arte, o que não permite, na mesma linha, que se retire alguns excertos de obra para considerá-las como opinião e sujeitá-los às reservas da alínea 2. Como conclusão, a liberdade artística, segundo a Corte, pode gozar de maior proteção que o discurso

---

129. BVerfGE 30, 173.
130. MARTINS, Leonardo. *Tribunal Constitucional Federal alemão*: decisões anotadas sobre direitos fundamentais. Volume II: liberdade de consciência e crença; liberdades de expressão e de comunicação social; liberdades artística e científica. São Paulo: Konrad Adenauer Stiftung, 2018. p. 109.
131. Como Klaus Mann havia cometido suicídio em 1949, a editora de Mephisto era a única ré na ação iniciada pelo filho adotivo de Gründgens. A dificuldade de encontrar uma editora para o livro havia entristecido Mann. QUINT, Peter. Free speech and Private Law in German Constitutional Theory. *Maryland Law Review*, v. 48, n. 2, 1989. p. 292.

político, em razão de que expressões de arte não são limitadas pelas leis gerais. Esta afirmação da Corte, contudo, pode ser contestada pelo fato de que a expressão da opinião e o discurso político sofriam tamanha repressão quanto a liberdade de arte, durante o nacional-socialismo, que igualmente não continha reservas.[132]

Ainda segundo delineou a Corte, havia um direito constitucional a não ser difamado, derivado da garantia da dignidade da pessoa humana, elencado no artigo 1º da GG. Houve o assentamento, em Mephisto, de que existiria um direito à reputação, o qual era invocado quando se tratava de difamação, que estaria contido na proteção constitucional da dignidade humana. Como a obra de arte possuía um efeito na vida real perante outros indivíduos, poderia se mostrar tal efeito deletério na personalidade de terceiros. Ao analisar a medida de banimento, a Corte entendeu pela sua adequação, o que, segundo a doutrina, veio a estabelecer o efeito limitador do direito à personalidade sobre a expressão artística.[133] Este efeito deveria ser obtido através de uma ponderação em *nível constitucional*. A diferença para Lüth é que essa ponderação deveria ser realizada entre a liberdade artística e outro direito *constitucional*, mas não contra liberdade de arte e leis gerais, as quais podem representar outros valores, como comunitários ou individuais, mas sem status constitucional. Este problema, contudo, parecer ser apenas aparente. As leis gerais, em sua maioria, visam a proteger interesses pessoais relevantes, *mas, dado que outras garantias constitucionais como a dignidade da pessoa humana e o livre desenvolvimento da personalidade possuem um conteúdo dotado de alta abstração e, portanto, carente de preenchimento hermenêutico, podem também vir a proteger os mesmos aspectos tutelados pelas leis gerais*. Assim, quase todos interesses relevantes podem alcançar um status constitucional.[134]

Esta decisão pode ser vista como uma reafirmação da importância histórica do direito privado na Alemanha e de valores como personalidade, em colisão com direitos fundamentais, além de indicar o limitado escopo da revisão em casos de direito privado. A estes direitos da personalidade, que já existiam como institutos integrantes do direito ordinário, é acordado, portanto, um valor constitucional. Ainda, o caso enfrentou um argumento levantado pelo reclamante: de que haveria uma medida desproporcional no banimento da obra literária. Mais proporcional seria a permissão do seu lançamento com um prefácio explicativo da situação mais extenso.

---

132. Segundo Professor Quint, a Constituição de Weimar possuía garantias de arte e de ensino que não eram restringidas pelas leis gerais, as quais poderiam limitar a liberdade de expressão em geral. Havia, então, uma preferência da liberdade artística em detrimento da liberdade de opinião em geral. Isso pode revelar uma preferência histórica pela liberdade artística, enquanto a liberdade de expressão foi vista com desdém. Esta preferência pode explicar as reservas da alínea 2, que podem prevalecer contra valores do discurso público. A visão apresentada contrasta de modo radical com a Primeira Emenda norte-americana, que tem o discurso político em seu núcleo. QUINT, Peter. Free speech and Private Law in German Constitutional Theory. *Maryland Law Review*, v. 48, n. 2, 1989. p. 294.
133. QUINT, Peter. Free speech and Private Law in German Constitutional Theory. *Maryland Law Review*, v. 48, n. 2, 1989. p. 295.
134. QUINT, Peter. Free speech and Private Law in German Constitutional Theory. *Maryland Law Review*, v. 48, n. 2, 1989. p. 296.

Em resposta, o Tribunal reconheceu o status constitucional da proporcionalidade, mas este teria aplicação quando há uma limitação por parte do Estado na esfera de liberdade do cidadão, o que não seria o caso, pois existiria apenas um conflito de direito privado, de igual status legal, que deveria ser resolvido da maneira mais apropriada possível. Nestas disputas, o mandamento imposto à Corte é de verificar se a sanção é tão irrazoável que afronta o princípio da igualdade (art. 3º (1) GG).[135] Contudo, em voto dissidente, o Juiz Stein, afirmou que a ordem de proibição viola o princípio da proporcionalidade.[136]

Em uma abordagem sobremodo deferente em relação à decisão das Cortes ordinárias, o TCF sublinhou que havia considerado a reputação de Gründgens e sopesado os valores artísticos envolvidos. Uma das razões residia no fato de que um grupo de leitores reconheceria o difamado na personagem de Höfgen. A questão pode ser vista por ângulos distintos, o que pode ser notado pela leitura dos votos dissidentes. O Juiz Rupp von Brünneck ressaltou que a posição deferente da Corte marcava um distanciamento de Lüth, ocasião em que aquela havia procedido a uma ponderação dos interesses. Não haveria igualmente mais revisão constitucional se apenas as cortes ordinárias meramente especificassem os direitos e aplicassem os princípios extraídos das decisões do TCF. Se as cortes inferiores tivessem considerado apropriadamente a função de Mephisto como uma obra de arte, o resultado teria sido diferente, porque aquelas haviam testado a obra contra a realidade, o que não permitiu que se visse a obra como um todo e, como consequência, deu-se uma limitação de uma liberdade garantida sem limites pela GG, ao aplicarem a alínea 2 do artigo 5º. Isso porque, implicitamente, foi o que ocorreu, uma limitação pelo direito à honra elencado naquela alínea, mas em relação a um direito sem reservas e que, na dicção do TCF, não poderia ser aplicado ao direito à arte.[137] Desta forma, o romance de Mann possuía um valor constitucional que deveria prevalecer em face da dignidade *post mortem*.[138]

O Juiz Stein, também divergindo, acentuou que as cortes inferiores haviam enfatizado o interesse na reputação social de modo demasiado, enquanto pouca atenção havia sido dada ao valor social da expressão artística. As cortes ordinárias haviam considerado o romance como uma tentativa de realizar uma biografia, o

---

135. QUINT, Peter. Free speech and Private Law in German Constitutional Theory. *Maryland Law Review*, v. 48, n. 2, 1989. p. 305; KOMMERS, Donald. The constitucional jurisprudence of the Federal Republic of Germany. 3. ed. Durham: Duke University Press, 2012. p. 361.

136. QUINT, Peter. Free speech and Private Law in German Constitutional Theory. *Maryland Law Review*, v. 48, n. 2, 1989. p. 305. Em *Lebach* (BVerfGE 35, 202), contudo, além da ponderação de direitos, tal como levado a cabo em *Lüth*, houve a aplicação do preceito da proporcionalidade, mesmo que se tratasse de uma disputa de direito privado.

137. QUINT, Peter. Free speech and Private Law in German Constitutional Theory. *Maryland Law Review*, v. 48, n. 2, 1989. p. 306.

138. KROTOSZYNSKI JR., Ronald. A comparative perspective on the first amendment: free speech, militant democracy, and the primacy of dignity as a preferred constitutional value in Germany. *Tulane Law Review*, v. 78, n. 05, maio 2004. p. 1569.

que não lhes permitiu que vissem a produção como uma obra de arte. Este direito permite que se parta de uma realidade ligada a certas pessoas para a produção de uma obra de valor generalizado, através de um valor simbólico. O que segue é que a liberdade artística não permite nem a restrição dos tópicos que serão abordados e nem os métodos de expressão do processo de transformação artística. O Juiz ainda lembra que o ator ofendido já se encontrava falecido, sendo que sua reputação estava confiada à história e não aos eventos atuais. Além disso, trata-se de uma obra de ficção que já continha um prefácio afirmando tal caráter diretamente, do que não decorreria uma violação à dignidade da pessoa humana.[139]

Ao final, houve uma grande divisão no julgamento do Primeiro Senado, o que levou ao empate dos votos que sustentaram a decisão e dos divergentes, o que leva à constitucionalidade do ato impugnado.[140] Da leitura do acórdão, contata-se o baixo valor atribuído à liberdade de expressão, o que difere substancialmente de Lüth, em que esta obteve grande peso, não tendo havido uma preocupação em lhe conferir qualquer valor especial. Também não há qualquer menção à sua natureza fundamental ou constitutiva para a ordem democrática. Em relação ao preceito da proporcionalidade, parece haver um acerto no voto divergente do Juiz Stein, que entendeu pela desproporcionalidade da medida de banimento, dado que a obra já continha um prefácio com a informação sobre a ficcionalidade da obra. Outra medida possível poderia ser uma extensão do prefácio, de modo a contemplar mais informações, o que inclusive fora requerido pela editora. Tal medida serviria de agregadora de informações complementares, o que não eliminaria a liberdade de expressão artística. *Caso tivesse havido uma análise da proporcionalidade da medida, aliada ao valor especial concedido à liberdade de expressão em Lüth, o desfecho do caso poderia ter sido a legitimidade da obra.*

Outro aspecto que deve ser relevado é o envolvimento de Gründgens durante o período do nacional-socialismo com altas figuras do partido, não podendo ser desconsiderado que, conforme Lüth, mostra-se um interesse em deixar para trás os doze anos de dominação alemã pelo Partido Nacional-Socialista, havendo, adicionalmente, um interesse social no desvelamento dos fatos. Conforme afirma a doutrina americana, quem se beneficia da exposição pública, deve estar sujeito a críticas. Gründgens, além de ter atuado como ator, foi também diretor do Teatro Prussiano, o que lhe conferia não apenas o papel de figura pública, mas também de agente público, ao tramitar pelas diferentes esferas da sociedade. O peso da crítica e da exposição justificam sua maior suscetibilidade a críticas e, no caso, inspiração

---

139. KROTOSZYNSKI JR., Ronald. A comparative perspective on the first amendment: free speech, militant democracy, and the primacy of dignity as a preferred constitutional value in Germany. *Tulane Law Review*, v. 78, n. 05, maio 2004. p. 1569; QUINT, Peter. Free speech and Private Law in German Constitutional Theory. *Maryland Law Review*, v. 48, n. 2, 1989. p. 307.

140. MARTINS, Leonardo. *Tribunal Constitucional Federal alemão*: decisões anotadas sobre direitos fundamentais. Volume II: liberdade de consciência e crença; liberdades de expressão e de comunicação social; liberdades artística e científica. São Paulo: Konrad Adenauer Stiftung, 2018. p. 226.

literária. Por todos estes motivos, bem como levando em conta o empate na votação, Mephisto peca pela desconsideração de preceitos como a proporcionalidade e pela desconsideração das noções estabelecidas em Lüth para a liberdade de expressão. Corrobora para o resultado da decisão uma extrema deferência com as cortes ordinárias, que, pensa-se, aplicaram com grande peso o direito da personalidade, de grande tradição no domínio civilista, em comparação com os direitos de matriz constitucional.[141] Veja-se, então, que o livro se baseou em fatos reais, o que, mesmo assim, deu azo à condenação por difamação – à diferença de outros países, como os Estados Unidos, que apenas aceitam tal condenação com base em afirmações falsas.

Semelhante ao caso Mephisto, julgado em 2007, o TCF julgou o caso do Romance Esra (*Roman Esra*), em que o escritor e colunista Maxin Biller publicou o livro Esra, em 2003, pela Editora Kiepenheuer und Witsch. As cortes ordinárias julgaram a favor das autoras ofendidas, reconhecendo uma violação do seu direito de personalidade, pois retratadas pelo autor de modo degradante. A decisão em muitos pontos tenta modificar e retificar os fatos da decisão Mephisto, como, por exemplo, analisando o peso da liberdade artística, conforme reconhecido pelo Juiz Hoffmann-Riem, em voto dissidente.[142] O livro possui muitos contornos autobiográficos, de modo a identificar a ex-mulher do escritor, apresentada como dominadora e alcóolatra, e sua sogra, por quem nutria grande ódio. Sua ex-mulher, atriz, e sua mãe, ajuizaram ação para que fosse proibida a obra. O TCF entendeu que se tratava de proteger o direito de personalidade, consagrado no artigo 2º da GG. Conforme ressaltado na decisão, presume-se que a obra de arte é fictícia, contudo, quanto mais houver a identificação entre representação (*Abbild*) e modelo (*Urbild*) maior a violação do direito de personalidade. Por outro lado, quanto mais a obra de arte versar sobre pontos que digam respeito ao direito de personalidade de terceiros, maior deverá ser o caráter fictício da obra, ou seja, sua desvinculação da pessoa designada. Uma das explicações pode ser encontrada no âmbito de proteção do direito fundamental de personalidade, que protege contra a exposição negativa da imagem da pessoa. Além disso, não existe um direito a não se tornar modelo (*Lebensbild*) para algum personagem ficcional, contudo, isso não significa que possa haver correspondência fática. Disso decorre que quanto mais o personagem se tornar independente, sem relação com fatos objetivos da vida real, mais a apreciação judicial beneficiará o autor da obra.[143]

Na CEDH, dois casos em especial chamam a atenção sobre o âmbito de proteção da liberdade artística e a proteção dos direitos da personalidade, tendo

---

141. KOMMERS, Donald. *The constitucional jurisprudence of the Federal Republic of Germany*. 3. ed. Durham: Duke University Press, 2012. p. 461.

142. JOUANJAN, Olivier. Freedom of expression in the Federal Republic of Germany. *Indiana Law Journal*, v. 84, n. 3, 2009. p. 881.

143. MARTINS, Leonardo. *Tribunal Constitucional Federal alemão*: decisões anotadas sobre direitos fundamentais. Volume I: dignidade humana, livre desenvolvimento da personalidade, direito fundamental à vida e à integridade física, igualdade. São Paulo: Konrad Adenauer Stiftung, 2018. p. 113.

aquela Corte chegado a resultados distintos. Em Almeida Leitão Bento Fernandes c. Portugal, julgado em 2015, uma escritora havia lançado um livro intitulado O Palácio das Moscas. Nele, havia referências consideradas desonrosas em relação à família de seu marido. Tendo lido o livro, a tia, tio, prima e mãe do marido da autora acionam a justiça no âmbito penal por difamação, pois a obra relatava a história da família, além de violar sua reputação e de alguns já falecidos. Segundo as cortes portuguesas, o livro havia subvertido a técnica do romance, com descrição de fatos reais e adição de um tom ficcional, insuficiente para apagar o caráter dos reais acontecimentos, de modo que foi condenada ao pagamento de uma multa de € 4.000,00 e € 50.000,00 a título de danos morais. A autora do livro recorreu à CEDH, invocando a violação do artigo 10 da Convenção Europeia de Direitos do Homem. Segundo a Corte, a ingerência no direito à liberdade artística foi considerada legítima, sendo proporcional o montante referente aos danos morais, já que sete pessoas foram atingidas pela violação a seu direito de personalidade, entre as quais duas já falecidas, além de ter sido feito um exame pelos tribunais portugueses das condições socioeconômicas da requerente.[144]

Ainda nessa linha, a CEDH em um caso julgado um ano antes, em 2014, decidiu pela liberdade de expressão em um caso com fatos semelhantes. O requerente havia escrito um livro em 1998, intitulado "Ko se tam gori olistajo" (Quando as bétulas florescem), na qual descreve a trajetória de uma mulher eslovena do interior que vai para os Estados Unidos, período em que é retratada como criminosa, por destilar e vender ilegalmente bebidas alcóolicas durante a Lei Seca (Prohibition). A obra também descreve a vida de sua filha, que é presa durante a Segunda Guerra Mundial por roubo. A história é ambientada no mesmo local em que mora a família descrita no livro, além de o sobrenome da família usado ser o mesmo pelo qual a família era conhecida na comunidade local. As pessoas difamadas no livro ajuizaram ação cível requerendo indenização por danos morais. Após serem condenadas nas instâncias ordinárias eslovenas, a Corte Constitucional daquele país entendeu que, para um leitor médio, o que compreenderia diferentes leitores com diferentes históricos, a história não pareceria factual, nem seria compreendida em seu sentido literal. Segundo a Corte, ao contrário do que se alegava, a personagem principal parecia determinada e autoconfiante, o que não poderia ser considerado ofensivo. Ainda, a intenção da escritora foi criar uma ficção, sem qualquer intento difamatório. Em julgamento na CEDH, este Tribunal sublinhou que o personagem deveria ser visto como um todo e não apenas por passagens desabonatórias ao seu caráter, sendo que, ao final, sua imagem era positiva. Outras considerações dão conta que o livro foi escrito sob a modalidade ficcional, não havia a intenção de ofender e mesmo aqueles que perceberam semelhanças entre o livro e as personagens afirmaram que o livro

---

144. CORTE EUROPEIA DE DIREITOS HUMANOS. Almeida Leitao Bento Fernandes c. Portugal. Processo 25790/11. Primeira Seção. Julgado em 12 mar. 2015.

não representava uma descrição fiel dos personagens relatados. Por estes motivos, a ação foi declarada inadmissível.[145]

Analisados estes dois julgados da CEDH, conclui-se que existe uma valorização da margem de apreciação deixada às jurisdições nacionais, sendo que em ambos os casos as decisões foram mantidas, mesmo que com resultados totalmente opostos. No primeiro caso, prevaleceu a tutela dos direitos da personalidade, enquanto no segundo o direito à liberdade de expressão. Com isso, não existem critérios claros da CEDH para aferir em quais casos haverá a preponderância dos direitos colidentes. Mesmo que assim seja, uma ponderação transparece: a mera afirmação pelo autor da obra do seu caráter ficcional não basta para que assim seja entendida pelos tribunais. Quanto maior for a atribuição de traços biográficos e difamatórios, maior deverá ser a ficcionalização por parte do autor da obra, o que remete, novamente, aos critérios elaborados em *Roman Esra*.

4.3.2 Soraya

Os fatos em Soraya,[146] julgado dois anos após Mephisto, diziam com o ajuizamento de uma ação civil por difamação pela ex-mulher do Xá do Irã contra o jornal *Die Welt* e um jornalista independente. Os réus haviam publicado uma entrevista fictícia com a Princesa Soraya, intitulada Soraya: o Xá não me escreve mais, na qual revelava segredos íntimos. Nesse caso, seria possível a responsabilidade civil dos réus com base no § 823 do BGB, caso demonstrado algum dano à vida, corpo, liberdade, propriedade ou algum outro direito. O BGH interpretou a parte final do artigo, "algum outro direito", como incluindo o direito à personalidade, o que poderia ser extraído de uma interpretação que conjugasse os artigos 1 e 2 da GG. O impedimento para a indenização pecuniária repousava no § 253 do BGB, que não a previa para danos extrapatrimoniais, sendo que para tais deve haver uma lei expressa.[147]_[148]

---

145. CORTE EUROPEIA DE DIREITOS HUMANOS. Marta JELSEVAR and others Against Slovenia. Processo 47318/07. Quinta Seção. Julgado em 11 mar. 2014.

146. BVerfGe 34, 269.

147. QUINT, Peter. Free speech and Private Law in German Constitutional Theory. *Maryland Law Review*, v. 48, n. 2, 1989. p. 280 e ss.

148. Segundo Leonardo Zanini, havia, em um primeiro momento, uma dificuldade no reconhecimento dos direitos de personalidade, em virtude da redação do § 823, I que referia "um outro direito" ou "ein sonstiges Recht", que se ligava, segundo a doutrina aos direitos de propriedade. Com a Lei Fundamental de Bonn, que passou a proteger a dignidade da pessoa humana e o livre desenvolvimento da personalidade, houve a necessidade de um reconhecimento de um direito geral de personalidade, que estaria cristalizado justamente no § 823, I do BGB. Houve também uma contribuição do BGH, que reconheceu no caso Soraya, em 1965, um direito geral de personalidade, com pretensão à indenização pecuniária. No texto em original: (1) Wer vorsätzlich oder fahrlässig das Leben, den Körper, die Gesundheit, die Freiheit, das Eigentum oder ein *sonstiges Recht* eines anderen widerrechtlich verletzt, ist dem anderen zum Ersatz des daraus entstehenden Schadens verpflichtet. (grifo nosso). Na versão em português: § 823: 1. Quem, com dolo ou negligência, ofender ilicitamente a vida, o corpo, a saúde, a liberdade, a propriedade ou *outro direito* de outra pessoa fica obrigado a indenizar a esta pelos resultados da ofensa. 2. A mesma obrigação recai sobre a pessoa que violar uma lei que vise proteger outra pessoa. Se, segundo o conteúdo da lei, for possível uma ofensa contra ela

4 • O TRATAMENTO DO DISCURSO DE ÓDIO NO DIREITO ALEMÃO

Apesar disso, o TCF autorizou a indenização por danos morais sustentada pela autora, tendo em vista as mudanças sociais transformadoras e os valores fundamentais da GG. Segundo a Corte, este direito geral de personalidade autoriza a pessoa ser deixada em paz, livre de interferências não autorizadas, quer tenham origem em atores privados ou públicos. *Este interesse na privacidade opera como uma limitação das liberdades comunicativas.* Assim, uma entrevista imaginária não adiciona nada à formação da opinião pública. Contra matérias da imprensa como esta, segundo ainda a Corte, a proteção da privacidade tem prioridade incondicional.[149]

No caso em espécie, a Corte ponderou o direito à privacidade, do recém-criado direito geral de personalidade, com o direito à liberdade de imprensa do artigo 5º (1) da GG. Os argumentos esposados pela Corte dão conta da predominância da privacidade sobre a liberdade de expressão. Contudo, a crítica que pode ser feita é sobre o grande peso de um direito recentemente desenvolvido em relação à liberdade de expressão, o que levanta dúvidas sobre a sua importância como constitutiva da democracia. Assim como Mephisto, Soraya era uma figura pública e estava mais exposta à crítica e exposição públicas. Não pode se ignorar que quando a liberdade de imprensa é restringida, existe o perigo de se criar uma autocensura, pelo temor de novas proibições de determinados conteúdos.

4.3.3 A mentira do holocausto (Auschwitzlüge)

Uma das disposições penais mais discutidas na Alemanha versa sobre a negação do holocausto, que inclusive é previsto como crime no StGB, conforme os § 130 (3) e (4). Na matéria, deve ser distinguida a negação do holocausto de forma "simples" e a "qualificada". Na negação simples, "apenas" é afirmado que o holocausto não ocorreu, ao passo que na qualificada, a expressão é acompanhada por conclusões valorativas ou por chamamentos à ação. Em ambos os casos, a lei penal pode ser invocada.[150]

No caso *Auschwitzlüge*[151], o Partido de extrema-direita NPD havia convocado seus membros, através de seu periódico "Deutsche Stimme" (voz alemã), para o evento "o futuro da Alemanha à sombra da chantagem política?", realizado na cidade de München, em 1991. O evento teria como palestrante o historiador revisionista David Irving. A cidade de München, com base na Lei de Reuniões (§ 5, (4) *Versammlunggesetz*, VersG) proibiu discursos que dissessem respeito à perseguição de judeus no Terceiro Reich, no sentido de negar ou colocar em

---

mesmo sem culpa, a obrigação de indenizar só existe em caso de culpa. (grifo nosso). ZANINI, Leonardo Estevam de Assis; QUEIROZ, Odete Novais Carneiro. A inviolabilidade da pessoa humana e o direito geral da personalidade. *Revista Brasileira de Direito Civil*, v. 27, n. 01, 2021. p. 18-19.

149. BVerfGE 34, 283-284.

150. HAUPT, Claudia E. Regulating hate speech: Damned if you do and damned if you don't: lessons learned from comparing German and U.S. approaches. *Boston University International Law Journal*, v. 23, 2005. p. 328.

151. BVerfGE 90, 241.

dúvida a perseguição. No início do evento, ainda, deveria ser informado que tal ato constitui crime sob as leis penais alemãs, vetando de imediato tais afirmações. Caso necessário, a reunião deveria ser interrompida ou encerrada. De acordo com a administração penal, os crimes de incitação ao ódio (§ 130), injúria (§ 185), ofensa à memória de falecidos (§ 189) seriam cometidos, o que autorizaria a ação penal pública, de acordo com o § 194 (1), todos do StGB. Todos esses artigos são aplicados em conjunto quando se trata de cometimento do crime de negação do holocausto, ou mentira de Auschwitz. Quando pareceu que David Irving ignorava os avisos, o governo proibiu o evento.[152] Através da via administrativa, a reclamante intentou, sem sucesso, a derrubada da proibição municipal. Em reclamação constitucional, alegou a violação da liberdade de opinião (art. 5º (1) da GG), alegando que se tratava de um "instrumentário jurídico para a vedação de uma discussão política contemporânea indesejada", o que seria uma prática inconstitucional. Segundo a reclamante, o direito geral de personalidade, que decorre do artigo 2 (1) da GG deveria ser posicionado abaixo do artigo 5º (1), que versa sobre liberdade de expressão. Segundo o Tribunal, os aspectos a serem analisados derivam não da liberdade de reunião, mas da liberdade de expressão. As expressões que são caracterizadas como opiniões não podem ser classificadas como verdadeiras ou como falsas, o que importa na desnecessidade de aferição se valiosa ou sem valor, perigosa ou inócua. A proteção também deve abranger a forma pela qual a expressão se dá, podendo mesmo ser em tom crítico ou ofensivo.

Em outra linha, as afirmações fáticas (*Tatsachenbehauptung*) não podem ser consideradas expressões de opinião, dado que existe uma realidade objetiva entre a declaração e a realidade, sendo passíveis de análise quanto a sua verdade. Assim, quando as afirmações sobre fatos não puderem em nada contribuir para a formação da opinião pública, não haverá a proteção constitucional. Não é possível desconsiderar também que as opiniões podem estar baseadas em fatos (*Meinungsbezug*), o que garante a proteção como um todo na medida em que atuarem como suporte para a formação da opinião. Ainda quanto à verdade, não é possível se exigir um grau tão alto de certeza a ponto de inibir a liberdade de opinião por temor de sanções, mas disto difere a afirmação que, é falsa, sendo, além disso proferida de modo consciente.

Segundo o Tribunal, é frequente a junção entre afirmações de fato e opinião, de modo a se configurar uma indissociabilidade entre ambas. Nesse caso, toda a expressão deve ser tomada como opinião, pois, de outro modo, haveria uma diminuição no âmbito de proteção da liberdade de expressão. Em relação à sua precedência em face da proteção da personalidade, o TCF assenta que esta preponderância de maneira alguma se caracteriza. O que ocorre é justamente a situação inversa, em havendo

---

152. KOMMERS, Donald. *The constitucional jurisprudence of the Federal Republic of Germany*. 3. ed. Durham: Duke University Press, 2012. p. 493.

a violação de direitos da personalidade, estes preponderam em face da liberdade de expressão. Se estiver em pauta a liberdade de opinião e esta estiver calcada em afirmações de fato falsas, a liberdade de expressão também não prevalecerá sobre a tutela da personalidade. Contudo, se as questões permeadas pelos proferimentos tocarem o interesse público, haverá uma presunção em seu favor.

No caso de afirmação de fatos que envolvam o Terceiro Reich, não restam dúvidas de que são fatos falsos, pois afirmado por inúmeras testemunhas e comprovado pela História. Por outro lado, essas afirmações negacionistas não se confundem com a negação da culpa alemã pela Segunda Guerra Mundial. Estas avaliações são complexas e não podem ser configuradas como simples fatos, bem como não atingem bens de terceiros, mesmo que seja questionável do ponto de vista histórico. Em adição a estes argumentos, é ressaltado que os judeus que vivem na Alemanha formam um grupo passível de ser insultado devido ao destino que lhe foi infligido pelo governo nacional-socialista. Esse fato faz com que a negação da perseguição aos judeus seja vista como injúria aos judeus como um grupo. Tomadas todas estas considerações em conjunto, o TCF admitiu a proibição da administração municipal, com base na assunção da probabilidade do cometimento de crimes, mesmo antes de acontecerem.[153]

Esta decisão do TCF difere substancialmente da visão americana, em que, por mais perniciosa que seja uma opinião, a sua correção não depende da consciência dos juízes ou dos júris, mas da competição de ideias.[154] Por estar baseada em um ponto de vista, à doutrina americana causa espécie essa decisão, especialmente tendo em conta o julgamento do caso Lüth, em que foi verificada uma errônea representação dos fatos por parte de Lüth em relação à absolvição de Harlan – que eram inverídicos, o que não foi apreciado pelo TCF. Do ponto de vista americano, apenas para que se faça a devida comparação, essa decisão seria inconstitucional por ser baseada em um ponto de vista (*viewpoint discrimination*).[155] Outras críticas, da doutrina alemã, abarcam, por exemplo, o uso do direito penal, que é visto como *ultima ratio*, para criminalizar a negação de eventos históricos, além de não analisar outros meios menos restritivos para preservar a memória do holocausto e assegurar a paz e segurança para os judeus na Alemanha. Contudo, pode ser visto que o TCF está apenas aplicando os limites estabelecidos pela própria GG, seguindo a regra de ponderação dos interesses concernentes. Outra questão é que a decisão considera a singular significância do holocausto para a autoimagem de todos os alemães, o

---

153. Tudo conforme: MARTINS, Leonardo. *Tribunal Constitucional Federal alemão*: decisões anotadas sobre direitos fundamentais. Volume II: liberdade de consciência e crença; liberdades de expressão e de comunicação social; liberdades artística e científica. São Paulo: Konrad Adenauer Stiftung, 2018. p. 104 e ss.
154. ESTADOS UNIDOS. Suprema Corte. *Gertz v. Robert Welch, Inc.* 418, 339-340 (1974).
155. KROTOSZYNSKI JR., Ronald. A comparative perspective on the first amendment: free speech, militant democracy, and the primacy of dignity as a preferred constitutional value in Germany. *Tulane Law Review*, v. 78, n. 05, maio 2004. p. 1595.

que pode ser expresso em frases como "Nie Wieder" (nunca mais) e "Wehret den Anfängen" (cortar pela raiz).[156]

Outras indicações do resultado do julgamento remetem ao caso Soraya, em que foi concedida a indenização por dano moral em razão da entrevista do jornal Die Welt fictícia, ou seja, retratando fatos falsos, o que não contribuiria para a formação da opinião pública. Mesmo em Mephisto prevaleceu o direito à honra de Gründgens em face da liberdade de expressão artística de Mann. *Existe então, uma forte tendência no TCF de conceder mais peso aos direitos da personalidade dos afetados do que à liberdade de expressão.* Esse posicionamento não vem sem custo, pois tudo o que é adicionado ao direito da personalidade é retirado da liberdade de expressão.[157] Trata-se de uma escolha alemã pela preservação da dignidade da pessoa humana, ou seja, ao colocar a dignidade da pessoa humana na abertura da Constituição, também esta é alçada a um lugar de preponderância. Em outra assertiva, pode ser dito que a dignidade é a "liberdade preferencial" no sentido de "posição preferencial", para exemplificar o que a liberdade como valor predominante representa para os Estados Unidos. Assim, trazendo à lume o contexto da negação do holocausto, a dignidade é protegida em termos quase absolutos.[158]

Em um caso recente, julgado em 2018, uma cidadã alemã de mais de 80 anos, foi condenada penalmente pelas instâncias inferiores em virtude da negação do holocausto (§ 130 do StGB). Em reclamação constitucional, alegou que suas manifestações estavam protegidas pela liberdade de pesquisa e de ensino, consoante o artigo 5º (1) da GG. Com os fundamentos já empregados na decisão de 1994, o Tribunal se guiou pelo aspecto notadamente falso das expressões da reclamante, o que equivale a dizer que afirmações de fato falsas não contribuem para o processo de formação da opinião. Um dos argumentos carreados na reclamação se referia à necessidade de uma lei geral para a limitação da liberdade de expressão, o que, segundo a decisão Wunsiedel,[159] não seria o caso do artigo 130, § 3 do StGB. Neste ponto, o TCF ressaltou que a exceção para esta regra são as leis que impedem a afirmação propagandística do nacional-socialismo e o impacto crucial da história germânica na identidade nacional. Segundo ainda a decisão, a GG não contém um princípio geral anti-nacional-socialista que legitimaria a proibição de ideias de extrema-direita ou nacionais socialistas com respeito aos efeitos que o conteúdo pode ter na mentalidade dos indivíduos. As opiniões da reclamante, por sua vez,

---

156. BRUGGER, Winfried. Ban or protection of hate speech: some observations based on German and American LawLaw. *Tulane European & Civil Law Forum*, v. 17, 2002. p. 18; HAUPT, Claudia E. Regulating hate speech: Damned if you do and damned if you don't: lessons learned from comparing German and U.S. approaches. *Boston University International Law Journal*, v. 23, 2005. p. 315.

157. ESTADOS UNIDOS. Suprema Corte. *New York Times Co. v. Sullivan*, 376 U.S, 270-272 (1964).

158. KROTOSZYNSKI JR., Ronald. A comparative perspective on the first amendment: free speech, militant democracy, and the primacy of dignity as a preferred constitutional value in Germany. *Tulane Law Review*, v. 78, n. 05, maio 2004. p. 1577-1581.

159. BvR 2150/08.

adentram na esfera da ameaça à paz pública, o que marcaria uma transição para a agressão ou violação da lei, sendo, por isso, adequada a condenação. Ao final, o TCF inadmitiu a reclamação.[160]

A decisão sobre a negação do holocausto reclama a apreciação, de modo breve, sobre a indicação de livro como obra perigosa para a juventude, de acordo com a Lei sobre a difusão de escritos ameaçadores à juventude (*Gesetz über die Verbreitung jugendgefährdender Schriften* – GjS), no caso *Jugendgefährdende Schriften*.[161] Um autor e editor de livros havia publicado uma obra chamada "A verdade para a Alemanha – a questão da culpa da Segunda Guerra Mundial." O autor não negou o holocausto, mas sustentou a tese de que as ações levadas a cabo durante o período nacional-socialista seriam de responsabilidade dos adversários, mesmo aquelas conectadas à *Juden-Endlösung*, ou solução final. Para o TCF, a introdução na lista de obras ameaçadoras à juventude violaria o direito à livre expressão (art. 5º (1) GG).

Em uma fundamentação que em muito lembra a doutrina americana do *free speech*, o TCF decidiu que a liberdade científica alberga opiniões minoritárias, bem como teses de pesquisa que se mostrem equivocadas ou deficientes. Apenas poderia se falar de uma indexação se estivesse presente um alto grau de ameaça e de perigo. Discursos que digam respeito à interpretação histórica são garantidos pelo art. 5º (1) da GG, o que inclui as opiniões convencionais ou que se afastem em grande medida delas. Ainda, o debate entre os mais jovens, envolvendo opiniões contrárias, é capaz de proteger melhor a juventude do que a indexação, que poderia ter o efeito contrário, de atraí-los para tais opiniões. Junto com a capacidade crítica com distintas ideias, agrega-se a formação de cidadãos maduros, entendimento este que remete ao fundamento central da sociedade livre a democrática, qual seja, a livre discussão.[162] Observa-se, portanto, nesta decisão, um retorno a Lüth, o que demonstra a aproximação com a visão americana através da livre troca de ideias e na discussão sobre todos os temas, sem um prévio julgamento governamental sobre a pertinência ou não da obra. Outro fato que salta aos olhos é a preocupação de não admitir a indexação a fim de que o efeito seja contrário, de atrair mais seguidores a uma ideia, confiando, então, em uma autorresponsabilidade dos cidadãos, ou, conforme Dworkin, concebendo-os como agentes morais responsáveis.[163]

A negação do holocausto também foi objeto de julgamento perante a CEDH, sendo um dos mais famosos julgamentos o caso *Garaudy v. France*.[164] O recorren-

---

160. BvR 673/18.
161. BVerfGE 90, 1.
162. MARTINS, Leonardo. *Tribunal Constitucional Federal alemão*: decisões anotadas sobre direitos fundamentais. Volume II: liberdade de consciência e crença; liberdades de expressão e de comunicação social; liberdades artística e científica. São Paulo: Konrad Adenauer Stiftung, 2018. p. 253.
163. DWORKIN, Ronald. Why must speech be free? In: *Freedom's law*: the moral reading of the american constitution. Cambridge: Harvard University Press, 1996. p. 200-205.
164. CORTE EUROPEIA DE DIREITOS HUMANOS. Garaudy v. France. Processo 65831/01. Quarta Seção. Julgado em 24 fev. 2003.

te – escritor, filósofo e ex-político, havia publicado um livro intitulado "Os mitos fundadores da Israel moderna", obra na qual negava o holocausto e incitava ao ódio racial contra os judeus. Em 16 de dezembro de 1998, a Corte de Apelação de Paris condenou o autor da obra pela negação de crimes contra a humanidade, difamação pública e ódio racial. As condenações foram mantidas pela Corte de Cassação. Em recurso à CEDH, o recorrente alegou que seu direito à livre expressão havia sido violado, pois seu livro era de natureza política, com vistas a combater o sionismo e criticar as políticas israelenses, não sendo seu livro racista ou antissemita. Segundo a CEDH, controverter a existência de eventos históricos esclarecidos não constitui pesquisa científica ou histórica. Seu intento, em verdade, era reabilitar o regime nacional-socialista e acusar as vítimas de falsear a história. A negação de crimes contra a humanidade era, então, uma das formas mais severas de difamação racial e incitamento ao ódio contra judeus, além de ser incompatível com a democracia e os direitos humanos, o que caracterizaria o abuso de direito. Valores como justiça e paz social, que são valores fundamentais da Convenção, também foram violados pela obra do recorrente, pois marcadas pela sua tendência ao revisionismo histórico. Desta maneira, a Corte inadmitiu o recurso e aplicou ao caso o art. 17 (proibição de abuso de direitos) da Convenção, não havendo que falar em violação à liberdade de expressão (art. 10).

4.4 LIBERDADE DE EXPRESSÃO E AGENTES PÚBLICOS

A liberdade de expressão e relação com agentes públicos tem sido objeto de intensa controvérsia e discussão em diversos países, dado que na relação do governo com administrados as discordâncias são corriqueiras e inerentes à relação verticalizada. Na Alemanha, o TCF tem desenvolvido alguns parâmetros seja para salvaguardar a liberdade de expressão, seja para a proteção dos direitos da personalidade. No caso da liberdade de expressão, a Corte salientou no famoso caso "Soldados são assassinos" que as ofensas dirigidas a um grupo indeterminado, ou seja, sem que fosse possível individualizar todos os ofendidos, levavam à proteção da liberdade de expressão do agente. Em outros casos, especificamente tendo como ofendidos indivíduos e não grupos, como no julgado dos soldados, o Tribunal elaborou algumas diretrizes quando houver a aplicação dos dispositivos penais que versam sobre a violação da honra, segundo os §§ 185ss do StGB. Em geral, as Cortes devem proceder a um sopesamento dos direitos fundamentais envolvidos, o que requer o exame das circunstâncias específicas e do significado do proferimento. Essa ponderação poderá ser prescindida apenas em alguns casos, os quais incluem: (i) a calúnia (*Schmähkritik*), (ii) a injúria formal (*Formalbeleidigung*), prevista no § 192 do StGB, e (iii) violações à dignidade da pessoa humana.

A *crítica degradante* (*Schmähkritik*) não é apenas uma forma extrema de insulto, mas é definida também por aspectos substantivos. Denota uma *completa falta de liga-*

ção com uma discussão objetiva, ou seja, com fatos, cujo propósito é apenas difamar a pessoa afetada sem motivos. Por sua vez, a *injúria formal (Formalbeleidigung)* inclui os proferimentos que deliberadamente e não apenas proferidos no calor das emoções, são extremos e ofensivos. Seu critério diferenciador não é a falta de conexão com os atos, mas, sim, as palavras empregadas, que constituem um tabu e são desaprovadas pela sociedade. Assim, o que é decisivo na injúria formal é a *forma* utilizada. Para que haja a dispensa da ponderação, as Cortes ordinárias devem indicar que estão atendidos os critérios para configuração de alguma destas três hipóteses que dispensam a ponderação. Em não havendo nenhuma delas, a ponderação não acarreta a precedência da liberdade de expressão sobre a proteção da personalidade.[165]

4.4.1 *Strauß*

Um exemplo de ataque de ataque à dignidade da pessoa humana ocorreu no caso Strauß,[166] julgado em 1987, em que a revista Konkret retratou o Ministro-presidente da Bavária (equivalente a governador), Franz Josef Strauß, uma das figuras mais controversas da política alemã, como um porco durante uma atividade sexual. Em diversas caricaturas, o porco copula com outros porcos que portavam vestes judiciais. Com base no § 185 do StGB, que pune a injúria, Strauß processou a revista, sendo as decisões das cortes ordinárias favoráveis ao autor injuriado. Com base na proteção do artigo 5º (3) da GG, que garante a liberdade artística, a revista ajuizou reclamação constitucional contra a decisão do Tribunal Regional Superior de Hamburgo, que concedeu o direito à indenização. Segundo o TCF, *deve ser levado em consideração que exageros são inerentes à sátira e que indivíduos que são figuras públicas, como Strauß, são frequentemente alvos de críticas satíricas públicas, mas a caracterização em questão excede o limite do razoável.* Mais do que objetivar descrever ou exagerar algumas características do ser humano, apresentando-o como um animal, a intenção era atacar a dignidade pessoal do político. Em especial, a Corte considerou que a retrato de Strauß em um ato sexual pertencia à sua área de proteção íntima, o que o desvalorizava como pessoa. Ainda que Strauß fosse uma figura política, isso não o privava da sua dignidade e não justificava discursos injuriosos à sua personalidade, nem mesmo em nome da liberdade artística.[167]

Este julgado assume relevância por vários motivos. O primeiro deles é que a liberdade artística, sem reservas, cedeu em face da dignidade da pessoa humana e dos direitos da personalidade do injuriado. O segundo fato e que chama mais a atenção, é que Strauß era um agente político e, naturalmente, estava mais exposto a críticas

---

165. BUNDESVERFASSUNGSGERICHT. *Clarification of constitutional standards applying to criminal convictions for derogatory statements.* Disponível em: https://www.bundesverfassungsgericht.de/SharedDocs/Pressemitteilungen/EN/2020/bvg20-049.html. Acesso em: 23 jan. 2021.
166. BVErfGE 75, 369.
167. KOMMERS, Donald. *The constitucional jurisprudence of the Federal Republic of Germany.* 3. ed. Durham: Duke University Press, 2012. p. 466-467.

da imprensa. Nesse caminho, deve ser lembrado que, nos Estados Unidos, poucos meses após essa decisão a Suprema Corte julgou *Hustler Magazine v. Falwell,* cujos fatos se referiam a uma revista que havia retratado, em um anúncio sobre uma bebida alcóolica, um Reverendo nacionalmente conhecido, como tendo tido, embriagado, relações incestuosas com sua mãe em um banheiro público. Mesmo reconhecendo que o retrato era grosseiro, claramente ofensivo e tendente a infligir danos emocionais, a Corte cassou a decisão que concedia indenização de $ 200.000,00 contra a revista. Isso porque a liberdade de expressão deve prevalecer sobre todos os interesses sociais contrapostos, se o discurso político, *através de sátiras,* quisesse sobreviver nos EUA.[168] Além disso, não havia afirmações de fato em razão de sua natureza extraordinária (*unbelievable nature*), não sendo crível que se pudesse acreditar no exposto.[169]

4.4.2 Ofensa a magistrados

Em uma recente decisão, de 2019, o TCF explicou as condições para que uma expressão seja classificada como crítica difamatória (*Schmähkritik*), o que a afasta da proteção do artigo 5 (1) da GG. Na espécie, o autor, no curso de uma ação cível, havia sido penalizado com uma multa por insultar a juíza, por afirmar que "a maneira com que o juiz influenciou as testemunhas e conduziu o procedimento e sua tentativa de excluir o autor dos procedimentos eram uma reminiscência dos procedimentos judiciais dos tribunais de exceção nazistas". Em relação à condução do caso, referiu-se a ele como um julgamento de bruxa medieval. O TCF cancelou a multa e remeteu o caso de volta para o Tribunal de Apelação de Bremen. As cortes ordinárias haviam erroneamente classificado a expressão como crítica difamatória, o que seria apenas se não fossem integrantes de um contexto objetivo, proferidos apenas para difamar a pessoa alvo. Em razão de não se tratar de nenhuma das hipóteses que dispensam o sopesamento, anteriormente elencadas, pois as críticas se relacionavam à condução do processo judicial, afastava-se uma difamação pura e degradante, sem relação alguma com fatos objetivos. Não houve, da mesma forma, a divulgação a terceiros, tendo sido proferidas no processo para reinvindicação e luta pelos seus direitos (*Kampf ums Recht*). As comparações com práticas medievais ou com o nacional-socialismo poderiam ter um peso particular no sopesamento, mas não constituíam, por si só, uma crítica degradante, porque continham uma referência objetiva (*ein sachlicher Bezug*). *A liberdade de expressão, então, deve cobrir ações críticas a medidas estatais tomadas por agentes públicos, sem medo de sanções.*[170]

---

168. KOMMERS, Donald. *The constitucional jurisprudence of the Federal Republic of Germany.* 3. ed. Durham: Duke University Press, 2012. p. 468.

169. TODD, Michael. Do we still need human dignity: a comparative analysis of the treatment of hate speech in the United States and Germany. *Journal of Media Law Ethics,* v. 1, n. 3/4, 2009. p. 277. New York Times Co. v. Sullivan não se aplica ao caso, por não se tratar de fatos. SUPREME COURT. *Hustler Magazine v. Falwell,* 485 U.S. 46 (1988).

170. BvR2433/17. Disponível em: https://www.bundesverfassungsgericht.de/SharedDocs/Pressemitteilungen/ DE/2019/bvg19-049.html. Acesso em 21 de janeiro de 2021. Para a decisão em inglês: http://merlin-int. obs.coe.int/download/8644/pdf. Acesso em: 21 jan. 2021.

O segundo caso também versa sobre magistrados, mas com o reconhecimento do abuso do direito. Após o divórcio de sua esposa, em 2002, foi negado a um cidadão qualquer contato com sua filha. Após decisão em sede de apelação, que foi julgada em seu desfavor, em 2016, postou, por diversas vezes, os nomes dos juízes das decisões, juntamente com suas fotos e repetidamente os rotulou de "criminosos judiciais antissociais", "criminosos provincianos" e "separadores de crianças." O juízo criminal o condenou por injúria (*Beleidigung*) e ao pagamento de uma multa. Em razão de haver conexão com os fatos, não se pode falar em calúnia, o que leva a uma ponderação entre a liberdade de expressão e a proteção da honra. A crítica às pessoas no poder (*Machkritik*) e a luta pelos seus direitos (*Kampf um das Recht*) não poderiam levar a proteção da honra a um nível desarrazoado (*unzumutbar*), considerando também que os proferimentos chegavam a ocultar as preocupações substantivas do agente. Ainda, os ataques eram feitos de modo acusatório, de modo a afetar a integridade profissional dos juízes e estavam disponíveis em um blog, com acesso para o público em geral, disseminado para um número indefinido de pessoas.[171]

A temática também não é estranha à jurisprudência da Corte Europeia de Direitos Humanos (CEDH).[172] Em Pais Pires de Lima c. Portugal, um advogado havia endereçado, em 2007, uma carta ao Conselho Superior da Magistratura de Portugal, acusando um magistrado de um processo em que atuava como advogado de uma das partes de imparcialidade, com indícios fortes de corrupção por parte do juiz. Ao final, requeria a abertura de um processo disciplinar e a apuração dos meios utilizados pelo juiz para sua casa em Cascais. Após o envio da reclamação, o juiz ajuizou uma ação de responsabilidade civil pelas alegações infundadas feitas contra si, demandando uma indenização por danos morais de € 150.000,00. Os tribunais portugueses condenaram o advogado ao pagamento de danos morais em € 50.000,00, dado que a credibilidade, honorabilidade e independência do juiz foram fortemente afetadas. O advogado recorreu à CEDH, alegando uma violação da sua liberdade de expressão, previsto no art. 10 da Convenção Europeia dos Direitos do Homem.[173] Segundo o autor, as acusações não eram gratuitas ou maldosas, mas es-

---

171. BUNDESVERFASSUNGSGERICHT. *Clarification of constitutional standards applying to criminal convictions for derogatory statements.* Disponível em: https://www.bundesverfassungsgericht.de/SharedDocs/Pressemitteilungen/EN/2020/bvg20-049.html. Acesso em: 23 jan. 2021.

172. Importa destacar que a CEDH não se constitui em uma corte de apelação, não podendo reverter o julgamento nacional, mas declarar a sua violação ou não à Convenção. Ainda, dentre suas atribuições não se encontra a harmonização do direito na Europa. GRIMM, Dieter. Freedom of speech in a globalized world. In: HARE, Ivan; WEINSTEIN, James (ed). *Extreme speech and democracy.* New York: Oxford University Press, 2010. p. 21.

173. Assim prescreve o artigo 10: Liberdade de expressão. 1. Qualquer pessoa tem direito à liberdade de expressão. Este direito compreende a liberdade de opinião e a liberdade de receber ou de transmitir informações ou ideias sem que possa haver ingerência de quaisquer autoridades públicas e sem considerações de fronteiras. O presente artigo não impede que os Estados submetam as empresas de radiodifusão, de cinematografia ou de televisão a um regime de autorização prévia. 2. O exercício desta liberdades, porquanto implica deveres e responsabilidades, pode ser submetido a certas formalidades, condições, restrições ou sanções, previstas pela lei, que constituam providências necessárias, numa sociedade democrática, para a segurança nacional,

tavam vinculadas ao exercício da profissão. Além do mais, as acusações não haviam sido difundidas a terceiros, de modo que ficaram adstritas ao âmbito administrativo. Em julgamento, a CEDH afirmou que a liberdade de expressão engloba não apenas o conteúdo, mas a forma de expressão. Os advogados têm o direito de se pronunciar publicamente sobre o funcionamento da justiça, o que a levou a concluir que a soma arbitrada pelos tribunais traria um efeito dissuasivo para os advogados. Em relação ao contexto, as críticas não foram feitas de modo público, mas diretamente ao CSM, órgão de competência disciplinar da magistratura. Assim, a CEDH reconheceu uma violação à liberdade de expressão do requerente.[174]

4.4.3 Soldados são assassinos (Soldaten sind Mörder)

Em soldados são assassinos, o TCF se esforça para empregar na decisão uma interpretação mais liberal da liberdade de expressão, de modo a realçar o valor do livre discurso, o que foi muito criticado por parte da população alemã e de representantes políticos. Em soldados são assassinos I, a decisão se deu por três juízes (*Kammerentscheidung*), geralmente uma opinião mais breve e decidida por três juízes. Dadas as críticas após o julgamento, a Corte necessitava de uma resposta pela Corte completa em soldados são assassinos II. Em questão estava um protesto pela guerra do golfo, em 1991. Um objetor de consciência havia afixado ao para-choques de seu carro um adesivo com o lema Soldados são assassinos. O "T" da palavra alemã *Soldaten* estava em forma de cruz. Abaixo do adesivo estava a assinatura de Kurt Tucholsy, um escritor dos anos 1930.[175] Outro adesivo apresentava um soldado durante a guerra civil espanhola, de 1936, sendo atingido por um tiro, com as mãos levantadas e a arma caindo; abaixo, a inscrição: Why? As cortes ordinárias o condenaram com base no crime de injúria e incitação ao ódio (*Volksverhetzung*). Contudo, o TCF reverteu o julgamento, afirmando que os emblemas não tiveram o significado que fora dado pelos Tribunais inferiores. Isso se dava pelo fato de que "murderer" havia adquirido um sentido idiomático, como um protesto contra a guerra e não contra os militares. O caso foi reenviado para as cortes ordinárias para novo julgamento à luz da liberdade de expressão.[176]

---

a integridade territorial ou a segurança pública, a defesa da ordem e a prevenção do crime, a protecção da saúde ou da moral, a protecção da honra ou dos direitos de outrem, para impedir a divulgação de informações confidenciais, ou para garantir a autoridade e a imparcialidade do poder judicial.

174. CORTE EUROPEIA DE DIREITOS HUMANOS. Pais Pires de Lima c. Portugal. Processo 70465/2012. Quarta Seção. Julgado em 12 fev. 2019.

175. A frase, de autoria de Kurt Tucholsky, foi empregada em um artigo durante a República de Weimar, com o pseudônimo Ignaz Wrobel, com o título *Der Bewachte Kriegsschauplatz*, no jornal alemão pacifista de esquerda, *Die Weltbühne*, em 04 de agosto de 1931. Líderes do *Reichswehr* (defesa nacional alemã) ajuizaram uma ação por injúria contra o responsável pela publicação, o jornalista Carl von Ossietzky, que havia recentemente divulgado segredos militares. Em razão de a frase ter sido julgada muito vaga e não ter mirado um indivíduo em especial, o jornalista foi absolvido. JOUANJAN, Olivier. Freedom of expression in the Federal Republic of Germany. *Indiana Law Journal*, v. 84, n. 3, 2009. p. 878.

176. EBERLE, Edward J. Public discourse in contemporary Germany. *Case Western Law Review*, v. 47, n. 3, 1997. p. 878-880.

O caso gerou uma onda de protestos pelo país. O Chanceler alemão Helmut Kohl afirmou que "nós não podemos ficar assistindo aos nossos soldados sendo colocados no mesmo nível de criminosos."[177] Membros do Parlamento expressaram sua indignação no Bundestag. Milhares de cartas aos jornais do país chamaram a decisão de ultraje. Alguns constitucionalistas proeminentes também expressaram sua desaprovação. Ernest Benda escreveu ao *Frankfurter Allgemeine Zeitung* afirmando que a câmara teria sido melhor assessorada se tivesse enviado o caso para decisão do Senado, o que poderia ter produzido uma decisão mais bem fundamentada. Em seu texto, Ernst Benda tenta acalmar a população, pois não havia nada de excepcional na decisão. Em recentes decisões, segundo ele, a Corte já havia manifestado uma tendência em fazer prevalecer a liberdade de expressão sobre os direitos da personalidade, o que não justificava a difamação de membros das forças armadas e tal fato se desse impunemente.[178]

Em Soldiers are Murderers II, ou Tucholsky II,[179] o Tribunal especifica as condições para a injúria coletiva (*Kollektivbeleidigung*), além do controle do agente sobre o conteúdo e forma da expressão. Nesta decisão, houve o julgamento pelo Senado, o que refletiu a divisão do país no primeiro caso, pois o resultado se deu por cinco votos a três em quatro decisões e de forma unânime apenas no segundo caso. O julgado reuniu três reclamações constitucionais. A primeira delas tratava de um objetor de consciência, dado que havia se negado ao serviço militar (*Kriegsdienstverweigerer*), que pendurou um cartaz perto de Rothenburg ob der Tauber, onde se realizavam manobras da OTAN, em que se lia: *a soldier is a murder* (um soldado é um assassinato). Em função da semelhança entre o inglês e alemão, e sua não proficiência em inglês, o Tribunal entendeu que sua intenção era escrever *murderer* (assassinato na língua inglesa). No segundo processo reunido para julgamento, havia uma exibição de caricaturas do exército alemão (*Bundeswehr*), tendo o objetor confeccionado um panfleto afirmando que soldados são treinados para serem assassinos. Foram distribuídas entre 20 e 30 cópias no hall da escola e colocadas as demais nas janelas dos carros estacionados ao redor da exposição.[180]

No terceiro processo, um cidadão enviou uma carta a um jornal local na qual expressava sua solidariedade com a absolvição de um médico envolvido em uma ação judicial no processo dos soldados de Frankfurt. Na carta, relatava que os soldados são assassinos. Ao final, adicionou: todos os soldados são assassinos potenciais. No

---

177. No original: "we cannot and must not stand by while our soldiers are placed on the same level with criminals". Disponível em: https://www.nytimes.com/1996/01/15/world/an-old-stab-at-soldiers-opens-battle-in-germany.html. Acesso em: 04 fev. 2021.

178. KOMMERS, Donald. *The constitutional jurisprudence of the Federal Republic of Germany*. 3. ed. Durham: Duke University Press, 2012. p. 468-469.

179. BVerfGE 93, 266.

180. EBERLE, Edward J. Public discourse in contemporary Germany. *Case Western Law Review*, v. 47, n. 3, 1997. p. 881-889; MARTINS, Leonardo. *Tribunal Constitucional Federal alemão*: decisões anotadas sobre direitos fundamentais. Volume II: liberdade de consciência e crença; liberdades de expressão e de comunicação social; liberdades artística e científica. São Paulo: Konrad Adenauer Stiftung, 2018. p. 111.

último processo, havia uma exposição de motocicletas, local em que o Exército havia montado um estande de informações. Na frente do local, quatro pessoas seguravam uma grande faixa com os dizeres: "soldados são potenciais assassinos." Sentindo-se ofendidos, os soldados ajuizaram ação contra os manifestantes. As cortes inferiores condenaram os manifestantes pela injúria provocada aos soldados (§ 185 do StGB). Um dos fundamentos se deu em virtude de uma decisão do *Bundesgerichtshof* que entendeu que a difamação de um grupo específico de pessoas (católicos ou exército alemão) poderia ser extraído de afirmações mais gerais (todos os cristãos ou todos os soldados).[181]

Ao julgar o caso, a Corte realçou a prevalência da liberdade de expressão sobre os direitos da personalidade. Ao proceder a um intenso escrutínio dos fatos das causas, a Corte assentou que *o agente pode escolher como quer manifestar, o lugar e as circunstâncias*. Para que seja verificada a difamação coletiva, a decisão firmou os seguintes critérios: (i) o ataque tem que ser dirigido a um pequeno grupo; (ii) as características do grupo têm que ser distintas do público em geral; (iii) todos os membros do grupo devem ter sido atingidos; (iv) as características imutáveis, como etnia, raça, físico ou outras conferidas pela sociedade devem ter sido objeto de observações ofensivas.[182] Tendo isso sido fixado, a Corte reconheceu que os discursos faziam referência a soldados em geral e não a alguns definidos. As manifestações se voltavam, em geral, contra a guerra e os soldados, sendo, então, errado extrair algum dano a soldados específicos. Além disso, como se trata de um discurso público, o militarismo e o pacifismo, recaia sobre ele uma presunção de legitimidade.[183]

Nessa linha, aponta-se na Alemanha que, da análise dos dois principais casos sobre discurso de ódio, soldados são assassinos e mentira de Auschwitz, *a difamação do grupo existe com referência à negação do holocausto e a dignidade dos judeus*. Nesse caso, em virtude da importância histórica dos crimes cometidos pelo nacional socialismo, presume-se que todos os judeus foram atingidos em sua honra e dignidade. *Nos demais casos, exige-se que o discurso de ódio tenha atingido todos os membros do grupo, ou seja, com exceção da negação do holocausto, considera-se que os ataques são individuais e não ao grupo, configurando-se, portanto, pelo fato de vinculação da pessoa.*[184] Outro desfecho existiria caso se afirmasse que alguns

---

181. BGHSt 36, 77; EBERLE, Edward J. Public discourse in contemporary Germany. *Case Western Law Review*, v. 47, n. 3, 1997. p. 881-889; MARTINS, Leonardo. *Tribunal Constitucional Federal alemão*: decisões anotadas sobre direitos fundamentais. Volume II: liberdade de consciência e crença; liberdades de expressão e de comunicação social; liberdades artística e científica. São Paulo: Konrad Adenauer Stiftung, 2018. p. 111.

182. Ver: HAUPT, Claudia E. Regulating hate speech: Damned if you do and damned if you don't: lessons learned from comparing German and U.S. approaches. *Boston University International Law Journal*, v. 23, 2005. p. 332.

183. EBERLE, Edward J. Public discourse in contemporary Germany. *Case Western Law Review*, v. 47, n. 3, 1997. p. 881-889.

184. HAUPT, Claudia E. Regulating hate speech: Damned if you do and damned if you don't: lessons learned from comparing German and U.S. approaches. *Boston University International Law Journal*, v. 23, 2005. p. 333-334.

soldados específicos eram assassinos, pois o foco estaria mais nos indivíduos e não na instituição pertencente.[185]

Uma decisão recente do TCF,[186] julgada em 2020, deixa antever este raciocínio. Um indivíduo foi condenado por injúria (*Beleidigung*), na forma do artigo 185 do StGB, por haver vestido um moletom com as inscrições FCK BFE (Fuck *Beweissicherungs – und Festnahmeeinheit*), que é a unidade de detenção da polícia alemã, durante uma manifestação em frente a um Tribunal, em Karlsruhe. Difere de "soldados são assassinos" e de inscrições como "FCK CPS" (*Fuck the cops*)[187] ou "ACAB" (*all cops are bastards*),[188] em que não existe uma individualização das pessoas, sendo o grupo formado por pessoas indeterminadas. No caso em exame, o suéter mostrava visivelmente a inscrição FCK BFE, sendo que, por baixo deste, havia uma camiseta com inscrição idêntica, podendo o departamento policial ser identificado e seus membros delimitados. Acresce que o reclamante estava ciente que onde se protestava se faria presente a unidade da BFE local, além de já ter tido vários litígios com a unidade da BFE. O reclamante também foi advertido por um policial repetidas vezes para cobrir as iniciais, alertando-o de que se tratava de crime, o que foi ignorado. Diante deste fato, o Tribunal considerou que se trata de um grupo de policiais que pode ser identificado e, portanto, individualizado, o que faz incidir a difamação dos membros em virtude da sua ligação com o grupo. Também não procederia o argumento do reclamante de que a instância inferior não havia diferenciado a crítica injuriosa (*Schmähkritik*) e a injúria em razão da forma (*Formalbeleidigung*), pois uma diferenciação entre as duas nem sempre foi claramente delimitada. Ao final, o TCF decidiu pela inadmissibilidade da reclamação constitucional.

No caso *Margulev v. Russia*,[189] a CEDH decidiu que os órgãos de governo devem estar mais expostos a críticas. Uma ONG de conservação do patrimônio histórico, na Rússia, através de seu diretor, havia concedido entrevista ao Jornal *Moskovskiy Korrespondent* criticando as restaurações no complexo afeto aos cuidados da ONG, as quais estavam sendo financiadas pelo Conselho da cidade de Moscou. Este, por sua vez, processou o conselho da instituição de preservação por difamação, tendo sido a ação julgada procedente, ao argumento de que o réu não havia logrado êxito em comprovar suas declarações. A CEDH decidiu que as ONGS detinham atribuições de interesse público e funcionavam como *watchdogs*, ou fiscalizadores, sendo-lhes aplicáveis os padrões de proteção da imprensa. Ainda, o Conselho era um órgão público, motivo pelo qual deveria estar mais exposto à crítica pública. Ao final, a

---

185. KROTOSZYNSKI JR, Ronald. A comparative perspective on the first amendment: free speech, militant democracy, and the primacy of dignity as a preferred constitutional value in Germany. *Tulane Law Review*, v. 78, n. 05, maio 2004. p. 1582.
186. BvR 842/19.
187. BvR 1036/14.
188. BvR 2150/14.
189. CORTE EUROPEIA DE DIREITOS HUMANOS. Processo 15449/09. Terceira sessão. Julgado em 08 out. 2019.

Corte decidiu que houve uma violação à liberdade de expressão, prevista no art. 10 da Convenção. Este julgamento tem especial significado por ter esclarecido que os órgãos do governo são mais sujeitos a críticas do que cidadãos privados, não podendo haver a mesma aplicação dos parâmetos de sujeitos privados quando se trata de difamação. Nesta linha, a CEDH também tem assentado que os limites da crítica permitida são maiores em relação aos próprios políticos.[190]

4.5 LIBERDADE DE EXPRESSÃO E CAMPANHA POLÍTICA – O CASO DO NPD

As campanhas políticas, naturalmente marcadas por proferimentos partidários mais ácidos e contundentes, podem conter discursos de ódio a fim de conquistar uma parcela do eleitorado visado. Em 2019, por ocasião das eleições para o Parlamento Europeu, o NPD teve a veiculação de propaganda eleitoral negada pela *Zweiten Deutschen Fernsehen* (ZDF), ao argumento de que a propaganda continha elementos que configuravam o crime de sedição (*Volksverhetzung*). Sendo abertamente contra a imigração, o Partido afirmava na campanha não veiculada que "desde a abertura arbitrária da fronteira, em 2015, e a imigração em massa, os alemães têm sido vítimas todos os dias de homens estrangeiros portando facas." Em outra parte, ainda, a seguinte frase: "Imigração mata."[191] Os pedidos do Partido para obrigar a emissora a veicular a campanha eleitoral não lograram êxito. No âmbito do TCF, a Segunda Câmara do Primeiro Senado rejeitou o pedido do Partido, fundamentando a sua decisão no sentido de que as declarações poderiam constituir um incentivo para o ódio, de acordo com o § 130 (2) do StGB.[192] Dadas essas circunstâncias, o pedido liminar foi rejeitado.

Nota-se da decisão que, embora os partidos políticos tenham uma grande margem de atuação, sendo importantes atores na intermediação entre sociedade e Estado, as declarações não podem chegar a ponto de incitar ao ódio. Nessas situações, as emissoras podem exercer um juízo quanto à reprovabilidade do conteúdo emanado. Essa decisão levanta questionamentos sobre os parâmetros que devem ser utilizados para tal averiguação, já que não constam da decisão do Tribunal. Ainda, mesmo sendo um partido que não teve a declaração de inconstitucionalidade declarada em duas ocasiões, caso as proibições de exibição de conteúdo, seja pelas plataformas de internet, seja pelas emissoras de televisão, se tornem atividade frequente e forem confirmadas pelo Tribunal, a consequência pode ser uma inviabilidade de funcionamento pela via transversa, em razão de um abuso da liberdade de expressão com

---

190. COUNCIL OF EUROPE. *European Court of Human Rights. Guide on Article 10 of the European Convention on Human Rights*: freedom of expression. 2020. Disponível em: https://www.echr.coe.int/Documents/Guide_Art_10_ENG.pdf. Acesso em: 15 fev. 2021

191. No original: "seit der willkürlichen Grenzöffnung 2015 und der seither unkontrollierten Massenzuwanderung fast täglich zu Opfern ausländischer Messermänner" e "Migration tötet!"

192. BvQ 36/19.

o emprego de discursos odiosos. Um dos aspectos relevantes, então, do discurso de ódio surge, contemporaneamente, como limite em atividades político-partidárias.

Não apenas as campanhas do NPD têm sido objeto de proibição, como também os discursos parlamentares de seus membros. Em um recente caso julgado pelo Tribunal Europeu de Direitos Humanos, ficou assentado que a negação do holocausto não recai no âmbito da liberdade de expressão. Os fatos envolviam um deputado regional da Alemanha, membro do NPD de Mecklenburg-Western Pomerania, que, em 28 de janeiro de 2010, ou seja, no dia posterior ao da lembrança do Holocausto, se pronunciou em um discurso no qual declarava que "o dito holocausto é utilizado para fins políticos e comerciais." Não apenas isso, mas também evocou críticas e mentiras propagandistas, bem como extrapolações sobre Auschwitz. Nas instâncias ordinárias o parlamentar foi condenado no âmbito criminal por difamação intencional e violação à memória dos mortos, sendo seu recurso rejeitado perante o TCF. Importante ressaltar a previsão do artigo 24 (1) da Constituição do *Land* de Mecklenburg-Western Pomerania, a qual não garante imunidade formal para o crime de difamação.[193] Ajuizada ação perante o CEDH[194], esta entendeu pela sua inadmissibilidade. As razões se assentam na vontade intencional de injuriar os judeus, o que não pode ser protegido pela liberdade de expressão, sendo adequadas as conclusões da jurisdição nacional no sentido de necessárias em uma sociedade democrática. Assim, vê-se que o discurso de ódio pode legitimamente impor restrições tanto à liberdade dos partidos, quanto à dos parlamentares, a despeito da sua imunidade.

Ainda nesse passo, o caso *Norwood v. the United Kingdo*[195] envolvia o ódio religioso de partidos políticos. A CEDH foi chamada a responder se havia uma violação à liberdade de expressão do recorrente pelo fato de ter exibido em sua janela um pôster do Partido Nacional Britânico (*British National Party*), de extrema-direita, representando as torres gêmeas em chamas com os seguintes termos: *Islã fora da Inglaterra – proteja o povo britânico*. Perante as cortes nacionais, o recorrente foi condenado por hostilidade dirigido a grupo religioso. A CEDH declarou a aplicação inadmissível, tendo em vista que um ataque geral e veemente contra um grupo religioso, ligando-o a um grave ato de terrorismo, era incompatível com os valores da Convenção, como a tolerância, paz social e não-discriminação, recaindo o ato sob o art. 17 da Convenção, que proclama a proibição do abuso de direitos.

---

193. Segundo o artigo 24: (1) Abgeordnete dürfen zu keiner Zeit wegen einer Abstimmung oder wegen einer Äußerung im Landtag oder in einem seiner Ausschüsse gerichtlich oder dienstlich verfolgt oder sonst außerhalb des Landtages zur Verantwortung gezogen werden. Dies gilt nicht für verleumderische Beleidigungen. O artigo pode ser assim traduzido: Em nenhuma situação o representante parlamentar pode ser processado por uma declaração ou voto no Parlamento, em alguma de suas comissões ou fora daquele. *Essas previsões não se aplicam a insultos difamatórios.* (grifo nosso)

194. CORTE EUROPEIA DE DIREITOS HUMANOS. *Pastörs v. Germany*. Processo 55225/14. Quinta seção. Julgado em 03 out. 2019.

195. CORTE EUROPEIA DE DIREITOS HUMANOS. *Norwood v. the United Kingdom*. Processo 23131/03. Quarta seção. Julgado em 16 nov. 2004.

Estes julgados demonstram que existe uma convergência nas decisões exaradas pelo TCF e pela CEDH, a fim de que os partidos políticos não abusem de sua posição privilegiada. Estes, enquanto importantes atores sociais que atuam na mediação entre a sociedade e Estado, devem poder ter liberdade para exercer seu poder de crítica e de defesa quanto a uma determinada ideologia, não podem contrariar valores caros ao panorama europeu, como a tolerância e a paz social, diversas vezes sublinhados nos julgados da CEDH. Não se nota neste ponto diferença de tratamento entre particulares e partidos políticos, pois havendo discriminação contra judeus ou outros grupos vulneráveis, afasta-se a proteção conferida pela liberdade de expressão. A explicação para estas limitações impostas às manifestações encontra forte fundamento no histórico de discriminações contra diversos grupos no contexto europeu, que culminou com a Segunda Guerra Mundial.

A seguir, serão tecidas algumas considerações sobre a liberdade de expressão e seu *locus* de realização mais proeminente nos dias atuais, as redes sociais.

4.6 LIBERDADE DE EXPRESSÃO E REDES SOCIAIS

Em 2018, entrou em vigor a *Netzwerkdurchsetzungsgesetz* (NetzDG), ou Lei de Aplicação na Rede, para combater o discurso de ódio nas redes sociais, não se aplicando a serviços de mensageria privada (§ 1 (1)). Os abrangidos pela lei são os provedores de redes sociais que tiverem, na Alemanha, dois milhões de usuários ou mais (§ 1 (2)). Através da Lei, o governo acaba por obrigar as plataformas de redes sociais à remoção dos conteúdos ilegais ou bloqueio de acesso em 24 horas da sua notificação pelo usuário, quando o conteúdo se revelar "manifestamente ilegal", ou dentro de sete dias nos demais casos. Não há nas previsões da Lei a criação de novos tipos penais, mas este remete às disposições do StGB para classificação do conteúdo ilegal. Para minimizar o perigo de abusos na liberdade de expressão, a Lei criou a necessidade de apresentação de relatórios semestrais, em caso de existência de mais de cem reclamações por ano em razão de conteúdos ilegais (§ 2 (1)). Havendo descumprimento das obrigações dispostas, as multas podem alcançar cinco milhões de euros (§ 4 (2)). Seus objetivos residem na mínima exposição temporal dos discursos de ódio e no combate ao risco de normalização que estes discursos podem gerar.[196]

Uma das primeiras aplicações da Lei se deu quanto a uma postagem da deputada do partido AfD (*Alternative für Deutschland*), que condenou a polícia da Colônia por uma postagem de saudação de ano novo em árabe. A conta no Twitter da deputada foi suspensa por 12 horas em resposta, sob a alegação de violação das suas normas. A mesma postagem foi feita na rede social Facebook, sendo também bloqueada por

---

196. EIFERT, Martin. A lei alemã para a melhoria da aplicação nas redes sociais (NetzDG) e a regulação da plataforma. In: ABBOUD Jr., Georges; NERY Jr, Nelson; CAMPOS, Ricardo. *Fake news e regulação*. São Paulo: Ed. RT, 2018. p. 79.

motivos de incitação ao ódio.[197] A Lei tem sido criticada por alguns doutrinadores pela adoção de termos extremamente vagos, como "manifestamente ilegais." Não existe uma definição do que seja um conteúdo de ilegalidade manifesta, nem mesmo conteúdos que devam ser tidos como prioritários na atividade de remoção ou bloqueio pelas plataformas.[198] Esta falta de objetividade no desenho legal, aliado à imposição de multas com valores significativamente altos, pode acabar por causar um bloqueio em massa (*overblocking* ou *over-removal*). Exatamente por se tratar de privados, deve haver sempre uma atuação legislativa que diminua os riscos de abusos, o que se dá, principalmente, pelo estabelecimento de critérios e termos mais assertivos.[199]

Na dúvida em relação à legalidade ou não de determinado material, as plataformas tendem a agir na defesa de seus interesses, é dizer, removendo ou bloqueando o acesso à postagem. Outra dificuldade que não pode ser desconsiderada é que as grandes empresas de tecnologia estão baseadas nos Estados Unidos, o que significa dizer que daí aflui uma grande predominância da doutrina da liberdade de expressão de acordo com a Primeira Emenda da Constituição norte-americana.[200] Assim, seus funcionários e conselheiros legais também possuem uma formação de acordo com aquele direito, o que desde já levanta sérios questionamentos quanto à adaptação a uma cultura jurídica que tem se revelado muito protetiva dos direitos da personalidade.

Diverso ponto que merece ser apontado é o perigo de esfriamento do discurso político (*chilling effect*), que, como visto, assume um lugar privilegiado na doutrina alemã dos direitos fundamentais, que teve seu desenvolvimento na decisão Lüth. As medidas, portanto, delegadas às plataformas podem causar uma espécie de autocensura, pelo temor de serem sancionados com a retirada ou bloqueio de acesso ao conteúdo.[201] Especialmente no discurso político a questão é mais problemática, dado que a natureza do discurso político inclui aqueles mais inflamados e mesmo os impopulares. Contudo, a face mais perigosa da temática certamente reside no uso político que se pode fazer de tais disposições, a fim de supressão de discursos contrários a determinado governo.[202]

---

197. Disponível em: https://www.bbc.com/news/world-europe-42537656. Acesso em: 11 fev. 2021.
198. ZIPURSKY, Rebecca. Nuts about Netz: the network enforcement act and freedom of expression. *Fordham International Law Journal*, v. 42, n. 4. p. 1365 e ss.
199. HELDT, Amélie Pia. Let's meet halfway: sharing new responsabilities in a digital age. *Journal of Information policy*, v. 9, 2019. p. 343.
200. KAESLING, Katharina. Privatising Law Enforcement in Social Networks: a comparative model analysis, *Erasmus Law Review*, v. 11, n. 03, dez. 2018. p. 161.
201. ZIPURSKY, Rebecca. Nuts about Netz: the network enforcement act and freedom of expression. *Fordham International Law Journal*, v. 42, n. 4. p. 135.
202. A Rússia aprovou uma lei de remoção de conteúdos "ilícitos", inspirada na alemã, a qual entrou em vigor no dia 10 de janeiro de 2021, que prevê sanções pecuniárias de mais de 10% do lucro anual. Em 1º de fevereiro, outra lei foi aprovada para obrigar a remoção por parte de grandes redes sociais de conteúdos ilegais sob o ordenamento jurídico russo. Entre os conteúdos ilícitos estão a convocação da juventude para participar de protestos proibidos, exacerbando o número de manifestantes e difundindo falsas informações sobre

Em relação à delegação de poderes para as plataformas, outro risco levantado se relaciona à privatização do judiciário como um efeito colateral da nova regulamentação.[203] Aqui deve ser sublinhado que não se trata apenas de remoção de conteúdos ilícitos, mas de uma interferência em direitos e garantias fundamentais, mais precisamente na liberdade de expressão, que possui, conforme referido, uma posição de direito especial no direito alemão. Essa delegação dá azo a diversos questionamentos, como o direito ao devido processo legal para a restrição de direitos fundamentais por parte de privados, mesmo que por uma imposição legal. Recentemente, a lei foi alterada para prever que tanto o denunciante quanto o autor da postagem sejam notificados da decisão para solicitarem a revisão da decisão de remoção ou não (§3b).

Nesse sentido, desenvolveu-se a noção de censura colateral (*collateral censorship*), que ocorre quando o Estado incumbe A de controlar o discurso de B, sob pena de multa. Essa obrigação imposta legalmente tende a gerar alguns efeitos, como o de pautar a atividade de A pela precaução, além de bloquear em maior número as manifestações polêmicas, ou seja, aquelas que podem se revelar mais objetáveis. Emerge, neste quadro, o seguinte raciocínio: a remoção de conteúdo de alguns usuários não inviabilizará o negócio, mas o reconhecimento da responsabilidade das plataformas repetidas vezes, sim.[204]

Apesar de todas as críticas suscitadas, especialmente aquelas provindas de doutrinadores norte-americanos, a Lei tem se provado um instrumento de salvaguarda de direitos fundamentais contra o discurso de ódio, especialmente aqueles ligados à personalidade. Em relatório produzido pela Comissão Europeia contra o Racismo e a Intolerância (CERI) sobre a NetzDG, esta considera que as interferências trazidas são necessárias em uma sociedade democrática; em outra linha, são aptas a proteger a reputação e os direitos de privacidade e honra daqueles expostos ao discurso de ódio, bem como previnem a desordem a o crime. Ainda, não houve constatações de *overblocking* de conteúdos durante as consultas realizadas.[205] Quando se trata de *notice and take down*,[206] ou seja, de um procedimento de retirada que se dá por

---

a violência policial nos encontros. O Presidente Vladimir Putin estipulou o prazo de 1º de agosto para o governo criar normas suplementares para as redes sociais que atuam na Rússia, incluindo a abertura de escritórios no país. Disponível em: https://www.hrw.org/news/2021/02/05/russia-social-media-pressure-d-censor-posts. Acesso em: 11 fev. 2021.

203. HELDT, Amélie Pia. Let's meet halfway: sharing new responsabilities in a digital age. *Journal of Information policy*, v. 9, 2019. p. 342.

204. BALKIN, Jack M. Free speech is a triangle. *Columbia Law Review*, v. 118, n. 07, 2018. p. 2017.

205. EUROPEAN UNION. EUROPEAN COMMISSION AGAINST RACISM AND INTOLERANCE. ERCI Report on Germany (sixth monitoring cycle). Disponível em: https://rm.coe.int/ecri-report-on-germany--sixth-monitoring-cycle-/16809ce4be. Acesso em: 15 fev. 2021.

206. "O *notice and take down* é um mecanismo em que o intermediário de internet é instado diretamente por um privado para remover ou desabilitar acesso à informação em resposta a uma violação de seus direitos ou da lei. É tarefa do intermediário avaliar se tal reclamação possui fundamento e se o conteúdo é, de fato, infringente ou ilegal. Baseado nesta avaliação, o intermediário deve decidir remover o conteúdo denunciado ou mantê-lo disponível. É, então, um processo de dois estágios, em que tanto o titular de direitos como os intermediários estão envolvidos no cumprimento de direitos na Internet." KUCZERAWY, Aleksandra.

iniciativa dos usuários (denúncia) e não por um monitoramento geral voluntário da plataforma, fica reduzido o risco de sua ocorrência.[207]

Atualmente, a União Europeia discute a Lei dos Serviços Digitais (*Digital Services Act* – DSA) que visa a regular, dentre outros assuntos, a moderação de conteúdo nas redes sociais, a fim de trazer mais uniformidade ao tratamento da matéria nos Estados-membros, o que reduz os custos com compliance nos diferentes países e oferece igual nível de proteção a todos os cidadãos do bloco europeu.[208] Uma das previsões é a de proibição da obrigação de monitoramento geral (art. 7º), já previsto na Diretiva sobre o comércio eletrônico,[209] o que traria riscos para a liberdade de expressão e acarretaria grandes ônus para as plataformas, além de interferir na liberdade de condução dos negócios.[210] Esse monitoramento realizado de maneira proativa pela rede social é feito pelos algoritmos, já realizado em matéria de direitos autorais e conteúdos terroristas.[211] Quanto à definição de conteúdos ilegais, a regulamentação abrange também conteúdos, atividades, produtos e serviços que contenham discurso de ódio, terrorista, de conteúdo discriminatório, dentre outros (considerando 12). Outros dispositivos envolvem a necessidade de estabelecimento de mecanismos de *notice and take down*, sendo a análise da denúncia feita em um tempo razoável (*timely*), diligente e de maneira objetiva. A decisão de remoção ou de bloqueio de acesso ao conteúdo deve ser informada ao autor da mensagem considerada ilegal, com as razões para tanto (artigo 15). Estas decisões podem ser controladas pelo público em geral por meio dos relatórios de transparência, que devem ser publicados pelo menos uma vez por ano, com informações claras, facilmente compreensíveis e detalhadas sobre qualquer moderação de conteúdo levaa a cabo no período (artigo 13).

As disposições contidas no novo regulamento dão conta da preocupação em garantir os direitos fundamentais no ambiente digital, em particular quanto aos conteúdos postados em redes sociais. É certo que as manifestações migraram de um

---

From "notice and take down" to "notice and stay down": risks and safeguards for freedom of expression. In: FROSIO, Giancarlo (ed.). *The Oxford Handbook of intermediary liability online*, 2019. p. 3. Disponível em: https://papers.ssrn.com/sol3/papers.cfm?abstract_id=3305153. Acesso em: 12 fev. 2021.

207. EIFERT, Martin. A lei alemã para a melhoria da aplicação nas redes sociais (NetzDG) e a regulação da plataforma. In: ABBOUD Jr., Georges; NERY Jr, Nelson; CAMPOS, Ricardo. *Fake news e regulação*. São Paulo: Ed. RT, 2018. p. 81.

208. EUROPEAN UNION. *European Commission*. Digital Services Act. p. 6. Disponível em: https://eur-lex.europa.eu/legal-content/en/TXT/?qid=1608117147218&uri=COM%3A2020%3A825%3AFIN. Acesso em 15 fev. 2021.

209. Directiva 2000/31/CE do Parlamento Europeu e do Conselho de 8 de junho de 2000 relativa a certos aspectos legais dos serviços da sociedade de informação, em especial do comércio electrónico, no mercado interno.

210. EUROPEAN UNION. *European Commission*. Digital Services Act. p. 6. Disponível em: https://eur-lex.europa.eu/legal-content/en/TXT/?qid=1608117147218&uri=COM%3A2020%3A825%3AFIN. Acesso em: 15 fev. 2021.

211. Para um estudo sobre o monitoramento algorítmico: HELDT, Amélie Pia. Upload filters: bypassing classical concepts of censorship? *Journal of Intellectual Property, Information Technology and Eletronic Commerce Law*, v. 10, n. 01, 2019. p. 60.

ambiente offline para o online, de modo que a legislação também deve sofrer adaptações para conter abusos relacionados a remoções que podem desvelar um quadro atentatório à liberdade de expressão. Novos desafios passam a integrar a doutrina da liberdade de expressão, como a censura privada, o grande poder das plataformas sobre limitação de direitos fundamentais e a necessidade de controle estatal sobre suas atividades. Embora estes sejam pontos que não compõem o objeto deste trabalho, faz-se fundamental que a eles se faça alusão, pois se cuida de assunto em franca expansão na União Europeia e no Brasil. Contudo, a digitalização não deve servir de obstáculo para a aplicação dos princípios já consagrados anteriormente, sendo essa capacidade estruturadora ainda vigente e atuante.[212]

Todas estas observações sobre a liberdade de expressão e o discurso de ódio na Alemanha atraem algumas conclusões. Referida liberdade goza de especial importância quando relacionada a interesses públicos, como se deu em Lüth. Contudo, cedem espaço a direitos da personalidade, em caso de colisão, como o que se deu em Mephisto e Strauß, o que pode ser explicado pela grande valorização e preponderância no ordenamento jurídico alemão da dignidade da pessoa humana.

Algumas das decisões, contudo, podem ser criticadas pelo fato de não terem considerado a importância da liberdade de expressão como princípio constituinte da democracia (Lüth), conforme já afirmado. Por outro lado, o mesmo valor da democracia que serviu como justificação para a permissão de discursos ligados a interesses públicos, em particular ao nacional-socialismo, tem sido utilizado, em casos pontuais, para a limitação de atos que ferem valores e princípios democráticos, o que resultou na proibição de partidos políticos, através da noção de democracia militante.

Em relação ao discurso de ódio, nota-se que, na mesma linha da liberdade de expressão, são colocados em proeminência, no caso concreto, os direitos da personalidade, atribuindo-se a eles especial peso e importância. Tal é o caso da negação do holocausto e da aprovação de atos do nacional-socialismo, previstos no StGB, sobre os quais existe inclusive uma presunção de que todos os membros foram atingidos pelo discurso. A necessidade de que todos os membros do grupo tivessem sido atingidos, gize-se, aconteceu, sem tal comprovação no caso concreto, em soldados são assassinos. Estas constatações em relação aos pesos concedidos a determinados princípios podem ser transpostas, atualmente, para o ambiente digital, em que a proteção constitucional da dignidade da pessoa humana, bem como dos direitos da personalidade, é dada através da NetzDG.

Nessa esteira, a Alemanha possui uma dogmática dos direitos fundamentais, em especial no tocante à liberdade de expressão, que pode servir como importante

---

212. VOβKUHLE, Andreas. Setenta anos de la Ley Fundamental alemana: la jurisprudência del Tribunal Constitucional Federal sobre la libertad de prensa y de opinión a través del tiempo. *Anuario de derecho Constitucional Latinoamericano*. Bogotá: Fundação Konrad Adenauer, 2019. p. 37 e ss.

suporte para o direito brasileiro e seu tratamento do discurso de ódio. Do mesmo modo que o Brasil, a Alemanha possui uma carta de direitos fundamentais e tem se revelado uma democracia estável, demonstrando igualmente grande sucesso na luta contra tais discursos. Desta maneira, pretende-se contribuir para o estudo do direito brasileiro a partir de experiências exitosas no âmbito do direito comparado, o que se passa a fazer no próximo capítulo.

5
O TRATAMENTO DO DISCURSO DE ÓDIO NO DIREITO BRASILEIRO

A liberdade de expressão no Brasil se consubstancia em um importante direito fundamental, inscrito na CF, no art. 5º, de modo que houve uma grande preocupação do constituinte em salvaguardar constitucionalmente este direito, com suas respectivas garantias, como resultado de uma reação à restrição das liberdades comunicativas durante a ditadura brasileira, o que pode explicar também o amplo rol de direitos fundamentais que é uma das marcas da Constituição brasileira. Atualmente, os direitos à expressão passaram a integrar, de forma mais intensa, ressalte-se, o vocabulário constitucional, de forma que muitos casos têm sido levados ao STF em virtude de conflitos envolvendo tal liberdade e direitos contrapostos das vítimas. Esse quadro fez com que houvesse um desenvolvimento significativo em relação a parâmetros para que o intérprete jurídico analise o âmbito de proteção da liberdade de expressão e as situações abusivas do direito que a ela refogem.

A salvaguarda no âmbito da Suprema Corte brasileira dos direitos da personalidade teve como um de seus marcos o caso Ellwanger, em que foi definido que condutas ilícitas penais não são tuteladas pelo direito à liberdade de expressão, conforme se verá com mais verticalidade abaixo. Mesmo que se trate de um dos casos sobre direitos humanos mais importantes julgados pelo STF, chama a atenção os diversos fundamentos utilizados e a aplicação do preceito da proporcionalidade por dois ministros, os quais chegaram a resultados totalmente opostos quando da sua aplicação. O julgamento se aproxima do ordenamento jurídico alemão, uma vez que torna crime a negação do holocausto, à diferença de que, no Brasil, não existe tipo penal específico, sendo enquadrado no crime de racismo da Lei 7.716/89. Muitas são as nuances a serem analisadas no direito brasileiro, cuja análise se passa a fazer.

5.1 LIBERDADE DE EXPRESSÃO NO ORDENAMENTO JURÍDICO BRASILEIRO

Na literatura jurídica, tem sido comum traçar um breve escorço histórico que se mostra assaz importante quando o assunto é liberdade de expressão, especialmente quando são acrescidos outros temas que lhe são correlatos, como a ordem democrática e sua manutenção pelos mais diferentes posicionamentos. Em um primeiro momento, pode se afirmar que a liberdade assumia contornos mais participativos (denominada liberdade dos antigos), é dizer, uma cidadania ativa, que visava ao envolvimento da sociedade nas decisões estatais.

Por sua vez, na liberdade dos modernos, os indivíduos passaram a perseguir seus interesses e exigiam que o Estado não interviesse na sua esfera de atuação. Por conseguinte, pode se afirmar que, enquanto na liberdade dos antigos se delineava uma *liberdade-participação política,* na liberdade dos modernos o elemento constituinte passa a ser a *liberdade-defesa,* na dicção de J.J. Gomes Canotilho.[1] Esta afirmação tem importância quando se fala que uma república pressupõe um catálogo de liberdades, em que se inscrevem tanto a liberdade dos antigos, como a liberdade dos modernos. Quando se trata de liberdade de expressão, conforme se verá quando se tratar de pluralismo político, estão envoltos o direito aos mais diferentes discursos, os quais não devem, a princípio, ser censurados pelo Estado.[2] Ainda, a liberdade dos antigos pode ser conectada ao *status activus,* o qual prevê que o particular exerce a sua liberdade não apenas no Estado, mas para este, tornando-se um espaço para o exercício daquela. Em uma visão mais abrangente da temática, esta interpretação deve ser estendida para abranger o *status negativus* para a contribuição na conformação do Estado democrático, dado que o cidadão, com suas opiniões na qualidade de leitor e editor de jornal, membro de clube ou partido, manifesta suas ideias e opiniões sem que o Estado a isso possa se opor. Isso porque o *status negativus* tem como eixo central a liberdade em face do Estado, em que a conformação dos mais variados negócios jurídicos e da sua vida privada em geral ocorre sem interferências estatais, por isso, então, com forte aderência aos direitos de defesa.[3]

A liberdade de expressão está prevista no artigo 5°, IV da CF e prescreve que é "livre a manifestação do pensamento, sendo vedado o anonimato." De uma primeira leitura, nota-se a diferenciação terminológica (liberdade de expressão e liberdade de manifestação do pensamento), que parece guardar traços diferenciadores entre si. Contudo, uma parte da doutrina já vem defendendo uma uniformização terminológica, a fim de que a partir do termo *liberdade de expressão* (gênero) fiquem englobados a liberdade de manifestação do pensamento e de opinião (espécies), as quais guardariam em seu âmago, em última instância, o mesmo substrato jurídico. Em relação às liberdades de informação e de imprensa, pode-se englobá-las sob o mesmo manto da *liberdade de comunicação.* Assim, teria-se um gênero maior, das *liberdades de comunicação e de expressão.*[4]

---

1. GOMES CANOTILHO, José Joaquim. *Direito constitucional e teoria da constituição.* 7. ed. Coimbra: Almedina, 2000. p. 226-229.
2. Pensamento que encontra forte assento na doutrina americana. FADEL, Anna Laura Maneschy. *O discurso de ódio é um limite legítimo ao exercício liberdade de expressão:* uma análise das teorias de Ronald Dworkin e Jeremy Waldron a partir da herança do liberalismo de John Stuart Mill. Rio de Janeiro: Lumem Juris, 2018. p. 26.
3. PIEROTH, Bodo; SCHLINK, Bernhard. *Direitos fundamentais.* Trad. António Francisco de Sousa e António Franco. São Paulo: Saraiva, 2012. p. 62-65.
4. FARIAS, Edilsom. *Liberdade de expressão e comunicação:* teoria e proteção constitucional. São Paulo: Ed. RT, 2004. p. 53.

Dentro desta noção de liberdade de comunicação, encontram-se o direito fundamental de se informar, o direito fundamental de acesso à informação e o direito fundamental de ser informado. O primeiro direito remete ao previsto no art. 5º, IX da CF, e, em geral, é exercido pelos profissionais da comunicação e pelos veículos de comunicação em massa.[5] Esta é uma realidade sobre a qual deve ser feita uma ressalva, dado que, atualmente, com o estabelecimento das novas tecnologias e das redes sociais, a produção de conteúdo por seus usuários se tornou facilitada, levando-os a não serem agentes passivos ao terem acesso à interação.[6]

Ainda em relação à nomenclatura liberdade de expressão, também pode ser pensada como uma cláusula geral, que possui relação com diversas outras previsões constitucionais, de forma a oferecer proteção do direito nas suas mais diversas manifestações. Um exemplo é a liberdade de ensino, prevista no art. 206, II,[7] da CF, bem como a liberdade de imprensa, inscrita no art. 220.[8] Ainda em termos classificatórios, a liberdade de expressão possui forte vinculação ao direito de livre desenvolvimento da personalidade. Extrai-se, assim, que a liberdade de configuração da esfera de atuação dos indivíduos, inclusive no que toca às suas manifestações, ligam-se à sua autonomia e personalidade. O artigo 5º, XVI, ainda prevê que "é assegurado a todos o acesso à informação e resguardado o sigilo da fonte, quando necessário ao exercício profissional." O artigo 220, a seu turno, contém disposições sobre a liberdade de imprensa, o qual prevê que "a manifestação do pensamento, a criação, a expressão e a informação, sob qualquer forma, processo ou veículo não sofrerão qualquer restrição, observado o disposto nesta Constituição".

Nos parágrafos primeiro e segundo do mesmo artigo, a CF trata de garantir que "nenhuma lei conterá dispositivo que possa constituir embaraço à plena liberdade de informação jornalística em qualquer veículo de comunicação social, observado o disposto no art. 5º, IV, V, X, XIII e XIV". Como veículo de proibição de censura, ainda há a previsão de que "é vedada toda e qualquer censura de natureza política, ideológica e artística". Por fim, o art. 5º, IX assegura a expressão da atividade intelectual, artística, científica e de comunicação, independentemente de censura ou licença. A Constituição Federal, conforme visto, garante um leque variado de formas pelas quais a expressão se manifesta, de forma também a apagar o histórico da ditadura militar, que perdurou no Brasil de 1964 a 1985, garantindo que a expressão seja de ideias, artística, religião, política, imprensa ou qualquer possa ser exercida, nos limites constitucionais.

---

5. FARIAS, Edilsom. *Liberdade de expressão e comunicação*: teoria e proteção constitucional. São Paulo: Ed. RT, 2004. p. 86

6. RAIS, Diogo. Desinformação no contexto democrático. In: ABBOUD, Georges; Nery Jr., Nelson; CAMPOS, Ricardo (Org.). *Fake news e regulação*. São Paulo: Ed. RT, 2018. p. 158.

7. Segundo mencionado artigo, "o ensino será ministrado com base nos seguintes princípios: II – liberdade de aprender, ensinar, pesquisar e divulgar o pensamento, a arte e o saber".

8. SARLET, Ingo Wolfgang. Direitos fundamentais em espécie. In: SARLET, Ingo Wolfgang; MARINONI, Luiz Guilherme; MITIDIERO, Daniel. *Curso de direito constitucional*. 7. ed. São Paulo: Saraiva, 2018. p. 499.

Em relação ao conteúdo da liberdade em questão, pode-se dizer que estão abrangidos qualquer opinião, convicção, julgamento ou assunto, de interesse público ou não,[9] de modo que sua interpretação deve ser ampla, no sentido de não haver discriminações quanto ao conteúdo da manifestação, abarcando "toda opinião".[10] Em relação ao conteúdo, não apenas opiniões estão albergadas, como também fatos, que não se constituem em conteúdo de menor importância, haja vista que formam a base dos juízos de valor e são estruturados levando em conta a seleção e a interpretação do indivíduo.[11] Quanto a este ponto, várias discussões podem ser levantadas, mormente no que diz com a manifestação de fatos sabidamente falsos. Um dos casos mais emblemáticos destacados no seio do constitucionalismo se refere à negação do holocausto, ocorrido durante a Segunda Guerra Mundial,[12] o qual não merece proteção constitucional pela sua incapacidade de contribuição para o debate, questão também muito debatida na Europa, notadamente na Alemanha.[13]

Por outro lado, a liberdade de expressão também não exige que toda e qualquer manifestação dependa das provas do declarado, já que esta liberdade engloba também a liberdade de errar.[14]-[15] O âmbito de proteção da liberdade de expressão não alberga aquelas declarações sabidamente falsas e que têm como intuito distorcer fatos já comprovados, como se deu no Brasil durante o julgamento do HC 82.424/RS. As circunstâncias ainda foram agravadas por se tratar de um fato histórico amplamente já comprovado, que teve como consequência o extermínio de milhões de judeus, além da violação em larga escala de direitos fundamentais pelo regime nacional-socialista.

Assim, cabe ao Estado o dever de promoção do debate livre, desinibido e robusto,[16] de forma a não descurar igualmente da sua função de proteção, estabelecendo

---

9. BRANCO, Paulo Gustavo Gonet. Teoria Geral dos Direitos Fundamentais. In: MENDES, Gilmar Ferreira. BRANCO, Paulo Gustavo Gonet. *Curso de direito constitucional*. São Paulo: Saraiva, 2019. p. 268.

10. IPSEN, Jörn. *Staatsrecht II*: Grundrechte. 9. überarbeitete Auflage. Neuwied: Luchterhand, 2006. p.161; MORLOK, Martin. MICHAEL, Lothar. *Direitos fundamentais*. Trad. António Francisco de Sousa e António Franco. São Paulo: Saraiva, 2016. p. 207; SARLET, Ingo Wolfgang. Direitos fundamentais em espécie. In: SARLET, Ingo Wolfgang; MARINONI, Luiz Guilherme; MITIDIERO, Daniel. *Curso de direito constitucional*. 7. ed. São Paulo: Saraiva, 2018. p. 502.

11. MORLOK, Martin. MICHAEL, Lothar. *Direitos fundamentais*. Trad. António Francisco de Sousa e António Franco. São Paulo: Saraiva, 2016. p. 207; BRANCO, Paulo Gustavo Gonet. Teoria Geral dos Direitos Fundamentais. In: MENDES, Gilmar Ferreira. BRANCO, Paulo Gustavo Gonet. *Curso de direito constitucional*. São Paulo: Saraiva, 2019. p. 268.

12. A questão foi julgada pelo STF, no bojo do HC 82.424/RS, também conhecido como caso Ellwanger.

13. HAUPT, Claudia E. The scope of democratic public discourse: defending democracy, tolerating intolerance, and the problem of neo-nazi demonstrations in Germany. *Florida Journal of International Law*, n. 2, ago. 2008. p. 169-218.

14. PIEROTH, Bodo; SCHLINK, Bernhard. *Direitos fundamentais*. Trad. António Francisco de Sousa e António Franco. São Paulo: Saraiva, 2012. p. 267.

15. Neste ponto vale a observação de que a verdade deve ser subjetiva e não objetiva, avaliando-se a boa-fé do agente. BARROSO, Luís Roberto. Colisão entre liberdade de expressão e direitos da personalidade. Critérios de ponderação. Interpretação constitucionalmente adequada ao Código Civil e à Lei de Imprensa. *Revista de Direito Privado*, São Paulo, v. 18, abr.-jun. 2004. p. 105-143.

16. Conforme expressão do Justice Brennan, no julgamento do caso *New York Times Co. v. Sullivan*, 376 U.S 254, 270 (1964).

limites quando se revelar o exercício abusivo, ou seja, fora do âmbito de proteção do direito. Afinal, a regulação estatal tem como propósito a intervenção a favor e não contra a liberdade de expressão.[17] Por outro lado, a liberdade de expressão inclui o direito de não se exprimir sobre determinado assunto, não havendo qualquer obrigação de o indivíduo se informar ou exercer sua liberdade de expressão.[18] Essa manifestação da liberdade de expressão pode se dar sob diferentes formas. Conforme pontua Jorge Miranda, a exteriorização pode se dar através da palavra oral, escrita, imagem, gesto ou mesmo o silêncio. Para que a liberdade de expressão possa ser exercida, deve haver garantias previstas pelo ordenamento jurídico, sob pena de tornar os direitos fundamentais letra morta. Dentre estas garantias, podem ser incluídas a inviolabilidade de correspondência e de outras comunicações, prevista no art. 5º, XII[19] da CF, ressalvadas as exceções feitas no artigo, para fins de investigação criminal ou instrução processual penal.[20]

Mesmo temas controversos estão abrangidos pela liberdade de expressão. Por ocasião do julgamento da Ação direta de inconstitucionalidade (ADI) 4.274 e da Arguição de descumprimento de preceito fundamental (ADPF) 187, casos da "marcha da maconha", decidiu-se que a manifestação de determinado grupo de pessoas que reivindicava a descriminalização do uso de droga ilícita (maconha) se encontrava no âmbito da liberdade de expressão. Segundo o relator da ADPF 187, Ministro Celso de Mello, trata-se de um "movimento social espontâneo" que propugna pela "possibilidade de discussão democrática do modelo proibicionista (do consumo de drogas) e dos efeitos que (esse modelo) produziu em termos de incremento da violência." Ainda, não haveria que falar em crime de apologia ao uso de drogas. Assim, a liberdade de expressão incluiria poderia incluir ideia "eventualmente considerada estranha, extravagante, inaceitável ou perigosa" para a maioria.[21]

Referido direito, então, congloba manifestações que possam chocar ou serem consideradas extravagantes pela maioria, dado que a liberdade de se manifestar, conforme dito, não deve, *a priori*, sofrer interferências estatais.[22] Outras formas de expressão incluem símbolos, dentre os quais as tatuagens. No julgamento do RE 898.450, de

---

17. FISS, Owen M. *A ironia da liberdade de expressão*: Estado, regulação e diversidade na esfera pública. Trad. Gustavo Binenbojm e Caio Mário da Silva Pereira Neto. São Paulo: Renovar, 2005. p. 13.

18. BRANCO, Paulo Gustavo Gonet. Teoria Geral dos Direitos Fundamentais. In: MENDES, Gilmar Ferreira. BRANCO, Paulo Gustavo Gonet. *Curso de direito constitucional*. São Paulo: Saraiva, 2019. p. 269; PIEROTH, Bodo; SCHLINK, Bernhard. *Direitos fundamentais*. Trad. António Francisco de Sousa e António Franco. São Paulo: Saraiva, 2012. p. 268.

19. Prevê referido artigo que "é inviolável o sigilo da correspondência e das comunicações telegráficas, de dados e das comunicações telefônicas, salvo, no último caso, por ordem judicial, nas hipóteses e na forma que a lei estabelecer para fins de investigação criminal ou instrução processual penal;"

20. MIRANDA, Jorge. *Manual de Direito Constitucional*: direitos fundamentais. 3.ed. Coimbra: Coimbra, 2000. p. 453-454. t. IV.

21. BRASIL. Supremo Tribunal Federal. ADPF 187. Requerente: Procurador-Geral da República. Rel. Min. Celso de Mello. Brasília, 15 jun. 2011.

22. Conforme refere Ingo Wolfgang Sarlet, "em princípio todas as formas de manifestação, desde que não violentas, estão protegidas pela liberdade de expressão". SARLET, Ingo Wolfgang. Direitos fundamentais em

relatoria do Ministro Luiz Fux, foi invalidado edital para concurso da polícia militar do Estado de São Paulo que proibia tatuagens que se fossem visíveis estando o candidato de calção ou camiseta. Segundo referiu o Tribunal, a tatuagem é uma forma se se exercer a liberdade de expressão. Algumas, contudo, poderiam ser proibidas pelo poder público, fossem estas violadoras do princípio da dignidade da pessoa humana ou obscenas, incitadoras da violência, representativas de ameaças reais ou de obscenidades. A interferência estatal, assim, deveria ser mínima, uma vez que outros direitos poderiam ser atingidos, tal como o desenvolvimento da personalidade.[23]-[24]

Em relação à queima da bandeira, cabem algumas considerações. Nos Estados Unidos, por exemplo, tal ato está protegido pela liberdade de manifestação, em virtude de haver o entendimento, conforme esposado alhures, de que o Estado não deve ser responsável pela seleção dos melhores conteúdos, o que levou ao desenvolvimento da necessidade de neutralidade estatal em relação ao substrato das manifestações, por mais chocantes, ofensivas ou provocativas que sejam.[25] No Brasil, o artigo 31 da Lei n° 5.700/71 prevê algumas condutas proibidas em relação à bandeira nacional, as quais são consideradas contravenção pelo artigo 35, sem que haja, contudo, referência expressa no diploma legislativo quanto à sua destruição.

Discussão que tem ganhado amplitude diz com a posição preferencial da liberdade de expressão (*preferred position*) no ordenamento jurídico brasileiro. Se é verdade que esta deve ser considerada sempre em conjunto com os demais direitos, também é verdade que, pela sua essencialidade para uma democracia comunicativa, que aponta para a centralidade dos direitos de comunicação, houve debates na doutrina constitucional sobre sua primazia no Brasil.[26] No direito norte-americano,

---

espécie. In: SARLET, Ingo Wolfgang; MARINONI, Luiz Guilherme; MITIDIERO, Daniel. *Curso de direito constitucional*. 7. ed. São Paulo: Saraiva, 2018. p. 502.

23. BRASIL. Supremo Tribunal Federal. RE 898.450. Recorrente: Henrique Lopes Carvalho da Silveira. Recorrido: Estado de São Paulo. Brasília, 17 ago. 2016.

24. Interessante notar que no julgamento em apreço o STF emprega institutos desenvolvidos em outros países, como o direito ao desenvolvimento da personalidade, com extensa doutrina na Alemanha, e a utilização como parâmetro de verificação das restrições do *Miller-test,* no caso, para averiguação da obscenidade, que tem sua origem na Suprema Corte dos Estados Unidos. Essa observação apenas ressalta a importância da liberdade de expressão nos sistemas constitucionais mundiais, possibilitando, inclusive, aquilo que se convencionou chamar de diálogo das Cortes. Sobre o tema, ver: CAP.

25. Conforme consignado na decisão, "the Government may not prohibit the verbal or nonverbal expression of an idea merely because society finds the idea offensive or disagreeable, even when our flag is envolved". Em tradução livre: o governo não pode proibir a expressão verbal ou não verbal de uma ideia meramente porque a sociedade a considera ofensiva ou desagradável, mesmo quando envolva nossa bandeira." Após a decisão da Suprema Corte, houve a tentativa pelo Congresso norte-americano de proibir tais atos, mas a lei foi declarada inconstitucional por aquela Corte, em 1990, por ocasião do julgamento do caso *United States v. Eichman*. Conforme consta da decisão, o intuito real era suprimir a livre expressão. O Presidente, após, renovou seu intuito para uma mudança constitucional, no que não foi atendido pelo Congresso. KMIEC, Douglas. In the aftermath of Johnson and Eichman: The Constitution need not be mutilated to preserve the government's speech and property interets in the flag. *Brigham Young University Law Review*, n. 2, 1990. p. 580.

26. SARLET, Ingo Wolfgang. Direitos fundamentais em espécie. In: SARLET, Ingo Wolfgang; MARINONI, Luiz Guilherme; MITIDIERO, Daniel. Curso de direito constitucional. 7. ed. São Paulo: Saraiva, 2018. p. 505. No sentido de reconhecer sua primazia: BARROSO, Luís Roberto. Colisão entre a liberdade de expressão

a Primeira Emenda é reveladora desta posição e da sua característica de ser quase absoluta, mas no direito brasileiro remanesce a questão. Bem assentadas as bases da doutrina constitucionalista brasileira e americana, é possível afirmar que uma posição preferencial é típica de alguns sistemas jurídicos, de modo que transplantá-la[27] para o ordenamento jurídico brasileiro exige uma tarefa de análise das peculiaridades existentes e das similitudes na matéria, em especial pela necessidade de conjugação com os demais direitos fundamentais.

Em se tratando de liberdade de expressão nos Estados Unidos, este é visto como um direito quase absoluto, em que poucas exceções foram admitidas até hoje, por obra da Suprema Corte norte-americana. Segundo a exegese da Primeira Emenda da Constituição norte-americana,[28] a liberdade de expressão não poderá sofrer limitações legais por parte do Congresso. A Constituição brasileira, por sua vez, não possui qualquer previsão neste sentido, mas um conjunto de outras disposições que devem ser compatibilizadas com este direito, dentre os quais os direitos de personalidade.

Anexo à discussão sobre liberdade de expressão, encadeiam-se outras discussões, dentre as quais a natureza individual ou coletiva do direito. Primeiramente, impende registrar que, quando de seu estudo, outros sempre surgem como intrinsicamente a ele relacionados, dentre os quais o direito de se informar e ser informado. Assim, a liberdade de expressão, bem como estes últimos, é sempre considerada direito *individual*, mesmo que exercidos de modo coletivo ou institucional. A liberdade de comunicação social apresenta um outro aspecto, pois apenas pode ser *institucional*, uma vez que depende de fatores como organização, mesmo que se faça necessário para a consecução de suas atividades do emprego de pessoas, consideradas em sua individualidade e que se trate de jornalistas, leitores, ouvintes e demais colaboradores.[29] Por sua vez, a liberdade de reunião assume uma *função coletiva do direito*, sendo através desta que a liberdade de expressão assume linhas de manifestação política e tem também como peculiaridade ser um instrumento de democracia direta. Contribui, então, para um efeito multiplicador das manifestações, que se dá pela colaboração,[30] ou seja, pela agregação em torno de uma ideia. Não se trata de

---

e direitos da personalidade. Critérios de ponderação. Interpretação constitucionalmente adequada ao Código Civil e da Lei da Imprensa. *Revista de Direito Privado*, São Paulo, abr.-jun. 2004. p. 105-143.

27. Sobre a questão dos transplantes legais de um ordenamento para outro, ver: HERZOG, Benjamin. A interpretação e a aplicação do direito na Alemanha e no Brasil: uma análise do ponto de vista da teoria de direito comparado funcional da teoria do direito comparado pós-moderno e da teoria do *legal transplants*. In: GRUNDMANN, Stefan; MENDES, Gilmar; MARQUES, Claudia Lima; BALDUS, Christian; MALHEIROS, Manuel (Org.). *Direito privado, constituição e fronteiras*: encontros da associação luso-alemã de juristas no Brasil. 2. ed. São Paulo: Ed. RT, 2014. p. 165-194.

28. Assim dispõe a Primeira Emenda: O Congresso não legislará no sentido de estabelecer uma religião, ou proibindo o livre exercício dos cultos; ou cerceando a liberdade de palavra, ou de imprensa, ou o direito do povo de se reunir pacificamente, e de dirigir ao Governo petições para a reparação de seus agravos.

29. MIRANDA, Jorge. *Manual de Direito Constitucional: direitos fundamentais*. 3.ed. Coimbra: Coimbra, 2000. p. 453-454. t. IV.

30. HESSE, Konrad. *Grundzüge des Verfassungsrechts der Bundesrepublik Deutschland*. Neudruck der 20. Auflage. Heidelberg: C.F. Müller, 1999. Rn. 404.

qualquer encontro de pessoas, mas de uma reunião que serve para formar opiniões, segundo o art. 5º (1) da GG.[31] Em relação às dimensões da liberdade de expressão, convém esposar aqui a dimensão subjetiva e a objetiva. Aquela se vincula à um direito subjetivo individual, ou coletivo, que pode ser de natureza negativa, o que implica falar em uma abstenção por parte Estado quanto a interferências na esfera de autonomia do indivíduo e, consequentemente, de suas manifestações, excetuados eventuais abusos que devem ser verificados, em regra, *a posteriori*.

Em uma dimensão objetiva, a liberdade de expressão exige uma ampliação da visão do um Estado que apenas deve atuar em forma de abstenção, mas que deve implementar medidas para garantir a proteção para o exercício dos direitos fundamentais. Essa proposição envolve da mesma forma o Poder Judiciário, que se vincula aos direitos fundamentais e deve zelar pela salvaguarda dos bens jurídico-constitucionais, além de atuar no controle dos atos da administração e legislativos que interfiram indevidamente em um direito, em uma análise que se faz, em geral, através do postulado da proporcionalidade. Como exemplo de uma dimensão objetiva, pode ser mencionada a criação do Conselho Constitucional de Comunicação Social, previsto no art. 224 da CF.[32] Nessa linha, a legislação ordinária possui diversos dispositivos que visam a concretizar os deveres de proteção, dentre os mais importantes nesta seara podem ser elencados os direitos de personalidade, listados nos artigos 11 a 20 do CC.

Esta proteção da liberdade de expressão, entretanto, não se limita às disposições constitucionais, havendo tratados no âmbito do direito internacional, dos quais o Brasil é signatário. A Convenção Americana sobre Direitos Humanos (ou Pacto de São José da Costa Rica), a qual integra o sistema regional americano, da Organização dos Estados Americanos (OEA), afirma seu compromisso com a liberdade de expressão em seu artigo 13,[33] prevendo, *inter alia,* que suas responsabilidades devam ser prescritas por lei, bem como a proibição de censura prévia e a responsabilização ulterior por atos praticados que desbordem da proteção do direito.

---

31. HESSE, Konrad. *Grundzüge des Verfassungsrechts der Bundesrepublik Deutschland.* Neudruck der 20. Auflage. Heidelberg: C.F. Müller, 1999. Rn. 405.

32. SARLET, Ingo Wolfgang. Direitos fundamentais em espécie. In: SARLET, Ingo Wolfgang; MARINONI, Luiz Guilherme; MITIDIERO, Daniel. *Curso de direito constitucional.* 7. ed. São Paulo: Saraiva, 2018. p. 504.

33. Toda pessoa tem direito à liberdade de pensamento e de expressão. Esse direito compreende a liberdade de buscar, receber e difundir informações e idéias de toda natureza, sem consideração de fronteiras, verbalmente ou por escrito, ou em forma impressa ou artística, ou por qualquer outro processo de sua escolha. 2. O exercício do direito previsto no inciso precedente não pode estar sujeito a censura prévia, mas a responsabilidades ulteriores, que devem ser expressamente fixadas pela lei e ser necessárias para assegurar: a. o respeito aos direitos ou à reputação das demais pessoas; ou b. a proteção da segurança nacional, da ordem pública, ou da saúde ou da moral públicas. 3. Não se pode restringir o direito de expressão por vias ou meios indiretos, tais como o abuso de controles oficiais ou particulares de papel de imprensa, de freqüências radioelétricas ou de equipamentos e aparelhos usados na difusão de informação, nem por quaisquer outros meios destinados a obstar a comunicação e a circulação de idéias e opiniões. 4. A lei pode submeter os espetáculos públicos a censura prévia, com o objetivo exclusivo de regular o acesso a eles, para proteção moral da infância e da adolescência, sem prejuízo do disposto no inciso 2. 5. A lei deve proibir toda propaganda a favor da guerra, bem como toda apologia ao ódio nacional, racial ou religioso que constitua incitação à discriminação, à hostilidade, ao crime ou à violência.

Importa dizer que a Convenção, no Brasil, possui caráter supralegal, conforme decido pelo STF no RE 466.343-1, de relatoria do Ministro Cezar Peluso, tendo o voto do Ministro Gilmar Mendes sido seguido pela maioria. Isso porque o Pacto de São José da Costa Rica foi aprovado antes da Emenda Constitucional 45, a qual incluiu o § 3° ao artigo 5° da CF, dispondo que os tratados internacionais de direitos humanos que fossem aprovados por 3/5 dos votos dos respectivos membros de cada Casa do Congresso Nacional, seriam equivalentes às emendas constitucionais. Mesmo que o Tratado não tenha paridade com a Constituição Federal, de modo que pode ser objeto do controle de constitucionalidade a ser feito pelo STF,[34] trata-se de importante documento normativo em relação à liberdade de expressão, fazendo algumas previsões que, textualmente, não se encontram na Constituição Federal. É o caso, conforme citado, da necessidade de lei para a responsabilização, adicionando que estas ainda devem ter um duplo objetivo: (a) o respeito aos direitos ou à reputação das demais pessoas, ou (b) a proteção da segurança nacional, da ordem pública, da saúde ou da moral públicas. Estas previsões, especialmente em seu item "b", devem ser objeto de acurada análise, sob pena de que sejam editadas leis com previsões limitadoras da liberdade de expressão sob fundamentos genéricos, como a moral pública, que são termos vagos e insatisfatórios, capazes de ser interpretados nos mais variados sentidos a ponto de ter a capacidade de esvaziar o conteúdo essencial do direito.[35]

Outro documento internacional do qual o Brasil é signatário é o Pacto Internacional dos Direitos Civis e Políticos, que faz parte do Sistema da Universal, da Organização das Nações Unidas (ONU). Em seu artigo 19, que tem previsão muito semelhante ao Pacto de São José da Costa Rica, prevê que as limitações devam constar expressamente de lei para que sejam legítimas; suas finalidades são as já listadas no Pacto de São José da Costa Rica.[36] O Pacto ainda dispõe sobre a possibilidade de suspensão de direitos, em havendo situações excepcionais.

---

34. SARLET, Ingo Wolfgang. Tratados internacionais de direitos humanos e o assim chamado controle de convencionalidade na ordem jurídico-constitucional brasileira na perspectiva do Supremo Tribunal Federal. *Revista de Processo Comparado*, São Paulo, v. 5, jan.-jun. 2017. p. 183-220.

35. Em relação a expressões vagas como o interesse público e ordem pública, existem grandes críticas na doutrina brasileira e estrangeira. No julgamento do caso *Richard v. Mellish*, em 1824, na Inglaterra, ordem pública (*public policy*) foi comparado pelo Juiz J. Burrough a um cavalo rebelde que, uma vez que se monte sobre ele, não se sabe para onde vai. No original: "a very unruly horse, and when once you get astride it you never know where it will carry you". Sobre uma análise da expressão: TRAKMAN, Leon E. Aligning State sovereignity with transnational public policy. *Tulane Law Review*, v. 93, n. 2, dez. 2018. p. 207-268.

36. § 1. Ninguém poderá ser molestado por suas opiniões. § 2. Toda pessoa terá o direito à liberdade de expressão; esse direito incluirá a liberdade de procurar, receber e difundir informações e idéias de qualquer natureza, independentemente de considerações de fronteiras, verbalmente ou por escrito, de forma impressa ou artística, ou por qualquer meio de sua escolha. §3. O exercício de direito previsto no § 2 do presente artigo implicará deveres e responsabilidades especiais. Consequentemente, poderá estar sujeito a certas restrições, que devem, entretanto, ser expressamente previstas em lei e que se façam necessárias para: 1. assegurar o respeito dos direitos e da reputação das demais pessoas; 2. proteger a segurança nacional, a ordem, a saúde ou a moral públicas.

No Brasil, a fim de pesquisar as similitudes das restrições, a Constituição Federal permite a suspensão de garantias ligadas à liberdade de expressão, tanto no Estado de Defesa quanto no Estado de Sítio. São os casos do sigilo de correspondência, da comunicação telegráfica e telefônica, no Estado de Defesa, e da suspensão da liberdade de reunião e de restrições à inviolabilidade da correspondência, sigilo das comunicações e liberdade de imprensa, no Estado de Sítio.

Importante contribuição para o discurso de ódio se deu com a promulgação da Convenção Interamericana contra o Racismo e Formas Correlatas de Intolerância, que equivale à Emenda Constitucional, uma vez que votada e aprovada em cada Casa do Congresso Nacional, em dois turnos, por três quintos dos votos de seus integrantes (art. 5º, § 3º, CF), conforme consta do Decreto Legislativo 1 de 2021 que o aprovou. Se antes não havia um conceito para o discurso de ódio, agora pode se dizer que este é trazido pela referida Convenção, em seu art. 1º (6) que prescreve que

> Intolerância é um ato ou conjunto de atos ou manifestações que denotam desrespeito, rejeição ou desprezo à dignidade, características, convicções ou opiniões de pessoas por serem diferentes ou contrárias. Pode manifestar-se como a marginalização e a exclusão de grupos em condições de vulnerabilidade da participação em qualquer esfera da vida pública ou privada ou como violência contra esses grupos.

Deste modo, a partir de agora o ordenamento jurídico-constitucional passa a contar com parâmetro para a análise de discursos de ódio, que não se limitam a manifestações verbais, mas atos ou conjuntos de atos em geral, que denotam *desrespeito, rejeição* ou *desprezo* à dignidade, o que pode se manifestar quando tais vítimas integrem grupos que se encontrem em condições de vulnerabilidade, o que vem a ressaltar o conceito de discurso de ódio já esboçado neste trabalho.

Feitos estes apontamentos, nos próximos tópicos serão analisados alguns julgados que podem ser considerados paradigmas na construção da dogmática do discurso de ódio no Brasil, começando por aquele que é considerado o *leading case*, o HC 82.424 (caso *Ellwanger*).

5.1.1 Antissemitismo

O caso Ellwanger se trata de um dos julgados mais importantes em matéria de direitos humanos julgados no Brasil, envolvendo sua discussão temas como o conceito de raça e o conflito entre liberdade de expressão e direitos à igualdade e não discriminação. Siegfried Ellwanger era um editor de livros e escritor de Porto Alegre que, em seus livros, fazia a apologia de ideias contra os judeus. De sua autoria, pode ser encontrada a obra "Holocausto judeu ou alemão? – Nos bastidores da mentira do século; O Judeu Internacional, de Henry Ford; A história secreta do Brasil e Brasil Colônia de Banqueiros, de Gustavo Barroso; Os Protocolos dos Sábios de Sião, de autoria desconhecida, traduzida por Gustavo Barroso; Hitler – Culpado ou inocente? de Sérgio Oliveira; Os conquistadores do Mundo – os verdadeiros criminosos de guerra, de Louis Marschalko. Em seus livros, o autor menciona termos como "raça judaica", "inclinação racial dos judeus", além de defender o regime nazista, com a pretensão de negar o holocausto e transformar o povo judeu em responsável pela Segunda Guerra Mundial.[37]

Em razão da prática discriminatória contra judeus, foi condenado, em 1996, pela prática de racismo pelo Tribunal de Justiça do Estado do Rio Grande do Sul (TJRS), com base no art. 5º, XLII e no artigo 20 da Lei 7.716/1989. A pena foi estabelecida em dois anos de reclusão, com *sursis,* com a prestação de serviços comunitários

Foi apresentado Habeas Corpus apresentado perante o Superior Tribunal de Justiça impugnando a decisão exarada pelo TJRS. O Superior Tribunal de Justiça, em decisão majoritária da 5ª Turma, enfatizou que se tratava de crime de mera conduta, não havendo a necessidade de realização de resultado material para a configuração do crime, não havendo que se fazer distinção entre os núcleos do tipo: praticar, induzir ou incitar. Em HC apresentado perante o STF, este restou indeferido pela maioria dos ministros. Importante ressaltar que o tema foi objeto de profundos debates no Tribunal, com votos divergentes que mais parecem estar alinhados a uma concepção de liberdade de expressão norte-americana. O Ministro relator, Moreira Alves, concedeu o HC, sob o fundamento de que os judeus não se tratavam de uma raça. Ressaltou que, em sede de Direito Penal, não deveria ser admitida a tese da imprescritibilidade, além de, por um viés histórico, entender que o significado de racismo deveria se voltar especificamente contra a raça negra.

O Ministro Marco Aurélio também concedeu o HC, de forma a conceber o crime de racismo de forma restrita. Segundo faz consignar em seu voto, pela leitura da Emenda Caó do artigo 5º, XLXX, a intenção era a de combater a discriminação racial e o preconceito contra o negro, sob pena de se estar criando um tipo penal aberto imprescritível, o que seria impensável no contexto do sistema democrático de direito.

Por sua vez, para o Ministro Maurício Corrêa, não deve mais ser reconhecida qualquer subdivisão da raça humana, mas reconhece que o racismo ainda existe como um fenômeno social, o que significa que o fato de existirem diversas raças provém de uma concepção histórica, política e social do direito. Segundo o Ministro, o impetrante perpetua uma prática racista em seus livros e escritos, não podendo ser ignorado que o antissemitismo se transmuta em uma forma de racismo. Ressalta que, como constituinte, na emenda do Deputado Federal Carlos Alberto de Oliveira, Caó, houve a referência a "discriminações raciais", o que afasta uma interpretação restrita do racismo dirigido apenas à população negra. O Ministro Nelson Jobim também segue esta linha, ao afirmar que na Assembleia Constituinte estavam presentes outros grupos além dos judeus, de modo que houve a preferência por deixar-se o termo aberto para virtuais formas de racismo não conhecidas em 1988.

---

37. REALE, Miguel. Limites à liberdade de expressão. *Revista Espaço Jurídico*, v. 11, n. 2, jul.-dez. 2010. p. 377.

O Ministro Carlos Velloso também trilha o mesmo entendimento, no sentido de acordar que a conduta do paciente deve ser enquadrada como racismo. A Ministra Ellen Gracie registra que o critério de definição de raça não deve ser pautado por critérios científicos, o que deve ser guiado pela percepção do outro como diferente e inferior, o que tem como consequência uma atuação que revela menosprezo e desrespeito ao direito fundamental à igualdade.

Outro tema que perpassou todo o julgamento foi o conflito estabelecido entre a liberdade de pensamento e expressão e a prática do racismo. Da leitura do acórdão, pode ser visto que são formadas duas linhas de pensamento em relação a este conflito: aqueles que se alinham a uma visão norte-americana do *free speech* e, por outro lado, aqueles que acabam por não conceder mais peso à liberdade de expressão em relação aos demais princípios da CF. Esta dualidade pode ser vista nos resultados da técnica da ponderação levadas a cabo pelos Ministros Gilmar Mendes e Marco Aurélio que, a despeito de empregarem o mesmo método de julgamento, chegam a resultados opostos. De acordo com o Ministro Marco Aurélio, deve ser condenada toda a forma de censura. Como forma de combate à tirania, há que prevalecer a autonomia do pensamento do indivíduo. Valendo-se da doutrina da liberdade de expressão de John Stuart Mill, pondera que a proteção desta liberdade deve ser feita igualmente para lutar contra aqueles que desejam restringi-la. Segundo ele, no conflito entre a liberdade de manifestação de Ellwanger e a dignidade do povo judeu, deve prevalecer a liberdade de expressão. O Ministro Maurício Corrêa, responsável por fixar a linha adotada no julgamento pela maioria, fez constar que as garantias expressas na CF não são incondicionais, mas devem observar os limites traçados nas demais disposições constitucionais. Assim como ocorre com o direito à honra, a atribuição de um direito individual não pode servir de salvaguarda para o cometimento de práticas ilícitas. O Ministro Celso de Mello registra que a liberdade de expressão, mesmo que considerada abrangente em seu campo de incidência, não tem o condão de legitimar práticas que denotam o ódio racial.

Procedendo a uma análise dos princípios constitucionais concernentes, o Ministro Gilmar Mendes faz uma análise do caso à luz do preceito da proporcionalidade. Segundo ele, a a decisão teria sido adequada para o atingimento de uma sociedade pluralista, em que predomine a tolerância; também se revela necessária, dado que não haveria outro meio menos gravoso e igualmente eficaz. Por fim, quanto à proporcionalidade em sentido estrito, explica que diversos bens jurídicos seriam sacrificados caso se desse uma amplitude absoluta e intangível à liberdade de expressão, dentre eles, a própria noção de igualdade. Em voto que, como afirmando adrede, se aproxima de uma concepção norte-americana de liberdade de expressão, o Ministro Carlos Ayres Britto considera que houve, na espécie, a atipicidade da conduta, motivo pelo qual concede o HC *ex officio*. Segundo o Ministro, a obra pode ser entendida como pesquisa histórica, com o objetivo de promover o revisionismo histórico e o debate intelectual, não se podendo admitir que a obra seja preconceituosa. Desse modo, por decisão da maioria, oito votos contra três, o STF decidiu que a propagação de ideias antissemitas deve ser considerada racismo. Ainda, o conceito de raça, segundo consta da ementa, deriva de um processo de conteúdo meramente político-social, do que se origina o racismo, a gerar discriminação e preconceito segregacionista.

O julgamento do HC 82.424 se revela como um dos mais significativos da história constitucional brasileira no que toca à liberdade de expressão e discurso de ódio, mas com a observação de que não se trata de uma decisão unânime, dado que contou com três votos divergentes. Contudo, se o acórdão não foi suficiente para pacificar a jurisprudência quanto aos limites da liberdade de expressão, serviu para que se reconhecesse que o discurso de ódio não é tolerado pelo ordenamento jurídico brasileiro. Ainda, a liberdade de expressão como direito preferencial foi relativizada pela maioria, que procedeu a uma conjugação entre os diversos direitos fundamentais abrangidos pelo caso e dos valores albergados pela Constituição, sendo o maior deles a dignidade da pessoa humana.[38]

5.1.2 Discurso de ódio religioso

O discurso de ódio religioso também foi apreciado pelo STF, no HC. 134.682, que tratava de um ministro da igreja católica que havia sido processado na esfera penal pela prática de racismo contra o espiritismo. Contudo, importa neste momento jogar luz sobre um julgado do STF que expressa a importância concedida à liberdade religiosa. Na ADI 4.439[39], a Procuradoria-Geral da República buscava a declaração da inconstitucionalidade do art. 33, *caput* e §§ 1º e 2º da Lei 9.394/96 (Lei de Diretrizes e Bases da Educação Nacional – LDB) e o artigo 11 do "Acordo entre o Governo da República Federativa do Brasil e Santa Sé relativo ao Estatuto Jurídico da Igreja Católica no Brasil (Acordo Brasil- Santa Sé). A ação tinha como pedido, então, a interpretação conforme para assentar que o ensino religioso em escolas públicas deve ter natureza não confessional, com a proibição de professores na qualidade de representantes das confissões religiosas. Por maioria, o pedido foi julgado improcedente para, em interpretação conforme à Constituição, declarar que o ensino religioso pode ter natureza confessional. Contudo, deve ser autorizado pelo Poder Público, em igualdade de condições, o oferecimento de ensino confessional de diversas crenças. Em relação aos professores, a disciplina deverá ser ministrada por membros das confissões religiosas dos alunos, a partir de chamamento público. Reconheceu assim, que não existe neutralidade no ensino religioso, mas o respeito às diferenças. Os votos vencidos, dos Ministros Luis Roberto Barroso, Rosa Weber, Luiz Fux, Marco Aurélio e Celso de Mello julgavam o pedido procedente, concluindo que o caráter da disciplina deveria ser não confessional, com a proibição de admissão

---

38. REALE, Miguel. Limites à liberdade de expressão. *Revista Espaço Jurídico*, v. 11, n. 2, jul.-dez. 2010. p. 398.
39. BRASIL. Supremo Tribunal Federal. ADI 4.439. Requerente: Procurador Geral da República. Julgado em 27 set. 2017.

de professores que atuariam como representantes de confissões religiosas. Segundo o Ministro Relator para o acórdão, Alexandre de Moraes, não se mostra legítimo pretender transformar a tolerância em censura prévia à livre manifestações de concepções religiosas em sala de aula, de modo a torná-la uma disciplina com viés neutro, com um conteúdo a ser imposto pelo Estado, o que seria um desrespeito à liberdade religiosa. O pedido inscrito, então, limitaria o direito subjetivo constitucional do aluno ou de seu pai que possuam uma religião à matrícula no ensino religioso de sua confissão, o que violaria a liberdade religiosa.

O julgamento traz linhas preciosas para a interpretação da liberdade religiosa, no sentido de reconhecer que não há neutralidade quanto aos dogmas de fé de cada religião. Ao tentar impor uma neutralidade estatal, configurada está a censura às manifestações religiosas presentes em um determinado Estado. Por outro lado, é um dever imposto ao Poder Público a garantia da plena liberdade religiosa, o que é compatível com a laicidade estatal. A oferta também da disciplina de ensino religioso, de matrícula facultativa, em nada se confunde com o proselitismo religioso, que objetiva a conversão de determinadas pessoas a uma determinada doutrina religiosa.

Feitas estas observações, impende analisar o HC 134.682[40], que traz à tona a relevância da liberdade religiosa como consectário da própria liberdade de expressão e, em certa medida, da posição preferencial da liberdade de expressão. O sacerdote da Igreja Católica, Jonas Abib, havia escrito um livro intitulado "Sim, sim! Não, não! Reflexões de cura e libertação", no qual fazia críticas não só ao espiritismo, como também a religiões africanas, como a umbanda e o candomblé. O Ministério Público da Bahia decidiu denunciá-lo com base no art. 20, § 2º da Lei 7.716/89. Assim, através do HC, demandava o reconhecimento da prescrição da pretensão punitiva estatal e o trancamento da ação penal pela atipicidade da conduta. Afeto à julgamento pela Primeira Turma, o relator, Ministro Edson Fachin, fez observar que é próprio das religiões o seu caráter universalista, o que significa que buscam a conversão do maior número possível de pessoas, o que pode ser atribuído à religião católica e o catolicismo. Aliás, o termo catolicismo significa "geral ou universal", tudo a denotar a sua orientação para o proselitismo religioso. Deste modo, remover tal elemento das religiões seria o equivalente a violar o núcleo essencial da liberdade de expressão religiosa. Esta hierarquização das religiões é marca própria da liberdade religiosa, pois cada confissão religiosa busca atuar na demonstração de que seu dogma de fé se mostra superior em relação às demais, com a finalidade de encontrar mais adeptos.

Essa desigualação que lhes é própria não pode ser criminalizada, por ser tida como preconceito, mas somente passa a ser recriminada quando ultrapassa três etapas. A primeira é da diferença entre os indivíduos, a segunda diz com o juízo valorativo e que se destina à hierarquização; por fim, o terceiro, refere-se à verificação

---

40. BRASIL. Recurso Ordinário em Habeas Corpus 134.682. Relator Min. Edson Fachin. Recorrente: Jonas Abib. Recorrido: Ministério Público Federal. Julgado em 29 nov. 2016.

de exploração, escravização ou mesmo a eliminação do indivíduo ou grupo que busca se discriminar. Em virtude de estarem satisfeitas apenas as duas primeiras etapas, o Relator entendeu pela não configuração do ilícito penal, apto a justificar o andamento do processo penal. O Ministro Luis Roberto Barroso consigna em seu voto que a limitação à liberdade de expressão, o *hate speech*, não estaria presente no caso, dado que os espíritas não são um grupo vulnerável historicamente.

Nesse julgado sobre a liberdade religiosa, houve uma posição preferencial à liberdade de expressão religiosa, que acabou por não ser criminalizada pela maioria, sendo vencido o Ministro Luiz Fux. Em que pese a decisão não tenha se dado por unanimidade, revela-se importante como precedente apto a não criminalizar o proselitismo religioso, que pode, inclusive, mostrar-se intolerante com os dogmas das demais religiões. Esta falta de aceitação das crenças do outro, contudo, não desconfigura tal proselitismo, que, ressalte-se, encontra-se no núcleo essencial da liberdade religiosa. Conforme ressaltou o Ministro Luis Roberto Barroso, seu voto poderia ser em sentido contrário caso constassem como vítimas integrantes de grupos historicamente vulneráveis.

5.1.3 Homofobia

A homofobia se insere em um especial foco de atenção do discurso de ódio, haja vista que, frequentemente, as minorias sexuais são vítimas de preconceito e discriminação. A homofobia pode se manifestar por várias atitudes, como "agressões físicas, negação de acesso a serviços de saúde e educação, até as formas mais sutis de marginalização social, como os julgamentos morais, a reprodução inconsciente de estereótipos e o silêncio, em alguns contextos."[41] Alguns dos precedentes mais importantes na matéria foram decididos por tribunais estaduais, enquanto outros pelo STF, o que envolve também os limites da imunidade parlamentar.

O primeiro caso envolve o ex-candidato à Presidência da República, Levi Fidelix, que, durante debate presidencial, em resposta à pergunta da Deputada Luciana Genro sobre as famílias homossexuais, referiu que os homossexuais devem ser tratados "bem longe", que "dois iguais não fazem filho" e "aparelho excretor não reproduz". Contra estas declarações, foi ajuizada ação civil pública pela Defensoria Pública do Estado de São Paulo, com pedido de indenização por dano moral coletivo e obrigação de fazer. A sentença de primeiro grau[42] julgou procedente o pedido para condenar o réu ao pagamento de R$ 1.000.000,00, além de determinar a transmissão de um programa, no mesmo horário e duração, com discurso de promoção de direito dos homossexuais. Conforme consignado, "não se nega o direito do candidato em expressar sua opinião, contudo, o mesmo empregou palavras extremamente hostis

---

41. OLIVA, Thiago Dias. *Minorias sexuais e os limites da liberdade de expressão*: o discurso de ódio e a segregação social dos indivíduos LGBT no Brasil. Curitiba: Juruá, 2015. p. 43.
42. BRASIL. Tribunal de Justiça do Estado de São Paulo. Sentença 10987111-29.2014.8.26.0100. Autor: Defensoria Pública do Estado de São Paulo. Réu: Jose Levy Fidelix da Cruz e Partido Renovador Trabalhista Brasileiro. Julgado em 13 mar. 2015.

e infelizes a pessoas que também são seres humanos e merecem todo o respeito da sociedade." Em seu acórdão, o Tribunal de Justiça do Estado de São Paulo (TJSP) registra que o debate se deu em sede de debate eleitoral, em que não se prima pela verdade, de modo a serem verificadas ofenas recíprocas. As declarações do então candidato tiveram o propósito de influir em seu eleitorado e delas extrair algum proveito. Portanto, as afirmações não afrontaram a dignidade da pessoa humana, uma vez que os debates buscam o sensacionalismo.

Ainda, a partir do episódio, não foram verificadas situações de violência, embora os termos empregados tenham se revelado grosseiros. Em relação ao pedido de danos morais, entendeu o Tribunal que não houve suporte para a indenização por danos morais, na medida em que não houve referência a uma entidade ou pessoas específicas, revelando-se afirmações genéricas e superficiais. Em voto convergente, o desembargador Ênio Santarelli Zuliani, traz ao seu voto a afirmação de que o Ministro Ives Gandra Filho, então presidente do TST, publicou artigo jurídico criticando o reconhecimento da união homoafetiva, indagando se seria o caso de se exigir dele também indenização por dano moral. Ainda, se a Constituição permite que os partidos políticos assumam em sua agenda pautas que se voltem contra o casamento de homossexuais, seria um contrassenso a condenação de seus interlocutores. Ao final, conclui se tratar de um descontrole verbal. Assim, a apelação foi provida parcialmente, excluindo-se a condenação por danos morais.

Conforme se extrai da decisão do TJSP, houve, em sua decisão, a preponderância da liberdade de expressão, entendida como um direito preferencial, embora a decisão não tenha mencionado expressamente esta posição. Em um entendimento que pode se dizer muito mais próximo do sistema americano, que coloca o discurso político no centro do *freedom of speech*. Em diversos trechos é possível observar que é mencionado o contexto em que se deram as declarações e a sua natureza. Tratava-se de local propício a declarações controversas e dirigidas a uma determinada fatia do eleitorado, nesse caso mais conservador. A decisão do colegiado ainda destaca o fraco desempenho do candidato, o que por si só poderia ter se dado como resultado de suas declarações. Desta maneira, a sentença e o acórdão adotam visões opostas em relação ao discurso de ódio e seus efeitos danosos, em diversos aspectos, dentre os quais se pode citar a necessidade de repercussão violenta decorrente das falas, conforme registrado pelo TJSP. Ainda, o mesmo fato, de ser pessoa política pública, ensejou a incidência de uma maior responsabilidade em relação às suas declarações, sendo "pessoa pública formadora de opinião", conforme a sentença, enquanto o TJSP considerou que o discurso político alberga declarações polêmicas, pela sua própria natureza.

Os dois entendimentos, que se revelam antagônicos, revelam a falta de uniformidade jurisprudencial sobre a matéria. Ao serem analisadas as duas decisões, é preciso notar que a sentença protege mais a dignidade da pessoa humana das vítimas, mas pode ter consequências no debate político, em relação à não revelação das reais opiniões de alguns candidatos, que podem ser conhecidas apenas após sua eleição. Neste passo, o debate político, se é certo que não é livre para toda espécie de discurso, deve ser analisado com peculiar cuidado, pois serve à exposição dos entendimentos sobre os assuntos mais controversos dos candidatos. Segundo André Gustavo Corrêa de Andrade,[43] o melhor seria a utilização da técnica do contradiscurso, é dizer, de mais discurso, ressaltando que a liberdade de expressão é essencial para que possam ser identificadas as ideias verdadeiras ou socialmente úteis e afastar as equivocadas. Neste caso específico do discurso político, esse entendimento parece ter sua aplicabilidade validada pela necessidade de tais debates se darem de forma franca e aberta, esclarecendo aos eleitores as reais intenções e posicionamentos dos candidatos. Contudo, da análise das declarações, não houve apenas uma opinião contrária às uniões homoafetivas, mas o intuito de difamar, com implicações diretas na dignidade da pessoa humana dos integrantes do grupo visado.

Outro caso envolvendo homofobia que teve grande repercussão nacional foi do deputado Marco Feliciano, que, em sua rede social Twitter, em 2011, declarou que "a podridão dos sentimentos dos homoafetivos levam ao ódio, ao crime, a (sic) rejeição." Contra estas afirmações, o Ministério Público denunciou o parlamentar pelo crime de racismo, previsto no art. 20 da Lei 7.716/89, tendo havido seu julgamento pela Primeira Turma do STF.[44] Segundo o Ministro Marco Aurélio, a conduta do parlamentar se mostrou atípica, uma vez que o art. 20 não contempla a discriminação por opção sexual, pelo que adiciona ao seu voto o art. 5º, XXXIX da CF, que trata do princípio da legalidade. Em seu voto, o Ministro Luis Roberto Barroso ressalta que, mesmo que a posição ultrapassasse "todos os limites do erro", não haveria o ingresso na seara do crime. Ainda, o art. 20 não incluiria a homofobia, de modo que, a se decidir pelo recebimento da denúncia, haveria uma afronta ao princípio da legalidade. Os Ministros Luis Fux e Rosa Weber acompanharam o relator. Nesse caso, deve ser analisado também o estatuto dos parlamentares, pelo qual estes têm garantida a imunidade material por opiniões, palavras e votos. Na dicção de Raul Machado Horta, as imunidades parlamentares servem como meio de proteção do Poder Legislativo, bem como para que o exercício do mandato se dê de forma independente. Não se trata, por outro lado, de privilégios, o que equivaleria a concedê-los a pessoas, quando se sabe que as imunidades protegem o mandato representativo, sendo, pois, prerrogativas.[45] Contudo, as imunidades resguardam

---

43. ANDRADE, André Gustavo Côrrea de. *Liberdade de expressão em tempos de cólera*. Rio de Janeiro: GZ, 2020. p. 202-203.
44. BRASIL. Supremo Tribunal Federal. Inquérito 3.590. Rel. Min. Marco Aurélio. Autor: Ministério Público Federal. Investigado: Marco Antônio Feliciano. Julgado em 12 ago. 2014.
45. HORTA, Raul Machado. Imunidades parlamentares. *Doutrinas Essenciais de Direito Constitucional*, v. 4, maio 2011. p. 353-386.

a atuação parlamentar se o comportamento do mandatário está vinculado à sua atuação parlamentar.[46]

No caso do deputado Marco Feliciano, embora a rede social fosse usada para promoção de seus discursos políticos dirigidos aos seus eleitores, seu discurso incorreu em excesso, é dizer, em discurso de ódio, pelo emprego de termos degradantes em relação a uma minoria. Mesmo que a CF conceda uma ampla margem de atuação aos parlamentares em seus discuros, é certo ponderar que não é ilimitado, como nenhum direito. Melhor pontuado, a imunidade não pode se voltar contra outros direitos e limites estabelecidos constitucionalmente, como o princípio da igualdade e da dignidade da pessoa humana. Em razão de ter havido a menção no acórdão da necessidade de lei específica sobre a criminalização da homofobia, parece que atualmente este argumento restaria superado, o que levaria, consequentemente, a uma censura na esfera penal da conduta do parlamentar em comento.

Isso porque o STF decidiu, por maioria de seus ministros, pelo enquadramento da homofobia e transfobia no crime de racismo, segundo o art. 20 da Lei 7.716/89, até que haja a edição de Lei pelo Congresso Nacional, por ocasião dos julgamentos da Ação direta de inconstitucionalidade por omissão (ADO) 26[47] e do Mandado de Injunção 4733.[48] Segundo a Corte, tal criminalização não afeta o exercício da liberdade religiosa, desde que seu discurso não configure discurso de ódio. Ainda, o conceito de racismo não abarca apenas aspectos estritamente biológicos e fenotípicos, mas também a negação da dignidade da pessoa humana e de grupos vulneráveis. Neste ponto, conforme ressaltado pelo Ministro Celso de Mello, a comunidade LGBT tem sua vulnerabilidade agravada pelas "práticas discriminatórias e atentatórias aos seus direitos e liberdades fundamentais." A partir deste julgamento, verifica-se a possibilidade de haver a criminalização da homofobia, que se equipara ao crime de racismo, até que haja a edição de lei por parte do Congresso Nacional. Mesmo que essa decisão possa ser criticada por ter incorrido em ativismo judicial, é certo que pôs fim à grave omissão legislativa no terreno da garantia dos direitos das minorias sexuais, que restavam desamparadas frente ao ordenamento jurídico até então.

Ainda no campo do discurso de ódio contra minorias sexuais, pode ser citado o caso do deputado Jair Bolsonaro, que foi condenado em ação civil pública ao pagamento de R$ 150.000,00 por ter praticado discurso de ódio contra a comunidade LGBT.[49] Em entrevista ao programa CQC, afirma que ter um filho homossexual não

---

46. BRANCO, Paulo Gustavo Gonet. Organização dos Poderes. In: MENDES, Gilmar; BRANCO, Paulo Gustavo Gonet. *Curso de direito constitucional*. São Paulo: Saraiva, 2019. p. 1027.
47. BRASIL. STF. ADO 26. Relator Ministro Celso de Mello. Requerente: Partido Popular Socialista. Julgado em 13 jun. 2019.
48. BRASIL. MI 4733. Relator Min. Edson Fachin. Impetrante: Associação Brasileira de Gays, lésbicas e transgêneros – ABGLT. Impetrado: Congresso Nacional. Julgado em 13 jun. 2019.
49. BRASIL. Tribunal de Justiça do Estado do Rio de Janeiro. Processo 0115411-06.2011.8.19.0001. Apelantes: Jair Messias Bolsonaro e Grupo Diversidade Niterói, Grupo Cabo Free de Conscientização Homossexual e combate à homofobia e Grupo Arco-Íris de Conscientização Homossexual. Apelados: os mesmos.

passa pela sua cabeça, em razão da boa educação ofertada a seus filhos, tendo sido um pai presente, dentre outras declarações desabonatórias. Segundo o acórdão, as falas do então deputado revelam uma ideia de inferioridade daqueles que possuem orientação sexual diversa da sua, que afirma ser a correta. Houve igualmente afronta ao art. 3º, IV, da CF que condena qualquer forma de discriminação. Estas mesmas declarações foram objeto de denúncia perante o STF, que, assim como ocorreu no caso do parlamentar Marco Feliciano, decidiu pelo seu arquivamento. Conforme o relator, Ministro Luis Roberto Barroso, as declarações foram emitidas no exercício do mandato parlamentar. O próprio programa anunciou o entrevistado como "Jair Bolsonaro, o Deputado Federal mais polêmico do Brasil." Além disso, a jurisprudência do STF já está firmada quanto ao alcance da imunidade para entrevistas concedidas.[50] Este caso é significativo do alcance da imunidade material dos parlamentares, uma vez que as afirmações se deram na condição de deputado e o programa já o anunciava como tal. Decorrência disso é que a entrevista foi acobertada pela imunidade material, mesma sorte dada às declarações do mesmo deputado sobre quilombolas.

5.1.4 Quilombolas

O discurso de ódio contra quilombolas foi julgado pelo TRF2, bem como foi objeto de denúncia-crime no STF. O MPF ajuizou ação civil pública contra o então Deputado Federal Jair Bolsonaro por discurso de ódio contra os quilombolas proferido em palestra no Teatro Clube Hebraica, em Laranjeiras, em 2017. As manifestações incluíam a utilização de termos pejorativos e inferiorizantes em relação aos quilombolas, referindo que pesavam alguns "sete arrobas", medida utilizada para animais. Segundo o então deputado,

> eu fui num quilombola (rectius: quilombo) em Eldorado Paulista, olha, o afrodescendente mais leve lá pesava sete arrobas...Não fazem nada, eu acho que nem pra procriador servem mais. Mais de um bilhão de reais por ano gastados com eles, recebem cesta básica e mais, material, implementos agrícolas..." (sic).

A ação em primeiro grau foi julgada procedente para condenar o réu ao pagamento de R$ 50.000,00. Em julgamento de apelação, o TRF2[51] afirmou que os discursos proferidos não foram estranhos à atuação legislativa do deputado, o qual sempre defendeu a exploração econômica das áreas ocupadas por indígenas e quilombolas. Ainda, houve o registro de que pendia de julgamento perante o STF denúncia contra o deputado, com pedido de reparação civil pelos mesmos fatos, o que estaria a indicar a inviabilidade da lide. Em determinado trecho do acórdão, o relator faz constar, em relação ao então deputado, "sua rejeição e desprezo por minorias étnicas (indígenas,

---

50. BRASIL. STF. Inquérito 3.706. Relator Min. Roberto Barroso. Autor: Ministério Público Federal. Investigado: Jair Messias Bolsonaro.
51. BRASIL. Tribunal Regional Federal da 2ª Região. Relator Des. Marcelo Pereira da Silva. Apelante: Ministério Público Federal e outros. Apelado: os mesmos. Julgado em 05 set. 2018.

quilombolas e imigrantes), determinados grupos religiosos e população LGBT, além de não esconder, também, a sua posição contrária à igualdade de gênero." Desta forma, o pedido foi julgado improcedente.

Na denúncia[52] perante o STF, o MPF alegava o enquadramento da conduta como crime de racismo, previsto no art. 20 da Lei 7.716/89. Segundo o Relator, Min. Marco Aurélio, as declarações não continham a finalidade de repressão, dominação, supressão ou eliminação. Continua referindo que as falas se inserem em um contexto de demarcação e proveito econômico da terra, o que a reveste de conteúdo político. Quanto ao termo "arrobas", mesmo que infeliz, não se pode afirmar que possua um conteúdo preconceituoso ou discriminatório. Além de as declarações estarem protegidas sob o manto da liberdade de expressão, considerou o relator que deveria ser considerada também a imunidade parlamentar, pelo que sublinhou o nexo das declarações com sua pauta política na Câmara dos Deputados. Assim, por maioria, a denúncia foi rejeitada.

Dos casos citados, pode-se notar que o STF mantém uma posição de observância às imunidades parlamentares. Isto passou, neste último caso analisado, pela verificação do contexto em que se deu o discurso, a fim de encontrar elementos de vinculação da conduta ao mandato parlamentar. Ainda, no caso do deputado Marco Feliciano, pela atipicidade da conduta, que ainda não havia sido equiparada ao racismo pela mesma Corte. Seja qual for o ângulo pelo qual se analisa, as imunidades parlamentares têm servido para se rechaçar o cometimento de crimes com base no discurso de ódio, favorecendo a livre comunicação política. Embora os discursos analisados tenham como centro manifestações pejorativas, inferiorizantes e vexatórias, o fato é que o sopesamento tem sido feito para que se privilegie a livre expressão, o que, em última instância, evita o chamado *chilling effect*, ou efeito inibidor, pelo temor da repressão estatal.

5.2 PERSPECTIVAS SOBRE O DISCURSO DE ÓDIO NO BRASIL

O discurso de ódio, conforme visto, é um dos maiores desafios ao constitucionalismo contemporâneo, uma vez que engloba valores importantes para as democracias liberais, como a livre expressão, igualdade e direito a não discriminação. Nesse passo, é importante para que alguns parâmetros e, consequentemente, perspectivas sejam estabelecidas, que se analise o valor da liberdade de expressão em determinado ordenamento jurídico. Na história constitucional brasileira, a liberdade de expressão sempre foi um valor importante, com exceção dos períodos que expurgaram a democracia e os direitos fundamentais. Na Constituição de 1988, a liberdade de expressão não encontra limites diretamente em seu texto, mas, sim,

---

52. BRASIL. STF. Inquérito 4.694. Relator Min. Marco Aurélio. Autor: Ministério Público Federal. Investigado: Jair Messias Bolsonaro. Julgado em 11 set. 2018.

nos demais dispositivos constitucionais. Um dos limites mais citados pela doutrina é a proibição do racismo, a partir de uma interpretação sistemática do texto constitucional. É certo que em uma sociedade todos os pontos de vista devem ser admitidos, sob pena de haver uma hierarquização de pensamentos, o que seria de todo impensável. Contudo, é preciso notar também que os pensamentos expressos na forma de discurso que desbordarem dos limites constitucionais devem ser punidos. Atualmente, a tipificação do racismo, conforme visto, se dá pela Lei 7.716/89, em seu art. 20. Não se trata de ser intolerante, o que para alguns seria um paradoxo – ser intolerante com o intolerante, mas de cessar práticas danosas a uma democracia e que têm o potencial de replicar o ódio e o cometimento de atos violentos contra as vítimas, como mostram as estatísticas.[53]

Em ordenamentos jurídicos que colocam a liberdade de expressão como um valor quase absoluto, é inassimilável a ideia de punição pelos chamados crimes de opinião, exceto quando tiverem como consequência a violência, como é o caso das *fighting words* ou do teste de Brandenburg. Contudo, trata-se de uma tradição jurídica americana, que não passa imune a críticas pelos próprios doutrinadores americanos, influenciados também pela doutrina europeia, em especial alemã, sobre a liberdade de expressão. O catálogo de direitos fundamentais americano também é restrito, não se podendo falar do desenvolvimento da dignidade da pessoa humana tal como se tem no ordenamento jurídico brasileiro.

Em um contexto totalmente diverso, a Alemanha tem servido de exemplo para diversas democracias modernas com o seu modelo de liberdade de expressão, que o considera um direito importante, mas o conjuga com os demais princípios constitucionais, a ponto de tornar-se o oposto do modelo americano, sendo, por este motivo, dois países sempre lembrados no direito comparado quando o assunto é livre expressão. Esta tensão entre liberdade de expressão e direitos contrapostos das vítimas parece ser universal e interminável, que reúne críticas em qualquer postura que se adote, mais americana ou mais germânica. A situação tende a se agravar quando são adicionados institutos clássicos como as imunidades parlamentares, que servem como verdadeiro escudo do parlamentar contra pressões advindas dos demais Poderes. Na Alemanha, a própria Constituição possui uma exceção para a imunidade material, qual seja, a injúria difamante, o que não ocorre com a Constituição brasileira. Logo, estabelecer comparações sem considerar em primeiro lugar as disposições constitucionais dos países envolvidos pode causar distorções doutrinárias difíceis de serem revertidas.

O Brasil se situa entre os dois ordenamentos jurídicos, em momentos constitucionais se aproximando mais do modelo americano, enquanto em outros tende mais ao alemão. Um dos primeiros casos que tratou do discurso de ódio foi o caso

---

53. Em 2020, houve 237 mortes relacionadas à orientação sexual ou identidade de gênero. Disponível em: https://bit.ly/3v8pQGh. Acesso em: 09 jul. 2021.

Ellwanger, em que por diversas vezes houve a menção ao modelo alemão, pela criminalização que há neste país dos discursos que exaltem o nacional-socialismo, neguem seus atos ou o próprio holocausto. Da leitura dos votos do caso, considerado o principal caso de direitos humanos já julgado, o STF ressaltou o primado da dignidade da pessoa humana e do direito à igualdade e não discriminação, no que andou bem. A decisão, é preciso notar, não se deu por unanimidade, havendo votos em sentido contrário, exaltando a liberdade de expressão como direito preferencial no Brasil. Os votos dos ministros Marco Aurélio de Mello e Carlos Ayres Britto se aproximam em grande medida do modelo americano, considerando estar configurada a ilicitude caso houvesse algum ato de violência. Houve, nestes dois votos, o emprego da doutrina preferencial da liberdade de expressão, em tudo tendo em conta a importância e destaque deste direito para a cultura democrática e a preservação do direito de opinião.

Da análise dos demais julgados que se seguiram, no entanto, nota-se que a liberdade de expressão é utilizada na fundamentação dos julgados com uma posição preferencial. No julgamento do HC 134.682/BA, o STF fez valorar a liberdade religiosa e o proselitismo, estabelecendo que o discurso de ódio estaria configurado caso houvesse o intento de estabelecer dominação sobre o grupo perseguido, o que não estaria comprovado. O Ministro Luis Roberto Barroso faz menção ao grupo dos espíritas, que não seria historicamente vulnerável. Prevaleceu, então, a liberdade religiosa.

Em outros julgados, do deputado Marco Feliciano e do então Deputado Federal Jair Messias Bolsonaro, o STF decidiu que deveria prevalecer a imunidade parlamentar. No inquérito sobre as declarações do deputado Marco Feliciano houve o reconhecimento, ainda, da atipicidade da conduta. É questionável se essa decisão seria mantida nos dias atuais, com os parâmetros estabelecidos na ADO 26, que equiparou a homofobia e transfobia ao racismo. No caso do deputado Jair Bolsonaro, que envolvia as declarações homofóbicas, o inquérito no âmbito do STF entendeu que as falas se deram em razão do exercício do mandato parlamentar, pois assim foi anunciado o entrevistado. Em relação à outra denúncia do mesmo deputado, quanto aos quilombolas, o relator, Min. Marco Aurélio de Mello, ressaltou a ausência do ânimo de dominação sobre o grupo afetado, ao que se adicionava o fato de estar se tratando de uma questão política, como é a demarcação das terras dos quilombolas. Por fim, também haveria a proteção do discurso pela imunidade parlamentar. Estas considerações denotam que a liberdade de expressão tem sido entendida no âmbito do STF como uma liberdade preferencial.

Esta conclusão pode ser vista em outros julgados que são anteriores e posteriores aos casos aludidos, apenas para citar alguns dos mais expressivos. No julgamento da ADI 4.815, houve a aplicação da técnica da interpretação conforme à Constituição aos arts. 20 e 21 do Código Civil, sem redução de texto, para declarar inexigível autorização de biografados e pessoas coadjuvantes das obras. Segundo um dos ministros defensores da liberdade de expressão como direito preferencial, Ministro

Luis Roberto Barroso, ressalta que essa assertiva não significa uma hierarquização de direitos, mas, sobretudo, a transferência de ônus argumentativo, devendo, pois, *prima facie*, prevalecer. As três razões podem ser assim elencadas: (i) o passado de repressão no Brasil, que começa muito antes dos períodos de repressão, com a Corte portuguesa, com a Carta de Pero Vaz de Caminha, (ii) o pressuposto para o exercício dos demais direitos fundamentais e (iii) essencial para o avanço social e conservação da memória nacional. Uma das presunções que decorrem da posição preferencial é a proibição da censura, com responsabilização posterior, sendo a repressão penal hipótese muito excepcional.[54] Essas diretrizes elaboradas pelo Ministro Luís Roberto Barroso podem ser colhidas dos acórdãos analisados, pois a reprimenda penal tem sido utilizada em raros casos, como no caso Ellwanger, em que deve ser ressaltado o caráter peculiar dos judeus pela própria ocorrência do Holocausto.

Em momento posterior, tem-se o julgamento do RE 1.010.606[55], que versou sobre o direito ao esquecimento, em relação ao caso Aida Cury. O julgado tinha como pano de fundo um programa televisivo que apresentava o caso de uma moradora do Rio de Janeiro que morreu ao cair de um prédio após tentativa de estupro. Os irmãos da vítima pediam a compensação pecuniária e reparação material, dado que não haviam autorizado o uso da imagem da irmã. O STF decidiu que, no caso, não haveria um direito ao esquecimento, uma vez que o caso tinha tomado proporções nacionais e entrado para os anais da história brasileira.[56] Embora o julgado tenha versado sobre situação que já havia tomado grandes proporções e estava gravada na história brasileiro, possuindo, pois, inegável interesse público de registro e conservação da história brasileira, tem-se parâmetros fixados que permitem concluir pela continuidade da construção de uma posição preferencial da liberdade de expressão. Não é a intenção haver maior verticalização acerca do direito ao esquecimento, mas, sim, de salientar que a liberdade de expressão tem sido privilegiada pelo STF.[57] Isso faz com que o discurso de ódio tenda a ser interpretado estritamente, sendo lhe reconhecido, mormente em processos penais, apenas em casos extremos. Conforme se analisou, em casos que abarcavam ofensas às minorias o STF privilegiou a livre

---

54. BRASIL. STF. ADI 4.815. Relatora Min. Cármem Lúcia. Requerente: Associação Nacional dos Editores de Livros – ANEL. Julgado em 10 jun. 2015.

55. BRASIL. STF. RE 1.010.606. Relator Min. Dias Toffoli. Recorrente: Nelson Curi e outros. Recorrido: Globo Comunicações e Participações. Julgado em 11 fev. 2021.

56. No julgamento, foi fixada a seguinte tese: "É incompatível com a Constituição a ideia de um direito ao esquecimento, assim entendido como o poder de obstar, em razão da passagem do tempo, a divulgação de fatos ou dados verídicos e licitamente obtidos e publicados em meios de comunicação social analógicos ou digitais. Eventuais excessos ou abusos no exercício da liberdade de expressão e de informação devem ser analisados caso a caso, a partir dos parâmetros constitucionais – especialmente os relativos à proteção da honra, da imagem, da privacidade e da personalidade em geral – e as expressas e específicas previsões legais nos âmbitos penal e cível".

57. Entendendo pela posição preferencial, analisando os últimos julgamentos do STF: SARLET, Ingo Wolfgang; SIQUEIRA, Andressa de Bittencourt. Liberdade de expressão e seus limites numa democracia: o caso das assim chamadas "fake news" nas redes sociais em período eleitoral no Brasil. *Revista Estudos Institucionais*, v. 6, n. 2, 2020. p. 549.

expressão em desfavor dos direitos das vítimas. Assim como afirmado pelo Min. Luís Roberto Barroso em seu voto na ADI 4.815 (biografias não autorizadas), as restrições à manifestação do pensamento geram um desestímulo a futuras exteriorizações de opinião. Esse efeito, deve ser lembrado, não incide apenas sobre o agente penalizado, mas sobre todo o grupo ao qual pertence, por exemplo, Congressistas.

Passando da análise da jurisprudência para a análise da legislação ordinária, um dos mais importantes diplomas a disciplinar a liberdade de expressão é o Marco Civil da Internet (Lei 12.965/2014), que prevê em diversos dispositivos a necessidade de observância da liberdade de expressão. Em seu artigo 2º, há a previsão de que a disciplina do uso da internet no Brasil tem como fundamento o respeito à liberdade de expressão. Contudo, parece ser o art. 19 o artigo mais importante sobre tal liberdade,[58] que prevê que os conteúdos ilícitos da Internet têm sua remoção obrigatória pelos provedores de aplicações da internet somente após ordem judicial. Esta regra tem como função a preservação da liberdade da expressão no ambiente online, haja vista que é tratada pela lei como princípio da disciplina do uso da internet (art. 3º), sendo também condição para o pleno exercício do direito de acesso à internet (art. 8º, *caput*). O Marco Civil da Internet tem sido cada vez mais aplicado pelo STJ, reconhecendo a obrigação de retirada apenas após a determinação judicial, pelo que, sendo descumprida, passa a incidir a responsabilidade pelo descumprimento.[59]

Estas disposições refletem a importância da liberdade de expressão e sua posição preferencial, o que faz com que haja uma interpretação muito minuciosa dos discursos odiosos pelos tribunais, mesmo em casos em que não se trate de aplicação do Marco Civil da Internet. Ao mesmo tempo em que essa posição preferencial é privilegiada, não se pode descurar da observância ao núcleo essencial dos direitos fundamentais à igualdade e não discriminação. Nesse sentido, algumas críticas se dirigem à inconstitucionalidade do art. 19 do Marco Civil da Internet, em razão de que à vítima é imposto o ônus de ajuizamento de ação judicial com o fim de remoção do conteúdo ilícito, o que contribui para que a extensão do dano seja aumentada, dado o maior tempo de exposição na rede. Imbricados nestes materiais ilícitos se encontram discursos odiosos e notícias falsas, os quais se propagam pela demora na prolação da ordem judicial.[60]

Se é verdade que a aproximação com o direito alemão parece muito mais lógica, em virtude do catálogo de direitos fundamentais na CF e pela dogmática dos direitos fundamentais construída neste país, é certo que o direito brasileiro flerta com elementos do direito norte-americano. Assim, parece ser preciso analisar os casos concernentes aos discursos odiosos com um olhar sobre a tradição brasileira,

---

58. LEONARDI, Marcel. *Fundamentos de direito digital*. São Paulo: Ed. RT, 2019. p. 90.
59. BRASIL. STJ. REsp 1.642.997/RJ. Relator Min. Nancy Andrighi. Recorrente: Facebook Serviços Online do Brasil LTDA. Recorrido: Fernando Candido da Costa. Julgado em 12 set. 2017.
60. MARTINS, Guilherme Magalhães. Vulnerabilidade e responsabilidade civil na Internet: a inconstitucionalidade do art. 19 do Marco Civil. *Revista de Direito do Consumidor*, v. 137, set.-out. 2021. p. 33-59.

sobretudo se forem considerados o histórico de repressão e ditadura, cujo desafio passa a ser, repise-se, não esvaziar o conteúdo essencial dos demais direitos das vítimas. Diante deste quadro de preponderância da liberdade de expressão, tem-se que o discurso de ódio vem sofrendo uma interpretação mais estrita, de forma a considerar o possível *chilling effect*. Esta é uma escolha da arquitetura constitucional brasileira e deve ser assumida com todas os consectários que daí advêm.

Portanto, como forma de contribuição do trabalho para o debate sobre a liberdade de expressão, deve haver a fixação pela jurisprudência de parâmetros que permitam a atribuição de maior segurança jurídica, o que, como visto, não tem sido aplicado. Atua, então, como um fator de previsibilidade para particulares, poder público, imprensa e demais atores sociais. A conferência de parâmetros pelo STF não implica uma regra absoluta em favor da liberdade de expressão, mas deve o julgador estabelecer em seu julgamento o motivo pelo qual a preferência pela liberdade de expressão deve ser afastada. A dependência do julgamento caso a caso acaba por fazer com que a liberdade de expressão perca seu vigor, além de ficar dependente das circunstâncias de cada tempo, o que pode acontecer a depender de determinada formação do Tribunal, mais liberal ou conservadora. Essa fixação contribui, como consequência, à identificação dos discursos de ódio. Estas afirmações não equivalem a estabelecer um sistema como o americano, de categorias de discurso, com seus respectivos requisitos para a retirada da proteção da Primeira Emenda, mas a observar a tradição brasileira, adicionando-se parâmetros mínimos que atuariam na entrega de segurança jurídica a todos os jurisdicionados, de uma forma mais consistente e coerente.[61]

---

61. TERRA, Felipe Mendonça. Razão ou sensibilidade? Decidindo casos sobre liberdade de expressão: lições do cenário norte-americano. *Universitas JUS*, v. 27, n. 1, 2016. p. 163-187.

6
CONSIDERAÇÕES FINAIs

A partir da exposição feita no presente trabalho, podem ser tecidas algumas conclusões. A liberdade de expressão certamente é um dos direitos sobre o qual mais se controverte atualmente, pela sua centralidade em uma democracia, sendo mesmo constitutiva do regime democrático. Sendo assim, seu debate traz como consequência temáticas como o discurso de ódio, que se transmutam em um de seus principais limites.

A liberdade de expressão pode ser tida como um direito da personalidade, uma vez que essencial à formação da autonomia da pessoa humana, o que se liga também à sua imbricação direta com a dignidade da pessoa humana. Ainda, pode se argumentar que no núcleo da dignidade da pessoa humana se encontra um espaço de liberdade. É comum também a afirmação de que referida liberdade atua no aperfeiçoamento da personalidade do indivíduo, ao destacar seus posicionamentos perante a sociedade. Contudo, se a liberdade de expressão é em geral destacada em relação ao orador, outros direitos da personalidade devem ser ressaltados, os quais se aplicam às vítimas de discursos odiosos. É dizer, o livre direito à expressão deve encontrar limites no direito à honra de atingidos por manifestações ofensivas e vexatórias. Assim, percebe-se que os direitos da personalidade encontram espaço conformativo seja com relação ao orador, seja com relação os interlocutores/vítimas, que podem ter sua integridade psíquica atingida.

O conceito de discurso de ódio ainda é controvertido, contudo, algumas características podem ser sublinhadas. Em primeiro lugar, trata-se de uma forma ameaçadora e ofensiva de comunicação, que considera o diferente como inferior. Seu objetivo é tornar as vítimas cidadãos de segunda classe, ao promover uma espécie se subordinação estrutural. Suas vítimas são integrantes de grupos historicamente vulneráveis, com características definidas, tais como sexo, cor, raça, religião, etnia, origem, nacionalidade, deficiência física, gênero etc. Este rol não implica a exclusão de demais grupos sobre os quais ainda sejam constatadas discriminações, o que o torna um rol aberto e não estático. O direcionamento de discursos, em geral, é feito a grupos, contudo, nada obsta que seja feito a indivíduos, desde que estes sejam integrantes de grupos minoritários discriminados. Seu conteúdo também pode variar, havendo discursos que, embora não sejam contundentes em seus termos, portanto, em sua forma, podem se revelar odiosos, como a negação do holocausto. Estes são chamados de discursos de ódio em substância, enquanto aqueles que veiculam termos ofensivos, vexatórios e humilhantes, recebem a denominação de discurso de ódio em forma.

Quando são comparados alguns modelos de liberdade de expressão e, consequentemente de discurso de ódio, exsurgem dois que são proeminentes na doutrina, Estados Unidos e Alemanha. Embora sejam duas democracias consolidadas, o tratamento da liberdade de expressão entre si difere substancialmente. A começar pelos Estados Unidos, a Primeira Emenda da Constituição não prevê qualquer limite à liberdade de expressão, além de estar elencada de forma simbólica na abertura do *Bill of Rights*. Esta valorização fez com que fosse construída uma jurisprudência e doutrina que a exprimem como um direito quase absoluto, com poucos limites. As poucas relativizações que foram feitas se deram no seio da Suprema Corte, quanto a casos que envolviam a quebra da paz ou ordem públicas. O primeiro limite são as *fighting words* (palavras belicosas), que são aquelas proferidas contra indivíduos, e não grupos, que tenham a probabilidade de gerar uma resposta violenta. O teste de Brandemburgo (*Brandenburg test*), diferentemente das palavras belicosas, é dirigido a grupos ou mesmo multidões, e prevê que a advocacia da violação da lei ou de outra ação ilegal deve ser acompanhada da real probabilidade de sua ocorrência.

Por sua vez, a difamação (*defamation*) se desenvolve com base em uma afirmação de fato falsa sobre alguém ou sobre uma empresa que tenda a causar dano à reputação do ofendido. Em se tratando de agentes públicos, exige-se que as declarações tenham sido proferidas com base na malícia real (*actual malice*), ou seja, com o conhecimento da falsidade ou um desprezo negligente sobre a falsidade dos proferimentos. Estes são os principais limites impostos pela Suprema Corte à liberdade de expressão, tendo esta mantido uma posição de resguardo do direito de livre manifestação até o momento presente. Esta postura de quase absolutização deste direito encontra respaldo nas ideias de John Stuart Mill, filósofo liberal, para quem haveria um risco na supressão da expressão, pela possibilidade de a verdade se convolar em dogma e não poder ser mais contestada ou comparada com as ideias falsas, pelo que perderia seu vigor. Este entendimento pelo qual todas as ideias devem circular encontra assento no termo livre mercado de ideias (*marketplace of ideas*). Todo esse caldo cultural e jurídico fez com que houvesse extrema desconfiança por parte da sociedade em relação a qualquer lei que limite o discurso, o que faz recair sobre elas uma presunção de inconstitucionalidade. Os discursos odiosos, assim, recebem proteção da Primeira Emenda quando não afrontarem um dos limites citados. O remédio para os discursos odiosos tem sido, então, o contradiscurso (*counterspeech*), um instrumento, gize-se, de natureza privada para seu combate.

Por outro lado, a Alemanha tem mantido uma postura oposta em relação ao tratamento da liberdade de expressão e dos discursos odiosos. Ao contrário da Constituição americana, a GG é aberta com a consagração da dignidade da pessoa humana (art. 1º), sendo que a liberdade de expressão vem elencada no art. 5º, com restrições como a honra, a proteção da juventude e as leis gerais. Um dos mais ex-

6 • CONSIDERAÇÕES FINAIS

pressivos casos sobre liberdade de expressão se deu no caso Lüth, em que houve o resguardo de discurso contra a honra de um diretor de cinema que havia assim atuado durante o regime nacional-socialista. A conclamação ao boicote por Lüth ao filme de ex-diretor nazista, Veit Harlan, foi considerado legítimo, considerando que havia um interesse público subjacente. Este caso é sempre lembrado igualmente pela doutrina constitucionalista por ter consagrado a doutrina da eficácia indireta dos direitos fundamentais nas relações privadas. Em outros casos, contudo, o que prevalece é uma predominância dos direitos de personalidade e direitos fundamentais como igualdade e não discriminação nos julgados do TCF. Significativo desta postura é o caso Soraya, em que foram resguardados os direitos da personalidade em desfavor da liberdade de expressão jornalística, ainda que se tratasse de figura pública e mundialmente reconhecida. Em Mephisto, o TCF, mesmo tratando de ex-funcionário público durante o governo nazista, julgou a seu favor demanda em que se pedia a proibição de publicação de livro retratando seu passado, por violação à sua honra.

Certamente, uma das maiores diferenças para o sistema norte-americano se assenta na democracia militante, que pode ser sintetizada na necessidade de a democracia ter instrumentos legais para sua própria proteção. Em duas oportunidades o TCF declarou a inconstitucionalidade dos partidos comunista e socialista, sob o fundamento de que haveria o perigo de restauração de regimes antidemocráticos e do próprio nacional-socialismo. Ainda, outro limite à liberdade de expressão se encontra inscrito no StGB, que criminaliza a negação do holocausto ou a aprovação do regime nacional-socialista. Esta previsão tem sua fundamentação no passado de horrores cometidos durante a Segunda Guerra e que se refletiu em uma proteção a grupos historicamente discriminados naquele país, tendo como finalidade precípua o resguardo da dignidade da pessoa humana. Esta disposição é criticada mesmo por alguns autores alemães, que veem como excessivas as restrições impostas legalmente, por desconsiderar o valor constitutivo da liberdade de expressão. Portanto, extrai-se que a liberdade de expressão frequentemente é relativizada em prol de outros direitos, mormente os de personalidade e o valor fundamental da dignidade da pessoa humana, condenando, então, os discursos de ódio.

No Brasil, a liberdade de expressão recebe tratamento especial pela Constituição Federal, uma vez que prevê em diversos dispositivos a sua proteção. No tocante ao discurso de ódio recentemente houve a promulgação da Convenção Interamericana contra o Racismo e Formas Correlatas de Intolerância, que equivale à Emenda Constitucional (art. 5º, § 3º). Com a Convenção, tem-se um conceito de discurso de ódio em seu artigo 1º (6). Assim, a proibição do discurso de ódio contém, especialmente a partir da promulgação da referida Convenção, sede constitucional. Em relação à predominância ou não da liberdade de expressão nos julgados do STF, pode-se afirmar que existe uma crescente valorização desta liberdade, pelo que se pode concluir por sua posição preferencial. Um dos motivos pode ser visto no passado de repressão em regimes autoritários, de modo a sufocar o debate público. Alguns julgamentos bem destacam essa posição, como é o caso das biografias não autorizadas, do candidato Levy Fidelix e dos Deputados Federais Marco Feliciano e Jair Messias Bolsonaro.

No caso das biografias não autorizadas, decidiu-se pela desnecessidade de prévia autorização para a sua publicação, em virtude do perigo de desestímulo à produção literária. No caso do candidato à Presidência da República, Levy Fidelix, embora não tenha sido julgado pelo STF, a liberdade de expressão prevaleceu em face dos direitos dos integrantes do grupo ofendido (LGBTQI), em virtude de ter se dado em ambiente propício a exaltações, como sói ocorrer nos debates políticos. Os casos referentes aos Deputados Federais e Jair Bolsonaro continham a especificidade de estarem acobertados pela imunidade parlamentar, o que acabou prevalecendo.

Outro indicativo da posição preferencial da liberdade de expressão é a disposição contida no art. 19 do Marco Civil da Internet, que privilegia sua posição preferencial no ambiente virtual, o que é reforçado em outros artigos do mesmo diploma legislativo. À guisa de conclusão, pode se afirmar que tem prevalecido na jurisprudência brasileira a posição preferencial da liberdade de expressão, com uma interpretação minuciosa dos casos, a fim de que não haja um desestímulo ao debate e manifestações em geral. Este quadro também revela uma proteção acentuada do discurso político, naturalmente destinado a exageros e exaltações. Contudo, esta posição privilegiada não pode violar o núcleo essencial dos demais direitos previstos constitucionalmente, sob pena de configuração de uma proteção deficiente. Trata-se, pois, de uma escolha de arquitetura constitucional, que possui seus riscos, mas reflete os valores históricos e culturais predominantes de determinada sociedade.

7
REFERÊNCIAS

ALEXY, Robert. Colisão de direitos fundamentais e realização de direitos fundamentais no Estado Democrático de Direito. *Revista da Faculdade de Direito da UFRGS*, v. 17, p. 267-279, 1999.

ALEXY, Robert. *Theorie der Grundrechte*. Frankfurt am Main: Suhrkamp, 1994.

ALLPORT, Gordon W. *The nature of prejudice*. Boston: Addison-Wesley, 1954.

AMARAL NETO, Francisco dos Santos. A autonomia privada como princípio fundamental da ordem jurídica. *Revista de Informação Legislativa*, p. 207-230, abr.-jun. 1989.

ARROYO, Julie. *La renonciation aux droits fondamentaux*: étude de droit français. Paris: Editions Pedone, 2016.

BACKES, Ana Luiza; AZEVEDO, Débora Bithiah de; ARAÚJO, José Cordeiro de. (Org.). Audiências públicas na Assembleia Nacional Constituinte: a sociedade na tribuna. Brasília: Câmara dos Deputados, 2009.

BAKER, Edwin. Hate speech. *Journal of Media Law and Ethics*, v. 1, n. 3/4, p. 1-23, set. 2009.

BALKIN, Jack M. Free speech is a triangle. *Columbia Law Review*, v. 118, n. 07, p. 2011-2056, 2018.

BARROSO, Luís Roberto. Colisão entre liberdade de expressão e direitos da personalidade. Critérios de ponderação. Interpretação constitucionalmente adequada ao Código Civil e à Lei de Imprensa. *Revista de Direito Privado*, São Paulo, v. 18, p. 105-143, abr.-jun. 2004.

BENDA, Ernest. Dignidad humana y derechos de la personalidad. In: BENDA, Ernest; MAIHOFER, Werner; VOGEL, Hans-Jochen; HESSE, Konrad; HEYDE, Wolfgang (Org.). *Manual de derecho constitucional*. Madrid: Marcial Pons, 2001. p. 117-144.

BENTIVEGNA, Carlos Frederico Barbosa. *Liberdade de expressão, honra, imagem e privacidade*: os limites entre o lícito e o ilícito. São Paulo: Manole, 2020.

BITTAR, Carlos Alberto. *Os direitos da personalidade*. 8. ed. São Paulo: Saraiva, 2015.

BONAVIDES, Paulo. *Curso de Direito Constitucional*. 12. ed. São Paulo: Malheiros, 2001.

BOURNE, Angela K; BERTOA, Fernando Casal. Mapping militant democracy: variation in party practices ban in European democracies (1945-2015). *European Constitutional Law Review*, v. 13, n. 02, p. 221-247, 2017.

BRANCO, Paulo Gustavo Gonet. Teoria Geral dos Direitos Fundamentais. In: MENDES, Gilmar Ferreira. BRANCO, Paulo Gustavo Gonet. *Curso de Direito Constitucional*. São Paulo: Saraiva, 2019.

BRINK, David O. Millian principles, freedom of expression, and hate speech. *Legal Theory*, n. 7, p. 119-158, 2001.

BROWN, Alexander. Retheorizing actionable injuries in civil lawsuits involving targeted hate speech: hate speech as degradation and humiliation. *Alabama Civil Rights & Civil* Liberties, v. 9, n. 1, p. 1-40, 2018.

BROWN, Alexander. Whats is hate speech? Part 1: the myth of hate. *Law and Philosophy*, v. 36, p. 419-468, 2017.

BRÜGGEMEIER, Gert; CIACCHI, Aurelia Colombi; O'CALLAGHAN, Patrick. A commom core of personality protection. In: BRÜGGEMEIER, Gert; CACCHI, Aurelia Colombi; O'CALLA-GHAN, Patrick (Ed.). *Personality Rights in European Tort Law*. New York: Cambridge, 2010.

BRUGGER, Winfried. Ban on or protection of hate speech? Some observations based on German and American Law. *Tulane European & Civil Law*, v. 17, p. 1-22, 2002.

BRUGGER, Winfried. The treatment of hate speech in German Constitutional Law (Part I). *German Law Journal*, n. 4, p. 1-44, 2003.

BRUGGER, Winfried. The treatment of hate speech in German Constitutional Law (Part II). *German Law Journal*, n. 4, p. 23-44, 2003.

BUNDESMINISTERIUM DES INNERN, FÜR BAU UND HEIMAT. *Brief summary 2019 Report on the Protection of the Constitution*: facts and trends.

BUNDESVERFASSUNGSGERICHT. *Clarification of constitutional standards applying to criminal convictions for derogatory statements.*

CANARIS, Claus-Wilhelm. *Direitos fundamentais e direito privado*. Coimbra: Almedina, 2003.

CANTALI, Fernanda Borghetti. *Direitos da personalidade: disponibilidade relativa, autonomia privada e dignidade humana*. Porto Alegre: Livraria do advogado, 2009.

CARMI, Guy E. Dignity versus Liberty: the two Western Cultures of free speech. *Boston University International Law Review*, v. 26, n. 02, p. 277-374, 2008.

COHEN, Joshua. Freedom of expression. In: COHEN, Joshua (Org.). *Philosophy, politics, democracy*: selected essas. Cambridge: Harvard University Press, 2009.

COLLINS Latin Dictionary. New York: HarperCollins Editions, 2006.

CONSTANT, Benjamin. *Principes de politique*. Disponível em: http://www.dominiopublico.gov.br/download/texto/ga000336.pdf.

COUNCIL OF EUROPE. *European Court of Human Rights. Guide on Article 10 of the European Convention on Human Rights*: freedom of expression. 2020. Disponível em: https://www.echr.coe.int/Documents/Guide_Art_10_ENG.pdf. Acesso em: 15 fev. 2021

CUNNINGHAM, McKay. Free expression, privacy, and diminishing sovereignity in the information age: the internationalization of censorship. *Arkansas Law Review*, v. 69, p. 71-116, 2016.

CURRIE, David P. *The Constitution of the Federal Republic of Germany*. Chicago: The University of Chicago Press, 1994.

DELGADO, Richard. *Words that wound*: a tort action for racial insults, epithets, and name-calling, Harvard Civil Rights-Civil Liberties, v. 17, n. 1, p. 133-181, 1982.

DOW, David R; SHIELDES, R. Scott. Rethinking the clear and present danger test. *Indiana Law Journal*, v. 73, n. 4, p. 1217-1246, 1998.

DUQUE, Marcelo Schenk. *Curso de direitos fundamentais*: teoria e prática. São Paulo: Ed. RT, 2014.

DUQUE, Marcelo Schenk. *Eficácia horizontal dos direitos fundamentais e jurisdição constitucional*. 2. ed. São Paulo: Editora dos Editores, 2019.

DUQUE. Marcelo Schenk. A evolução do constitucionalismo na visão da sociedade multicultural. In: GIMENEZ, Charlise Paula Colet; LYRA, José Francisco Dias da Costa (Org.). *Diálogo e entendimento*: direito e multiculturalismo & políticas de cidadania e resoluções de conflito. Campinas: Millenium, 2016. v.7. p. 131-158.

DWORKIN, Ronald. *Freedom's law*: the moral reading of the american constitution. Cambridge: Harvard University Press, 1996.

EBERLE, Edward J. Cross burning, hate speech, and free speech in America. *Arizona State Law Journal*, v. 36, n. 3, p. 953-1002, 2004.

EBERLE, Edward J. Public discourse in contemporary Germany. *Case Western Law Review*, v. 47, n. 3, p. 800, 1997.

EIFERT, Martin. A lei alemã para a melhoria da aplicação nas redes sociais (NetzDG) e a regulação da plataforma. In: ABBOUD JR., Georges; NERY JR, Nelson; CAMPOS, Ricardo. *Fake news e regulação*. São Paulo: Ed. RT, 2018. p. 59-90.

EUROPEAN UNION. *European Commission against Racism and Intolerance*. ERCI Report on Germany (sixth monitoring cycle). Disponível em: https://rm.coe.int/ecri-report-on-germany--sixth-monitoring-cycle-/16809ce4be, Acesso em: 15 fev. 2021.

EUROPEAN UNION. *European Commission. Digital Services Act*. p. 6. Disponível em: https://eur-lex.europa.eu/legal-content/en/TXT/?qid=1608117147218&uri=COM%3A2020%3A825%3A-FIN. Acesso em: 15 fev. 2021.

FACCHINI NETO, Eugênio. A constitucionalização do direito privado. *Iurisprudentia: Revista da Faculdade de Direito da Ajes*, v. 2, n. 3, p. 09-46, jan.-jun. 2003.

FACCHINI NETO, Eugênio; HAEBERLIN, Mártin P. O "estilo" jurídico alemão: breves considerações sobre alguns de seus fatores determinantes. *Revista da Ajuris*, v. 42, n. 133, p. 245-281, mar. 2014.

FACCHINI NETO, Eugênio. A liberdade de expressão na jurisprudência da Suprema Corte norte-americana: entre a categorização e o balanceamento. In: SARLET, Ingo Wolfgang; WALDMANN, Ricardo Libel (Org.). Direitos Humanos e fundamentais na era da informação. Porto Alegre: Fênix, 2020. p. 127-174.

FADEL, Anna Laura Maneschy. *O discurso de ódio é um limite legítimo ao exercício liberdade de expressão?* Uma análise das teorias de Ronald Dworkin e Jeremy Waldron a partir da herança do liberalismo de John Stuart Mill. Rio de Janeiro: Lumem Juris, 2018.

FARIAS, Edilsom. *Liberdade de expressão e comunicação*: teoria e proteção constitucional. São Paulo: Ed. RT, 2004.

FERREIRA FILHO, Manoel Gonçalves. *Curso de Direito Constitucional*. 31. ed. São Paulo: Saraiva, 2005.

FISS, Owen M. A ironia da liberdade de expressão: Estado, regulação e diversidade na esfera pública. Trad. Gustavo Binenbojm e Caio Mário da Silva Pereira Neto. São Paulo: Renovar, 2005.

FRANÇA, Rubens Limongi. Direitos da personalidade: coordenadas fundamentais. *Doutrinas essenciais de direito civil*, São Paulo, p. 653-667, jan. 1983.

FROWEIN, Jochen A. How to save a democracy from itself. In: DINSTEIN, Y.; DOMB, F (Eds.). *The progression of Internacional Law*. Leiden: Brill, 2011.

FUCHS, Marie-Christine. O efeito irradiante dos direitos fundamentais e a autonomia do direito privado: a decisão Lüth e suas consequências. *Revista de Direito Civil Contemporâneo*, v. 16, p. 221-232, 2018.

FUNDAMENTAL RIGHTS AGENCY. *Hate crime in the European Union*. 2012. Disponível em: https://fra.europa.eu/sites/default/files/fra-factsheet_hatecrime_en_final_0.pdf. Acesso em: 19 dez. 2020.

GARD, Stephen W. Fighting words as free speech. *Washigton University Law Quarterly*, v. 58, n. 3, p. 531-581, 1980.

GELBER, Katharine; McNamara, Luke. Evidencing the harms of hate speech. *Social Identities*, v. 22, n. 3, p. 324-341.

GELBER, Katherine. Hate speech: definitions & empirical evidence. *Constitutional Commentary*, v. 32, p. 619-629, 2017.

GONÇALVES, Diogo Costa. Personalidade vs. Capacidade Jurídica- um regresso ao monismo conceptual? *Revista da Ordem dos Advogados*, v. 75, p. 121-150, 2015.

GONÇALVES, Diogo Costa. Revisitando a origem histórico-dogmática dos direitos de personalidade. *Revista de Direito Civil Contemporâneo*, v. 15, ano 5, p. 387-404, abr.-jun. 2018.

GRIMM, Dieter. Freedom of speech in a globalized world. In: HARE, Ivan; WEINSTEIN, James (ed). *Extreme speech and democracy*. New York: Oxford University Press, 2010. p. 11-22.

GRIMM, Dieter. The role of fundamental rights after sixty-five years of Constitutional Jurisprudence in Germany. *International Journal of Constitutional Law*, v. 13, n. 01, p. 9-29.

GUIRAO, Rafael Alcácer. Libertad de expresión, negación del holocausto y defensa de la democracia. *Revista Espanõla de Derecho Constitucional*, n. 97, p. 309-341, jan.-fev. 2013.

HAUPT, Claudia E. Regulating hate speech: Damned if you do and damned if you don't: lessons learned from comparing German and U.S. approaches. *Boston University International Law Journal*, v. 23, p. 300-335, 2005.

HAUPT, Claudia E. The scope of democratic public discourse: defending democracy, tolerating intolerance, and the problem of neo-nazi demonstrations in Germany. *Florida Journal of International Law*, n. 2, p. 169-218, ago. 2008.

HEIDEMAN, Richard D. Legalizing hate: the significance of the Nuremberg Laws and the Post-War Nuremberg Trials. *Loyola of Los Angeles International and Comparative Law*, v. 39, p. 5-24, 2016-2017.

HEINZE, Eric. Viewpoint absolutism and hate speech. *The Modern Law Review*, v. 69, n. 4, p. 543-582, 2006.

HELDT, Amélie Pia. Upload filters: bypassing classical concepts of censorship? *Journal of Intellectual Property, Information Technology and Eletronic Commerce Law*, v. 10, n. 01, p. 56-64, 2019.

HELDT, Amélie Pia. Let's meet halfway: sharing new responsabilities in a digital age. *Journal of Information policy*, v. 9, p. 336-369, 2019.

HERRERA, David Martín. Hate speech y tolerância religiosa em el sistema helvético de democracia participativa. *Revista de Derecho político*, n. 90, p. 249-284, maio.-ago. 2014.

HERZOG, Benjamin. A interpretação e a aplicação do direito na Alemanha e no Brasil: uma análise do ponto de vista da teoria de direito comparado funcional da teoria do direito comparado pós-moderno e da teoria do *legal transplants*. In: GRUNDMANN, Stefan; MENDES, Gilmar; MARQUES, Claudia Lima; BALDUS, Christian; MALHEIROS, Manuel (Org.). *Direito Privado, Constituição e Fronteiras*: encontros da associação luso-alemã de juristas no Brasil. 2. ed. São Paulo: Ed. RT, 2014. p. 165-194.

HESSE, Konrad. *Derecho Constitucional y Derecho Privado*. Madrid: Civitas, 1995.

HESSE, Konrad. *Grundzüge des Verfassungsrechts der Bundesrepublik Deutschland. Neudruck der 20.* Auflage. Heidelberg: C.F. Müller, 1999.

HESSE, Konrad. Significado de los derechos fundamentales. In: BENDA, Ernest; MAIHOFER, Werner; VOGEL, Hans-Jochen; HESSE, Konrad; HEYDE, Wolfgang (Org.). *Manual de derecho constitucional*. Madrid: Marcial Pons, 2001. p. 83-115.

HOOPER, Heath. Sticks and Stones: IIED and sppech after Snyder v. Phelps. *Missouri Law Review*, v. 4, p. 1217-1238, 2011.

IPSEN, Jörn. *Staatsrecht II*: Grundrechte. 9. Auflage. Neuwied: Luchterhand, 2006.

JAPIASSÚ, Hilton; MARCONDES, Danilo. *Dicionário básico de filosofia*. 3. ed. Rio de Janeiro: Zahar, 2001.

JOHNSON, Vincent R. Comparative Defamation Law: England and the United States. *University of Miami International and Comparative Law Review*, v. 24, n. 1, p. 1-98, 2016.

JOUANJAN, Olivier. Freedom of expression in the Federal Republic of Germany. *Indiana Law Journal*, v. 84, n. 3, p. 867-884, 2009.

JUDT, Tony. Postwar: *A History of Europe Since 1945*. New York: Random House, 2007.

KAESLING, Katharina. Privatising Law Enforcement in Social Networks: a comparative model analysis. *Erasmus Law Review*, v. 11, n. 03, p. 151-164, dez.-2018.

KAHL, Wolfgang. *Die Schutzergänzungsfunktion*.von Art. 2 Abs. 1 Grundgesetz. Tübingen: Mohr Siebeck, 2000.

KAHN, Robert A. Cross-burning, holocaust denial, and the development of hate speech Law in the United States and Germany. *Detroit Mercy Law Review*, v.83, n. 3, p. 163-194, 2006.

KARPEN, Ulrich. Freedom of expression and national security: the experience of Germany. In: COLIVER, Sandra; HOFFMANN, Paul; FITZPATRICK, Joan; BOWEN, Stephen (ed.). *Secrecy and Liberty*: national security, freedom of expression and access to information. Hague: Martinus Nijhoff Publishers, p. 289-304.

KARPEN, Ulrich. Freedom of expression as a basic right: a german view. *The American Journal of Comparative Law*, v. 37, n. 2, p. 395-404, 1989.

KELSO, R. Randall. The structure of modern free speech doctrine: strict scrutiny, intermediate review, and reasonableness balancing. *Elon Law Review*, v. 8, n. 2, p. 291-405, maio 2016.

KMIEC, Douglas. In the aftermath of Johnson and Eichman: The Constitution need not be mutilated to preserve the government's speech and property interets in the flag. *Brigham Young University Law Review*, n. 2, p. 578-638, 1990.

KOHLER, Josef. *Philosophy of law*. Trad. A. Albrecht. New York, 1969.

KOMMERS, Donald P. The jurisprudence of free speech in the United States and the Federal Republic of Germany. *Southern California Law Review*, v. 53, n. 2, p. 657-696, jan. 1980.

KOMMERS, Donald. *The constitucional jurisprudence of the Federal Republic of Germany*. 3. ed. Durham: Duke University Press, 2012.

KROTOSZYNSKI JR, Ronald. A comparative perspective on the first amendment: free speech, militant democracy, and the primacy of dignity as a preferred constitutional value in Germany. *Tulane Law Review*, v. 78, n. 05, p. 1549-1610, maio 2004.

KÜBLER, Friedrich. How much freedom for racist speech? Transnational aspects of a conflict of human rights. *Hofstra Law Review*, v. 27, n. 2, p. 335-376, 1998.

KUCZERAY, Aleksandra. From "notice and take down" to "notice and stay down": risks ans safeguards for freedom of expression. In: FROSIO, Giancarlo (ed.). *The Oxford Handbook of intermediar liability online*, 2019. Disponível em: https://papers.ssrn.com/sol3/papers.cfm?abstract_id=3305153. Acesso em: 12 fev. 2021.

LAWRENCE II, Charles R. If he hollers let him go: regulating racist speech on Campus. *Duke Law Journal*, v. 1990, n. 3, p. 431-483, jun. 1990.

LEONARDI, Marcel. *Fundamentos de direito digital*. São Paulo: Ed. RT, 2019. p. 90.

LEPAGE, Agathe. *Droits de la personnalité*. Répertoire de droit civil, Dalloz, setembre 2009.

LICHTENBERG, Judith. *Democracy and mass media*. New York: Cambridge University Press, 1990.

LOEWENSTEIN, Karl. Militant Democracy and Fundamental Rights I. *The American Political Science Review*, v. 23, p. 417-432, n. 3.

LOPES, Ana Maria D'Ávila. Multiculturalismo, minorias e ações afirmativas: promovendo a participação política das mulheres. *Revista Pensar*, Fortaleza, v. 11, p. 54-59, 2006.

MAC CRORIE, Benedita. *Os limites da renúncia a direitos fundamentais nas relações entre particulares*. Coimbra: Almedina, 2017.

MACHADO, Jónatas E.M. Liberdade de expressão, interesse público e figuras públicas e equiparadas. *Boletim da Faculdade de Direito da Universidade de Coimbra*, n. 85, p. 74, 2009.

MAIHOFER, Werner. Principios de una democracia en libertad. In: BENDA, Ernest; MAIHOFER, Werner; VOGEL, Hans-Jochen; HESSE, Konrad; HEYDE, Wolfgang (Org.). *Manual de derecho constitucional*. Madrid: Marcial Pons, 2001. p. 217-324.

MARTINS, Clélia Aparecida. Sobre a personalidade na filosofia prática de Kant. *Revista Portuguesa de Filosofia*, t. 58, fasc. 1, p. 101-116, jan.-mar. 2002.

MARTINS, Guilherme Magalhães. Vulnerabilidade e responsabilidade civil na Internet: a inconstitucionalidade do art. 19 do Marco Civil, *Revista de Direito do Consumidor*, v. 137, p. 33-59, set.-out. 2021.

MARTINS, Leonardo. *Tribunal Constitucional Federal alemão*: decisões anotadas sobre direitos fundamentais. Volume I: dignidade humana, livre desenvolvimento da personalidade, direito fundamental à vida e à integridade física, igualdade. São Paulo: Konrad Adenauer Stiftung, 2018.

MARTINS, Leonardo. *Tribunal Constitucional Federal alemão*: decisões anotadas sobre direitos fundamentais. Volume II: liberdade de consciência e crença; liberdades de expressão e de comunicação social; liberdades artística e científica. São Paulo: Konrad Adenauer Stiftung, 2018.

MATACHE, Margareta. The deficit of EU democracies: a new cicle of violence against Roma population. *Human Rights Quarterly*, v. 36, n. 2, p. 325-348, maio 2014.

MATHIESEN, Kay. Censorship and access to expression. In: HIMMA, Kenneth Einar; TAVANI, Herman T (Org.). *The handbook of Information and Computer Ethics*. Hoboken: Wiley, 2008.

MATSUDA, Mari. Public response to racist speech: considering the victim's story. *Michigan Law Review*, v. 87, n. 8, p. 2320-2381, 1989.

MEIKLEJOHN, Alexander. What does the first Amendment mean? *The University of Chicago Law Review*, v. 20, n. 3, p. 494 ss, 1953.

MENDES, Gilmar; MARQUES, Claudia Lima; BALDUS, Christian; MALHEIROS, Manuel (Org.). *Direito Privado, Constituição e Fronteiras*: encontros da associação luso-alemã de juristas no Brasil. 2. ed. São Paulo: Ed. RT, 2014. p. 165-194.

MENDES, Laura Schertel. O direito fundamental à proteção de dados pessoais. *Revista de Direito do Consumidor*, São Paulo, v. 79, p. 45-81, jul.-set. 2011.

MENKE, Fabiano. A interpretação das cláusulas gerais: a subsunção e a concreção dos conceitos. *Revista de Direito do Consumidor*, v. 50, p. 9-35, abr.-jun. 2004.

MERRIAM-WEBSTER'S Dictionary of Law. Harrisonburg: Merriam-Webster, 2016.

MILL, John Stuart. *On Liberty*. Ontario: Batoche Books, 2001.

MIRANDA, Jorge. *Manual de Direito Constitucional*: direitos fundamentais. 3. ed. Coimbra: Coimbra, 2000. p. 61. t. IV.

MONIZ, Helena. Direito de resposta: limite à liberdade de imprensa ou proteção do consumidor. *Boletim da Faculdade de Direito da Universidade de Coimbra*, v. 72, p. 273-311, 1996.

MORLOK, Martin. MICHAEL, Lothar. *Direitos fundamentais*. Trad. António Francisco de Sousa e António Franco. São Paulo: Saraiva, 2016.

MOTA PINTO, Paulo Cardoso Correia da. A proteção da vida privada e a Constituição. *Boletim da Faculdade de Direito da Universidade de Coimbra*, v. 76, p. 153-204, 2000.

MÜLLER, Jan-Werner. *Constitutional Patriotism*. Princeton: Princeton University Press, 2007.

NERY, Rosa Maria Barreto de Andrade. Distinção entre personalidade e direito geral de personalidade: uma disciplina própria. *Doutrinas essenciais de Direito Constitucional*, v. 8, São Paulo, p. 473-478, ago. 2015.

NUNZIATO, Dawn Carla. The marketplace of ideas online. *Notre Dame Law Review*, v. 94, n. 4, p. 1519-1584, abr. 2019.

OLIVA, Thiago Dias. *Minorias sexuais e os limites da liberdade de expressão*: o discurso de ódio e a segregação social dos indivíduos LGBT no Brasil. Curitiba: Juruá, 2015.

ORGANIZAÇÃO DAS NAÇÕES UNIDAS. *Comitê para a eliminação da discriminação racial*. Recomendação Geral 35.

ORGANIZAÇÃO DAS NAÇÕES UNIDAS. *Convenção internacional sobre a eliminação de todas as formas de discriminação racial*.

OSSOLA, Ana Laura. Libertad de expresión: declaraciones, derechos y garantias- deberes y derechos individuales. In: MIRANDA, Jorge; RODRIGUES JUNIOR, Otavio Luiz; FRUET, Gustavo Bonato (Org.). *Direitos de personalidade*. São Paulo: Atlas, 2012. p. 197-225.

PAYANDEH, Mehrdad. The limits of freedom od expression in the *Wunsiedel* Decision of the German Federal Constitucional Court. *German Law Journal*, v. 11, n. 08, p. 929-942, 2010.

PETERS, Hans. Die freie Entfaltung der Persönlichkeit als Verfassungsziel. In: CONSTANTOPOU-LOS, Dimitri S.; WEHBERG, Hans (Org.). *Gegenwartsprobleme des internationalen Rechtes und der Rechtsphilosophie*: festschrift für Rudolf Laun. Hamburgo: Girardet, 1953.

PIEROTH, Bodo; SCHLINK, Bernhard. *Direitos fundamentais*. São Paulo: Saraiva, 2012.

QUINT, Peter. Free speech and Private Law in German Constitutional Theory. *Maryland Law Review*, v. 48, n. 2, p. 247-349, 1989.

RACINE, Jean. *Dramatic Works of Jean Racine*. London: John Souter, 1834.

RAIS, Diogo. Desinformação no contexto democrático. In: ABBOUD, Georges; Nery JR., Nelson; CAMPOS, Ricardo (Org.). *Fake news e regulação*. São Paulo: Ed. RT, 2018. p. 147-166.

RAMÍREZ, José Maria Porras. El "discurso del ódio" como limite à liberdade de expressión en Europa. *Revista de Direito Público*, Porto Alegre, v. 14, n. 80, p. 196-213, 2018.

RAMOS, Erasmo Marcos. Estudo comparado do direito de personalidade no Brasil e na Alemanha. *Doutrinas essenciais de Direito Civil*, São Paulo, v. 3, p. 215-244, maio 2002.

RAMOS, Erasmo Marcos. A Influência do Bürgerliches Gesetzbuch Alemão na Parte Geral no Novo Código Civil Português. *Revista da Faculdade de Direito da UFRGS*, v. 15, p. 75-98, 1998.

REALE JR., Miguel. Limites à liberdade de expressão. *Revista Espaço Jurídico*, v. 11, n. 2, p. 374-401.

REDISH, Martin H. Value of free speech. *University of Pennsylvania Law Review*, v. 130, n. 3, p. 591-645, 1981-1982.

REDLICH, Normam; SCHWARTZ, Bernard; ATTANASIO, John. *Constitutional Law*: casebook series. 3. ed. New York: Matthew Bender, 1996.

RESTA, Giorgio. Personnalité, Persönlichkeit, Personality. *European Journal of Comparative Law and Governance*, p. 217-233, 2015.

RODRIGUES JÚNIOR, Otávio Luiz. Direitos fundamentais e direitos da personalidade. In: TOF-FOLI, José Antonio Dias (Org.). *30 Anos da Constituição Brasileira*. Rio de Janeiro: Forense, 2018. p. 679-703.

ROSENFELD, Michel. Hate speech in constitutional jurisprudence: a comparative analysis. *Cardozo Law Review*, v. 24, n. 4, p. 1523-1567, abr. 2003.

SACCHETTO, Thiago Coelho. O discurso de ódio na democracia brasileira: há direito à represen-tação parlamentar. In: PEREIRA, Rodolfo Viana (Org.). *Direitos políticos, liberdade de expressão e discurso de ódio*. Belo Horizonte: IDDE, 2018. p. 241-263. v. 1.

SARLET, Ingo Wolfgang. *A eficácia dos direitos fundamentais*: uma teoria geral dos direitos funda-mentais na perspectiva constitucional. Porto Alegre: Livraria do Advogado, 2015.

SARLET, Ingo Wolfgang. Direitos fundamentais em espécie. In: SARLET, Ingo Wolfgang; MARI-NONI, Luiz Guilherme; MITIDIERO, Daniel. *Curso de direito constitucional*. 7. ed. São Paulo: Saraiva, 2018.

SARLET, Ingo Wolfgang. Tratados internacionais de direitos humanos e o assim chamado controle de convencionalidade na ordem jurídico-constitucional brasileira na perspectiva do Supremo Tribunal Federal. *Revista de Processo Comparado*, São Paulo, v. 5, p. 183-220, jan.-jun. 2017.

SARLET, Ingo Wolfgang; SIQUEIRA, Andressa de Bittencourt. Liberdade de expressão e seus limites numa democracia: o caso das assim chamadas "fake news" nas redes sociais em período eleitoral no Brasil. *Revista Estudos Institucionais*, v. 6, n. 2, p. 534-578, 2020.

SARLET, Ingo. *Dignidade (da pessoa) humana e direitos fundamentais na Constituição Federal de 1988*. 10. ed. Porto Alegre: Livraria do Advogado, 2019.

SARMENTO, Daniel. A vinculação dos particulares aos direitos fundamentais no direito comparado e no Brasil. In: DIDIER JR., Fredie. *Leituras complementares de Processo Civil*. Salvador: JusPodivm, 2007.

SARMENTO, Daniel; IKAWA, Daniela; PIOVESAN, Flavia (Org.). Igualdade, diferença e direitos humanos. São Paulo: Lumen Juris, 2010.

SARMENTO, Daniel. *Dignidade da pessoa humana*: conteúdo, trajetórias e metodologia. 2. ed. Belo Horizonte: Fórum, 2019.

SARMENTO, Daniel. *A liberdade de expressão e o problema do "hate speech"*. Disponível em: http://professor.pucgoias.edu.br/sitedocente/admin/arquivosUpload/4888/material/a-liberdade--de-expressao-e-o-problema-do-hate-speech-daniel-sarmento.pdf. Acesso em: 19 dez. 2020.

SCHAUER, Frederick. Freedom of expression adjudication in Europe and America: a case study in comparative constitutional architecture. *Faculty Research Working Paper Series*, p. 1-25, fev. 2005.

SCHWABE, Jürgen. *Cinquenta anos de jurisprudência do Tribunal Constitucional Federal Alemão*. Berlim: Konrad-Adenauer-Stiftung, 2005.

SEDLER, Robert. A. Freedom of speech: The United States versus the rest of the world. *Michigan State Law Review*, n. 377-384.

SELDMAIER, Alexander. Boycott campaigns of the radical left in Cold-war West Germany. In: FELDMAN, D. (ed.). *Boycotts Past and Present*. Londres: Palgrave Macmillan, 2019.

SERENS, M. Nogueira. The trademark right in the earliest german doctrine. *Boletim da Faculdade de Direito da Universidade de Coimbra*, v. 94, p. 141-181, 2018.

SUNSTEIN, *Cass R. #Republic*. Princeton: Princeton University Press, 2017.

TARUFFO, Michele; HAZARD Jr., Geoffrey C. *American Civil Procedure*: an introduction. New Haven: Yale University Press, 1993.

TERRA, Felipe Mendonça. Razão ou sensibilidade? Decidindo casos sobre liberdade de expressão: lições do cenário norte-americano. *Universitas JUS*, v. 27, n. 1, p. 163-187, 2016.

THIEL, Markus. Comparative aspects. In: THIEL, Markus (Ed.). *The "Militant Democracy" in Modern Democracies*. Burlington: Ashgate, 2009. p. 109-146.

TODD, Michael. Do we still need human dignity: a comparative analysis of the treatment of hate speech in the United States and Germany. *Journal of Media Law Ethics*, v. 1, n. 3/4, p. 265-290, 2009.

TOURKOCHORITI, Ioanna. Shoul hate speech be protected: group defamation, party bans, holocaust denial and the divide between (France), Europe and the United States. *Columbia Human Rights Law Review*, v. 45, n. 02, p. 552-622.

TRAKMAN, Leon E. Aligning State sovereignty with transnational public policy. *Tulane Law Review*, v. 93, n. 2, p. 207-268, dez. 2018.

TSESIS, Alexander. Dignity and speech: the regulation of hate speech in a democracy. *Wake Forest Law Review*, v. 44, p. 497-532, 2009.

TSESIS, Alexander. Balancing Free speech. *Boston University Law Review*, n. 96, p. 1-54, jan. 2016.

UNIÃO EUROPEIA. Conselho da União Europeia. *Decisão-quadro 2008/913 sobre a luta contra certas formas de manifestações racistas e de xenofobia por meio do direito penal de 28 de novembro de 2008.* Disponível em: https://eur-lex.europa.eu/legal-content/PT/LSU/?uri=celex:32008F0913. Acesso em: 15 fev. 2021.

VILLIERS, Meiring de. Substantial Truth in Defamation Law. *American Journal of Trial Advocacy*, v. 32, n. 1, p. 91-124, 2008.

VOßKUHLE, Andreas. *Setenta anos de la Ley Fundamental* alemana: la jurisprudência del Tribunal Constitucional Federal sobre la libertad de prensa y de opinión a través del tempo. Anuario de derecho Constitucional Latinoamericano. Bogotá: Fundação Konrad Adenauer, 2019.

VOßKUHLE, Andreas. *Defesa do Estado Constitucional Democrático em tempos de populismo.* Trad. Peter Naumann. São Paulo: Saraiva, 2020.

WALDRON, Jeremy. *The harm in hate speech.* Cambridge: Harvard, 2012.

WEINSTEIN, James. *Hate speech bans, democracy and political legitimacy, Constitutional Commentary*, v. 32, p. 527-583, 2017.

WHITMAN, James Q. The two western cultures of privacy: dignity versus liberty. *Yale Law Journal*, v. 113, p. 1153-1221, 2004.

WYMAN, David. *The abandonment of the Jews*: America and the Holocaust. 1941-1945. New York: Pantheon Books, 1985.

YOUNG, Iris Marion. *Inclusion and democracy.* New York: Oxford University Press, 2000.

ZANINI, Leonardo Estevam de Assis. A proteção da imagem na Alemanha. *Revista do Tribunal Regional Federal da 1ª Região*, n. 11, p. 52-53, mar.-abr. 2018.

ZANINI, Leonardo Estevam de Assis; QUEIROZ, Odete Novais Carneiro. A inviolabilidade da pessoa humana e o direito geral da personalidade. *Revista Brasileira de Direito Civil*, v. 27, n. 01, p. 15-36, 2021.

ZIPURSKY, Rebecca. Nuts about NETZ: The Network Enforcement Act and Freedom of Expression. *Fordham International Law Journal*, v. 42, p. 1325-1374, 2019.